汉语教学学刊

第 10 辑

《汉语教学学刊》编委会　编

图书在版编目(CIP)数据

汉语教学学刊.第10辑/《汉语教学学刊》编委会编.—北京:北京大学出版社,2016.1
ISBN 978-7-301-26714-1

Ⅰ.①汉… Ⅱ.①汉… Ⅲ.①汉语–对外汉语教学–丛刊 Ⅳ.① H195-55

中国版本图书馆 CIP 数据核字(2016)第 000328 号

书　　名	汉语教学学刊·第 10 辑 Hanyu Jiaoxue Xuekan·Di-shi Ji
著作责任者	《汉语教学学刊》编委会　编
责任编辑	沈　岚　孙　娴
标准书号	ISBN 978-7-301-26714-1
出版发行	北京大学出版社
地　　址	北京市海淀区成府路 205 号　100871
网　　址	http://www.pup.cn　　新浪微博:@北京大学出版社
电子信箱	zpup@ pup.cn
电　　话	邮购部 62752015　发行部 62750672　编辑部 62753027
印 刷 者	北京大学印刷厂
经 销 者	新华书店
	730 毫米 ×980 毫米　16 开本　15 印张　253 千字 2016 年 1 月第 1 版　2016 年 1 月第 1 次印刷
定　　价	38.00 元

未经许可,不得以任何方式复制或抄袭本书之部分或全部内容。
版权所有,侵权必究
举报电话:010-62752024　电子信箱:fd@pup.pku.edu.cn
图书如有印装质量问题,请与出版部联系,电话:010-62756370

本刊自第一辑出版至本辑已届十周年,谨向编委会已故顾问、著名语言学家林焘先生致以崇高敬意!向本刊创始主编李晓琪教授、编委会前主任张英教授和编委会所有顾问、委员及长期关心、支持本刊发展的学界同仁表示衷心感谢!

目　录

前　言 …………………………………………………………………………… 1

簧门对话

第一场　学科建设问题对话 ………………………………………………… 1
第二场　汉字与文化问题对话 ……………………………………………… 36
第三场　研究生人才培养问题对话 ………………………………………… 71

日本学习者汉语普通话复合元音的偏误分析 …………………… 邓　丹 105
留学生汉语语块教学：借鉴与突破 …………………………… 孔令跃 117
英语母语学习者汉语成语理解策略研究 ……………………… 马乃强 129
浅析现代越南语双音节汉越词对
　　越南学生学习现代汉语词汇的影响 ……………………… 廖灵专 148
非言语交际在对外汉语课堂中的应用 ………………………… 刘海咏 162

汉语篇章习得研究综述 ………………………………………… 宋璟瑶 178
三十年来对外汉语文化教学研究考察 ………………………… 王　帅 199
再议海外中小学汉语教师培训需求
　　——以澳大利亚为例 …………………………………… 韩　曦 210

书　评

评《汉语语法指南（英文版）》（朱春耕、高燕著） ……………… 莫大伟 218

会议信息

"2014年汉语语言学日中学者学术研讨会——纪念方经民教授

罹难十周年"在日本大阪大学成功举办 …………………………… 222

ABSTRACTS …………………………………………………………… 223

《汉语教学学刊》稿件体例………………………………………………… 227

CONTENTS

Preface ·· 1

Hongmen Dialogue
Section 1: On the Problems of Disciplinary Construction ············· 1
Section 2: On the Problems of Chinese Characters and Culture ······ 36
Section 3: On the Problems of Post-graduates Education ············· 71

An Analysis of Japanese Speakers' Pronunciation Errors
 on Chinese Compound Vowel ····················· Deng, Dan 105
Chinese Formulaic Sequence Teaching for L2 Learners:
 Reference and Breakthrough ····················· Kong, Lingyue 117
A Study on the Processing Strategies of Chinese Idioms
 by Native English Speakers of L2 Chinese ········ Ma, Naiqiang 129
A Study on Bisyllabic Han-Vietnam Words and Its
 Influence on Vietnam Students' Acquistion of
 Chinese Vocabulary ····················· Lieu, Linh Chuyen 148
The Application of Non-verbal Communication in
 the Classroom of Teaching Chinese as a
 Foreign Language ····················· Liu, Haiyong 162

A Review of Researches on Text Acquisition
 of Chinese as a Second Language ············· Song, Jingyao 178
An Investigation of Thirty Years Culture Teaching
 and Research in TCSL ····················· Wang, Shuai 199
On Demands for Professional Development
 of Chinese Teachers of Overseas Schools:
 Australia as an Example ····················· Han, Xi 210

Book Review

A Chinese Grammar for English Speakers
    by Zhu Chungeng and Gao Yan ·················· Moser, David 218

Conference Notice

"Memory of Prof. Fang Jingmin who had been died for 10 years:
    The Japan-China Scholars Conference of Chinese Linguistics
    2014" was hold at Osaka University ···························· 222

ABSTRACTS ··· 223

Stylistic Rules and Layout of *Journal of Chinese
    Language Studies* ··· 227

前　言

第 10 辑《汉语教学学刊》与读者见面了。本辑收入了北京大学第六期"黉门对话"诸位学者的发言，成为本辑的一大特色。

"黉门对话"由北大研究生院主办，第一期于 2014 年 3 月由北京大学生命科学学院承办，主题为"雾霾，我们何去何从"。第六期"黉门对话"由北京大学对外汉语教育学院承办，于 2014 年 11 月 22 日和 23 日举行，主题为"汉语国际教育重大理论与实践问题"。

本期对话共有三场，论题分别为"学科建设问题""汉字与文化问题"和"研究生人才培养问题"。应邀参加此次对话的嘉宾有（按姓氏音序排列）：

崔永华（北京语言大学教授）

江　新（北京语言大学对外汉语研究中心教授）

金利民（北京外国语大学英语学院教授，北京外国语大学教务处处长）

李　泉（中国人民大学文学院教授）

刘元满（北京大学对外汉语教育学院教授、副院长）

孙德金（北京语言大学对外汉语研究中心教授、主任）

王海峰（北京大学对外汉语教育学院教授、党委书记）

王洪君（北京大学中文系教授）

吴应辉（中央民族大学国际教育学院教授，中央民族大学研究生院院长）

张　英（北京大学对外汉语教育学院教授）

赵　杨（北京大学对外汉语教育学院教授、院长）

周质平（普林斯顿大学东亚系中文部教授、主任）

朱瑞平（北京师范大学汉语文化学院教授、执行院长）

除台上嘉宾外，本期对话还邀请了以下嘉宾参与讨论互动：

郭　锐（北京大学中文系教授、副系主任）

郭　熙（北京华文学院教授、副院长，暨南大学华文学院教授、院长）

李红印（北京大学对外汉语教育学院教授）

潘先军(北京第二外国语学院汉语学院教授、院长)

万业馨(北京语言大学教授)

王若江(北京大学对外汉语教育学院教授)

魏　红(云南师范大学国际汉语教育学院教授、常务副书记)

吴中伟(复旦大学国际文化交流学院教授、院长)

徐晶凝(北京大学对外汉语教育学院教授、党委副书记)

杨德峰(北京大学对外汉语教育学院教授、学术委员会主席)

张　博(北京语言大学对外汉语研究中心教授,《世界汉语教学》主编)

张　凯(北京语言大学教授,北京语言大学图书馆馆长)

参加对话的专家学者可谓阵容强大,代表了汉语教学界的最高水平。

举办这样的主题对话,原因主要有两个。其一,对外汉语教学发展了几十年,现在到了回头看一看的反思时候了。其二,随着形势发展,这个学科面临一些新情况新问题,需要学界思考面对。

随着中国经济发展和综合国力的提升,对外汉语在过去30年无论是作为一个学科、一个专业还是一项事业都得到了很大发展。以北大为例,北大的对外汉语教学开始于1952年,但一直到改革开放后才获得实质性发展。30多年前的1984年成立了对外汉语教学中心,1986年开始招收现代汉语专业(对外汉语教学方向)研究生班,1987年成为全国对外汉语教学方向硕士招生点,正式招收现代汉语专业(对外汉语教学方向)硕士研究生。在之后的20年中,硕士招生规模变化不大,每年招收科学学位硕士生10人左右。2006年,学院开始招收博士研究生和硕士师资班,研究生培养上了一个新台阶。2009年招收首届汉语国际教育专业学位硕士生,进入发展的快车道。学院现有的研究生类别包括"语言学及应用语言学"方向博士生、汉语言文字学科学位硕士生、汉语国际教育专业学位硕士生,目前在读的各类研究生168人,除中国大陆外,还有数十名来自台湾地区和其他国家的学生。上述数字清晰地描绘了这个专业过去30年的发展轨迹。

人数多了,类别多了,规模大了,说明这个学科在发展,但并不意味着它已经变强了,学科发展中还有很多问题,亟待理顺解决,比如学科、专业与事业的关系,如何实现以量的扩张为标志的外延式发展向以质的提升为导向的内涵式发展转变,汉语国际教育事业如何实现可持续发展,如何使汉语教学成为沟通不同文化的媒介和桥梁等等。

本期对话将主题设定为"汉语国际教育重大理论与实践问题",就是要关注这些问题,以期对话成果能够对未来的学科建设和事业发展有所启迪。在每一场对话中,对话嘉宾直抒胸臆,现场互动热烈,不同观点正面交锋,是一次真正意义的学术对话。

本期对话有两个突出特点。一是国际化和高端化,与会者都是国内外高校的知名教授。第二个特点是跨专业,与会专家以汉语作为第二语言教学界为主,也有外语界学者;有从事一线教学科研工作的学者,也有负责学校研究生或本科生事务的管理者。将汉语教学放在国际大背景与第二语言教学的大框架下考察,视角变了,收获自然不同。

对话应该是学术界的日常活动,或者说是学术界的自然生态。学术研究就是对话,不是独白。我们相信本期"簧门对话"能够促进学术沟通交流,也希望这样的对话能够一直持续下去,以推进汉语国际教育学科建设,推进汉语教学事业发展,推进大学和院系的学术文化建设。

簧门对话

第一场　学科建设问题对话

第一部分：对话嘉宾主题发言

【崔永华】

各位早上好！非常感谢会议组织者给我这么一个跟各位交流的机会。

我今天想说的问题是"汉语教学学科建设的困境和创新"。

要讲学科建设，前提是要确定我们是不是一个学科。既然我们今天讨论的题目就是学科建设，那就说明我们认为对外汉语教学或者汉语国际教育是一个学科。

一个学科有很多构成的元素，其中有四个非常重要的要素。第一是学科研究的对象。这是学科存在的前提。因为有一个特殊的研究对象，所以才能成为一个学科；换言之，如果你研究的东西跟别人一样，你就不能被称为一个学科。第二是学科的理论和方法。研究学科问题使用的理论和方法，是解决学科问题的途径。第三是成果。你说你是一个学科，人们就要看你研究出了什么成果，你的研究成果对社会发展有没有贡献，有什么作用。第四是队伍。这个学科有多少人来做事？队伍的结构怎么样？队伍强不强大？

归结起来，今天我想说的话包括六个关键词。两个大的关键词是题目中"困境"和"创新"，然后从四个方面来说，即"对象""理论""成果"和"队伍"，是四个小的关键词。我认为，我们的学科现在确实有了很大的发展，做了很多事情。但是现在我们还有很多困惑，还有很多的问题没有解决好，这是我要说的困境，我将从以上四个方面来说。怎么摆脱这个困境，我觉得关键是需要创新，我也将从这四个方面来说。

先说学科的困境。

首先，关于学科研究对象的困境。汉语作为第二语言教学学科研究什么？第一种意见是主要研究"汉语"，过去有很多同行这样说，现在也有很多同行坚持学科研究的重点还是在汉语上，很多人也在这么做。第二种意见认为，汉语作为第二语言教学研究的重点应当放在"教学"上。从历史上看，对外汉语教学原来的范围就是中国大学对来华留学生的汉语教学。迄今为止发表的成果主要也集中在这个范围。第三种意见是研究"汉语国际教育"，也就是研究现在国内外各个层次对外国人的汉语教学。可见，目前我们对于学科研究的对象到底是什么，学界还没有取得一致的意见，甚至有很大的分歧。如果这个根本问题都不能取得一致意见，学科建设肯定会遇到很大的困难。

第二，关于学科理论和方法的困境。如果说我们的研究对象是汉语国际教育的话，我们应当用什么方法来研究。过去我们主要是靠语言学的方法。后来我们逐渐认识到，语言学的方法不能解决这个学科的所有问题。所以后来我们提出对外汉语教学是一门跨学科的学问，要用跨学科的方法来研究。于是，我们在语言学方法的基础上，逐步引进了心理学、文化学、教育学的方法。跨学科这个想法早已得到比较普遍的认同，但是在实践上，还是以语言学方法为主。我认为，对于我们学科的研究对象来说，当前最需要的是教育学的方法。但是对教育学的理论和方法，我们这个领域里的专家、学者知之甚少。我们还基本不会使用教育学的方法进行研究。而这正是当前学科建设最需要的理论和方法。

第三，关于学科研究成果的困境。近10年，我们学科的经费、会议、论文、博士生，都几乎成几何级数增长。但是重大成果却比过去少了。被教材和教学吸收的成果、对学科发展有重大推动作用的很少，可以作为学科发展标志的更少。我们在这么好的条件下，除了汉办主持的几项成果之外，再数不出几项像上世纪八九十年代的汉语水平考试、各种大纲、有世界影响力的教材和其他重大研究成果。我们的时间、经费、人才都去哪儿了？

第四，关于学科队伍建设的困境。根据新的学科设置，汉语国际教育学科已经建立了完整的本科、硕士、博士人才培养体系。但是多数学校三者没有衔接。在这种情况下，很难培养出学科的领军人物、尖端人才。另一方面，我们的学科队伍人数在快速增长，但是这些从业者基本上是一盘散沙。从全国范围来说，我们的学科队伍缺少交流和合作的机制。这也许是出不来大的成果的一个重要的原因。大家各自为战，互相不知道在做什么，不知道同行有什么好的东西可以学习、借鉴。这一点上我们远不如美国、英国等欧美国家和地区，他们经常召开一些全国性的规模比较大的学术会议，进行学术交流和汇报情况。

以上我从对象、方法、成果、队伍四个方面说明学科发展存在的问题。

在这种情况下我们该怎么办？用一个时髦的词就是需要"创新"。我认为，创新就是"改革开放"，我们需要"改革开放"。我国 30 多年的改革开放有两个前提，一个是"实事求是"，一个是"解放思想"。没有实事求是和解放思想就没有改革开放。我们学科今后的发展建设也是这样。所谓"实事求是"，首先就是要客观地认识汉语作为第二语言教学的现状。要从总体上认识汉语作为第二语言教学的现状，不仅看国内，还要看国外；不仅看大学，还要看国内外的中小学；不仅看学校，还要看社会上的汉语教学。第二就是要实事求是地承认学科建设中的天然不足。我们都出身于中文系，我们的知识是有限的。我们现有的知识和能力已经不足以应对汉语作为第二语言教学遇到的许多新的重大问题。这个时候我们怎么办？我们是固守自己的知识，采取所谓"扬长避短"的路线，不懂的我们就不去管它。那么我们就没有能力解决当前学科发展急需解决的重大问题。因此，我不主张一味地"扬长避短"，而是主张"扬长补短"，主动学习一些新的本事，引进一些新的人才，弥补我们的不足。因此就需要我们"解放思想"，打破禁锢，让我们的知识、能力、研究的问题，走出语言学，走出中国高校，走出中国。了解、学习我们原来不知道、不懂的东西，这样我们才能应对学科新的发展。

"创新"也可以从上述四个方面说。

第一是要重新认识我们的研究对象。大家都说要继承对外汉语教学的优良传统，我举双手赞同。但是我认为，在当前形势下，我们更需要创新。当前，学科内涵发生了巨大的变化，我们要了解我们不了解的情况，要解决学科面临的"真问题"。这就要求我们不是陶醉于坐在屋子里想出来的问题，而是要看国内外汉语国际教育面临哪些重大问题需要去解决，把我们的研究跟事业发展、教学、教材建设衔接起来，研究学科建设最需要研究的"接地气"的问题。

第二是理论创新。我主张我们应当学习一些能够解决学科问题的其他学科的理论和方法。比如现在我们面临的一个特别大的问题是大中小学的教学管理和教学设计问题，特别是国内外蓬勃发展的中小学汉语教学的教学设计、课程设计、教材编写、教学模式、课堂管理、教学评价、教师培养等问题。一个严酷的事实是，这些问题都不是靠语言学能解决的。企图用语言学的理论和方法解决这些问题，那无异于缘木求鱼。工欲善其事必先利其器，把事情做好,必须找到好的理论、方法和工具。要解决这些问题就需要我们学习和掌握相关学科理论和方法。理论和方法上的欠缺,使我们领域真正的教学研究成果稀少,甚至轻易否定教学研究的重要性,看不起教学研究。其实语言教学研究比很多语言本体研究更为复杂、困难。比如语法研究可以下载、搜集一些材料,关在屋子里探求结论。教学研究则不然,研究者必须掌握教学研究的理论和方法,需要实地调查、观察,需要设计和实施研究方案,然后分析收集到的相关数据,得出结论,甚至要多次反复,才能真正解决问题。所以对于我们这些人来说,教学研究比语言研究更具挑战性。

第三是研究成果上的创新。我们怎么能够出新的有用的成果。为什么要进行研究?研究是为了解决实践中的问题。我认为,作为一个应用型学科,我们的研究要特别强调以问题为导向,要把是否发现并解决了教学中的问题作为衡量研究成果的重要标准。我们应当下力气研究解决影响教学和学科发展的重大问题上,比如下午我们要讨论汉字教学和文化教学问题。这一轮汉字教学的讨论大概是 1995 年开始的,20 年了,我们是不是还要这么纸上谈兵继续讨论下去?我认为,现在到了给汉字教学做一个结论的时候了。讨论是没有尽头的。现在,我们应当坐下来梳理一下 20 年的研究成果,求同存异,设计出一个思路来,供教学遵循、参考。这一点美国学界做得比我们好,他们虽然总是争论不休,但是也不断地在做总结,不断地归纳出一些共识,给多数人一个遵循,然后在做的过程中不断充实、改进。如果总是在讨论、争论,再过 10 年,汉字教学也仍然难有总体上的进步。我认为,汉字教学研究已经取得了一定成果,可以有些结论了。我们可以聚集一些专家把这些结果梳理出来,取得一些共识,落实到教学中去,这样我们的汉字教学一定会有所进步。文化教学也是这样。国内从上世纪 80 年代就开始下大工夫研究文化教学问题,但是也说了 30 年了,仍然没理出一个可供学界遵循的思路来。所以我们不能总是空谈,总是争论不休,现在是总结和设计实践的时候了。

成果创新的第二个方面就是要开启新的研究领域,在新的领域中取得成果,包括国外的汉语教学、中小学的汉语教学、孔子学院的汉语教学。孔子学院是一个新事物,我们研究的第一步是了解孔子学院,切实知道孔子学院到底是怎么回事。只有了解之后才能提出发展建议和解决现有问题的办法。现在很多问题需要我们研究出新的成果加以解决,需要我们大显身手。当前的问题是,我们的"身手"还不足以解决这些问题。

第四是队伍建设的创新。我想有两个方面。一是建立健全队伍建设和人才培养机制。比如本科、硕士、博士三个阶段怎么做好衔接。第二是要下大力气培养学术带头人。我们学科设立博士学位可以从2001年开始算起,现在理论上建立、健全了体制。为学科的长远发展计,我们必须利用好这个体制,加快学科带头人的培养。我建议有博士授予权的学校建立一个合作开设课程的机制,打通各校的特长课程,让博士课程建立在学科发展的最高水平上,尽快培养更多的高端学科专门人才。另外,我还建议建立起学科交流、学习、合作的机制。比如建立一个联谊会,定期召开一些规模较大的全国性的会议,至少大家"赶赶集"、互相见见面,认识认识,了解了解也好。

最后,我的小结,第一,我们应当把学科研究对象定位在研究汉语国际教育上;第二,践行跨学科研究,努力学习、引进学科建设需要的其他领域的方法和人才;第三,努力推出一批解决教学和学科发展瓶颈问题的重大研究成果;第四,合作培养学科尖端人才,加强同行间的交流与合作。

谢谢大家!

【李泉】
我非常同意崔永华老师学术的、严肃的发言。他提出许多有意思的问题和很重要的意见。他的报告值得我们认真思考。我的发言是非学术的、是轻松的;不过,也许轻松不起来。我只谈一个问题,关于国际汉语教学事业与学科的问题。

想起这个问题其实是两年前,北语汉研中心张博老师组织召开一个学科讨论会。那个会议上我想我谈论什么呢?我突然想到近些年来事业与学科的关系问题值得讨论。学科跟事业在学术界,前辈早就说过,对外汉语教学或者说国际汉语教学有两个含义。一个是从国家层面讲,作为一项事业,还有一个是从教育层面上讲,作为一门学科。这个不是我的发明,更不是什么新鲜理论。但是现在我觉得,这个问题是我们学科发展过程中需要处理好的一个重要问题。

从历史上看,新中国成立以来,50、60、70年代,教外国人汉语首先是一项事业,甚至是一种外事,还没有太多的学科观念。在那些年代,不是谁都能教。80年代国家开放了,文化交流多了,学术发展了,也把教外国人汉语当成了一门学科来看待,成立了学会、创办了专业杂志和相关的出版社,并且经常召开各类学术研讨会。八九十年代,学科跟事业我觉得是比较齐头发展的,二者之间相互促进、共同发展。新世纪以来,特别是近十年以来,事业在国家支持下获得极大发展、空前发展。这是好事,但是,我们需要考虑,事业的极大发展给学科的发展和建设带来多大好处,注入了多少正能量。这个值得反思。我们的学科是借此进一步提升了地位、发展了内涵、积累了大量成果,还是学科地位原地踏步,甚至被边缘化、矮化,这很值得思考。

我们这个学科最荣幸的是被定位为国家和民族的事业。我记得我刚参加工作的第二年,1988年,教育部在京西宾馆开了一个全国对外汉语教学工作会议。我有幸去参加,当然我属于单位派去的年轻教师给会场"占座位"那种。听教育部领导讲话说"对外汉语教学是国家和民族的事业",我非常激动。我回来之后激动得一晚都没睡着觉,心潮澎湃。我胡思乱想,该不会是因为我参加了这个行列,就把这个工作提升到这么高度吧?肯定是政府部门早就认定了这项事业的重要。反正我一加入这个行列就宣布了这是一项国家和民族的事业,其他学科可没有这么幸运,我真是太激动了。现在想来,这当然是好事,这本来就是好事,一直也是好事,但是恰恰是因为这个,我们的学科并没有完全按照学科正常的发展规律而发展,一直被"事业化"来看待。比方说,我们现在没有听说外语教学是国家的、民族的事业,那么外语学科按照它自身的发展轨道而发展,有它的学科地位,有它的学术团体,在教育部有它的学科指导委员会。而我们这个国家和民族的事业却还在为争取学科地位而努力,学科地位远不如外语教学,这个让我骄傲的事业现在让我有点儿糊涂了。而代表我们学科的两个学会的工作都不理想。中国对外汉语教学学会停摆十年了,没有任何活动。世界汉语教学学会虽然还在活动,但不如以往那样的国际影响大。2005年,特别是2008年以后,参加国际汉语教学讨论会的海内外知名学者越来越少。事业发展了,声音越来越大,可学科地位并没有因此而有多大提升;海内外学汉语的人数比以前多了,对学科建设提出的问题多了,行业学会的学术研究和学术活动却不如从前那样兴旺了。这是为什么?我觉得我们要思考这些问题。也许是我个人糊涂,也许是我杞人忧天。当我想起这些问题的时候,就常常感到心情沉重,雾霾重重。

我觉得事业和学科是一回事,也是两回事;两回事,也是一回事。归根结底是两回事。不能用事业的发展代替学科的发展,事业恰恰需要学科的发展来支撑。人力、物力、财力,这是事业;建了多少孔子学院,有多少人被派出去教汉语,又新增了多少人学习汉语,这是事业的发展,从来都是好事。但是,这些数字鼓舞人心,并没有给学科带来实质的、根本的变化,我们并没有因此提升学科的地位。恰恰相反,学科的地位始终在原地踏步。多年来,我们对留学生的本科教育,除了借用汉语言本科专业的光,搭便车招学生之外,留学生的非学历教学在政府教育主管部门那里是没有学科名分的。近年来设立的汉语国际教育本科、硕士,是对外汉语教学这个学科的连带学科、支撑学科,并不是这个学科本身。当然,它们发展得好,广义上说也算是这个学科的发展。但是,真正以教外国人汉语为本的这个学科并没有多大发展,地位并没有太大提升,这是让我常常睡不着觉的原因之一。当然了,我是教书匠,睡不着觉也没用,还得好好睡觉。

我觉得事业和学科至少有这样几个不同:

第一个,主体者不同。事业主要是国家层面的,是政府部门管理的,投钱投物以及人力、物力、财力资源的整合都非常方便,事业发展的目标是向世界传播汉语、扩大汉语的国际影响。学科主要是学术界的事,学者的事,组织起来不容易,学术发展更不像投钱投物那么简单。学科建设主要靠学者的学术研究,一般由行业学会来组织和负责,其目标是建立一个完善的学科。第二个,参照系不同。事业发展有事业的办法,它按其他语言国际传播的机制、办法、手段去做。对外汉语教学作为一个学科,它的参照系是第二语言教学的一般原理、规律、手段及相关的学术研究成果。第三个,所属范畴不同。事业隶属于国家对外开放的格局内,属于国家对外发展和中国文化走出去这个战略范畴。教学属于国际第二语言教学范畴,其中之一的汉语作为第二语言教学,它是属于外语或第二语言教学的学术范畴。第四个,发展手段不同。事业的发展可以千军万马。可以千方百计,调动各方面的资源把事情做大,把事业搞好。学科的发展可以千方百计,也应该千方百计,但是不应该是不讲学术、不讲专业的千军万马。而我们现在的情况又是如何呢?值得反思。第五个,表现形式不同。事业发展追求的数量、规模、影响、持续性发展;学科的发展虽然也有这些个方面的因素,但主要还是学术研究及其成果的水平,追求的是研究和解决海内外汉语教学遇到的各种各样的问题,共性的和个性的。所以,国际汉语教学作为学科和作为事业的是具有重要区别的。不要把事业的发展当作学科的发展。而现在似乎正有这样一种倾向,包括我自己在内,写文章常常罗列事业发展的一些数字。这些数字只能鼓舞人心,与学科建设没有太大关系。事实上,国际汉语教学事业的发展恰恰需要国际汉语教学学科的支撑。因为这个事业不是一般的事业,是以汉语教学为依托的事业。汉语走向世界,有多种功能,但是从学科的角度来看,它就是汉语教学。所以,舆论上有些引导也不见得合适。比如说"汉语教学是手段,传播中国文化才是目的"。我觉得这是对汉语作为外语教学学科的一种矮化的舆论导向。谁说汉语教学是手段?汉语教学本身就是目的,就是教汉语,满足外国人学汉语的需求。

我上面是想说,事业有事业的发展规律、表现形态、发展手段和方法,学科有学科的发展规律、表现形态、研究手段和方法,二者不能互换,只能是互相支持、互相促进。不把事业和学科兼顾起来,对事业的深入发展和长远发展是一点儿好处都没有的。说得夸张点儿,教学中一张口就跟学术有关。我举好玩的例子。多年前,我们办一个短期班,这个短期班是日本东海大学的学生。短期班结束的时候,我们玩了一天,坐在车上我迷迷糊糊快要睡着了,就听有位老师表扬一个学生说:"你这一个月汉语进步很大。"这个学生说"等等",并做了一个"停"的手势,同时闭上眼睛做"回忆和思索"状,然后他拿腔拿调地对那个老师说:"瞧您说的,哪儿的话?"当时就把我酸醒了。我问他:你一个男生,怎么这样回答老师的表扬?他说:我在想课文里的话,课文里的对话回答表扬就说:"瞧您说的,哪儿的话?"听了这话,我无语。

我举这个例子想说明,"瞧您说的,哪儿的话"是地道的汉语,可是,把这句地道的汉语编入教材教给留学生,当留学生真的用它来回答对方的称赞时,至少我这个人,觉得很不舒服,甚至有些滑稽。如果他说"谢谢老师的夸奖"或其他不是这般酸溜溜的话,我就没什么说的了。假如我举的这个例子是个问题,我的"酸"感在汉语母语者中有一定的代表性。那么问题来了:"瞧您说的,哪儿的话?"这句地道的汉语要不要教给学生?教给学生的目的是什么?这句话都是什么人在什么场合使用?进一步从第二语言教学的角度看,什么是地道的汉语?学习者应该学习什么样的汉语?而无论怎样回答这些问题,都需要有一定的理据,都需要做一定的研究才行。这其中就涉及汉语语言学、跨文化交际、第二语言教学的目的、教材编写的语料、汉语教学的语言标准等许多学术问题,需要学术研究。这个小例子也足可以说明:对外汉语教学的的确确是一门学科,事业跟学科本质上不是一回事。而事业的高效和持续发展需要有学科建设成果的支持,同时学科的建设也要为事业的发展服务。然而,目前的现状是:事业有人管,力度大,影响广。那么,学科谁来管,地位如何提升?如何更好地建设这个学科?事业的发展应如何携手学科的发展?这些问题无法让我们心安理得。谢谢!

【孙德金】

非常感谢主办方给我这样一个机会在北大这样一个学府发言。今天来到北大心情很激动,这是我在这里要特别说的一个意思。为什么要说这样一个意思?因为我习惯把这个学科叫做对外汉语教学,那么这个学科跟北大的一位先生有非常大的关系,就是我们的邓懿先生。大家知道,1950年创立这样一个事业或者说学科,都和邓懿先生密切相关。刚刚李泉说到的当年的那个激动的心情我也有,在这个领域里面觉得很神圣,国家民族的事业由我们来做,是很荣幸的一件事情。邓懿先生60年代被迫离开对外汉语教学队伍,到80年代才重新回到我们这个队伍。我讲这样一个事情,也是与我们今天的话题直接相关的。我们现在回到正题。

本次对话活动,我个人认为是一个非常有意义的事情。2012年为北语对外汉语研究中心学科建设年。在这一年,我们三次、三个时段举办了学科建设的活动。设立这个学科建设年的意图就是要提出一些重大的学科问题,包括学科的性质、定位、学科基础、学科方向,学科与汉语国际传播的关系,学科建设与人才培养的关系等等。预期目标是厘清新形势下专业建设和学科建设的关系,增强学科意识、明确学科发展方向,从而促进学术创新,借助汉语国际传播事业的重大需求推动学科建设和发展。所以我说这样一个活动的意义就是刚刚特别强调的。这次学科建设年通过系列讨论,我们达到的共识之一,就是刚才李泉教授讲到的事业不等于学科,必须处理好事业和学科间的关系。陆俭明先生在总结当中谈到,事业要以学科为基础,事业要发展必须尊重科学,树立学科意识,而事业的发展有助于学科的发展,因为事业的发展对学科不断地提出新的要求和课题,从而给学科带来挑战和机遇,可以推动学科的发展。我们不能光要事业而不要学科,也不能光考虑学科而不考虑事业的发展,这两方面是一个相互促进的关系。但是,两年过去了,现实是问题依旧,甚至是更加恶化。学科的困境令人忧虑,刚才李泉老师谈到的那些,我想大家应该是有一个共识的,所以我们说今天这样的一个对话、这样的一个论坛,我觉得非常有意义。这样的活动今后我们还要继续去做,这样就会促进我们对这些问题的深思。谈到学科问题,首先就要谈到名实之辩。我的看法是作为知识体系的汉语作为第二语言教学的学科,无论是从汉语国际教学构成来看,还是汉语作为第二语言教学,作为知识体系的学科,它的存在应该是一个不争的事实。谈到学科,它应该是一个具有多义性的概念。首先,看词典里面它有几个义项。首先它指的是一个科目,包括语文、数学等等;另外一个,我们在高校中常常会用到的学科建设,它指的是包括专业、课程、人才队伍等等这样一个领域或者工作;第三才是所谓体现知识体系的一门科学,如物理、哲学。我想我们今天谈到的这样一个概念应该是在第三层面的这样一个意义的学科。在汉语作为第二语言教学领域,学科常常是所指不明,与事业是相混的。2012年我们把这个问题当作一个很重要的问题来讨论并且达成共识。正是因为我们有这样的认识,所以每次当我们谈到汉语第二语言教学的时候,我们的概念都是混淆的,甚至认为这个学科很好啊,目前发展得热热闹闹的。我把它概括为事业是热热闹闹的,学科是惨惨淡淡的。刚才说到的学科停滞不前,我认为何止是停滞不前,简直是严重倒退。陆先生在总结里说,对外汉语教学在事业上是热热闹闹的,几乎全球皆知。但是从学科来说,甚至出现了认为教汉语是小儿科、教书匠等观念的回潮现象。我们从那个年代过来的,我想大家都有这种共识,至少2005年之前我们的事业不是这样的,但近10年出现的这种现象我们是看在眼里、痛在心上。

那么,到底学科的困境表现在哪些方面?首先是去学术化,学术空间被挤压。这种现象在近些年恶化,直接的表现是,实践性硕士和学术性硕士招生比例的调整严重冲击了这一学科。因为从教育部来说,它有一个比例的调整,就是加大实践性硕士的比例,减少学术型。而这在某一些实践性领域也许是可以的,但在我们这个领域是灾难性的。因为这牵涉到我们对这一学科的认识问题。我在华文学院的刊物上写过一篇小文,题目就叫《中文教师与临床医生》。我问大家,如果我们面对的是一个赤脚医生的话,我们敢不敢让他看病?这两个之间有很大的可比性。2006年以来,课程与教学论(对外汉语)改变了研究生招生办法,全国统考教育学,进入复试考察一下语言学基础,这一变化已经在客观上改变了学科的方向。过去,无论是在课程设置,包括培养方式以及最后的毕业论文,我们都是按照学术的标准来做,但是这一调整以后,情况发生变化。从招生要求、培养方式到毕业论文等等都严重背离了学科的学术标准,直接影响是学术性研究生招生。以北语的课程与教学论(对外汉语)为例,今年只招了五六个学术性硕士。基于这一点,这是我们需要考虑的问题。

第二方面,就是科学的语言评价标准被破坏,教学方向变得模糊不清。这就牵涉到我曾经供职的北语汉语水平考试中心。说到这个问题我可能要说的很多,今天时间关系我不能说得太多。但是这个问题我们私下里经常谈到,现在问题依然很严重。我在 2007 年写过这样一篇文章《汉语水平考试的科学本质》。我说道:"HSK 和对外汉语教学学科是相伴而生的,没有汉语测试理论和实践,对外汉语教学学科就是不完整的。对外汉语教学学科科学性的表现,标志之一就是汉语水平考试的研制成功。"刚才崔老师也谈到了,从此有了对教学和学习成果的科学评价标准,它是一把科学的尺子。我们从那个年代过来的老师,在自己的语言当中,可能都有一个习惯,这就是,判断一个学生什么水平时总会说"HSK 几级"。今天我们还能说这样的话吗?恐怕说不出来。所谓的新 HSK,它能做这样的一个标准吗? 自 2007 年以来这个标准遭到了公然的破坏。所谓的新 HSK 取代了我们原有的 HSK。这个考试的 6 级框架,一直声称和欧盟框架的 6 级对应。前几年,德语区的汉语教师协会已经在官网上发表正式声明,二者不存在对应关系。德语区的汉语教师协会会长曾经告诉我,他曾经和白乐桑等欧洲学者一起和某机构交涉。该机构当时表示与欧盟框架脱钩。它从来就没挂过钩,谈什么脱钩? 但是当时迫于这些欧洲学者的压力,表示过脱钩。然而时至今日,我们并没有看到脱钩,你去看它的宣传。仍然在说,我是跟欧盟框架的 6 级对应的。但是欧洲的学者做过对比研究,它的最高的所谓 HSK6 级,最多仅仅相当于欧洲框架的 B1。这个问题呢,我们且不去说它的不稳定等等之类的问题,其实是很严重的。据了解,已经有一些机构要求考原来的,我们的 HSK。原因很简单,因为需要一个标准的,能够说清楚的一个标准的。但是我们都知道,很多因素导致目前提出这种要求的这些机构无法实现。与此直接相关的是,语言测试的研究江河日下。我们马上就要开始汉语作为第二语言教学学科发展报告这样一个项目。我们的这个报告呢,是试图梳理过去这么若干年来我们学科的发展状况。刚才崔老师的报告,我特别赞同的就是,原有的学科到现在到底我们做到什么样了,有什么进展,有什么问题,我们现在不清楚。所以我们汉研中心呢,今年设立了这样一个重大项目。但是,我们张凯教授在啊,测试这一块由他负责。测试方面的像样的论文,恐怕连一本书的文章都难以选择。我们前面的 10 年到 2006 年出的,商务印书馆 22 本书当中,我们还编了 2 本。但是今年，我也很担心，大概编不出来，这跟这10年的学科状况是直接相关的。这方面不想多说了，说了我会激动的。

　　第三个表现就是学术人才后继乏人。长期以来谈及学科建设的成就，我们总会举出吕必松等一批为学科建设做出贡献的学者。再往下呢，"中生代"，因为列名字容易得罪人，所以今天呢，这个居中坐的崔先生，我把他列出来，大家没什么争议，对吧？把我列上了大概有问题。所以我就说，有崔永华教授等"中生代"。那么"新生代"到底有哪些？恐怕这是一个问题。那么，露出头角的呢，应该说还不是很多见，我们现在还看不太清楚。今年《世界汉语教学》编辑部举办了以对外汉语教学研究为主题的青年学者论坛，我们的主编张博教授在场。这个论坛呢，今年是特别为教学设立，旨在为青年学者提供一个发展的平台。我了解到的情况是，从一月份开始征稿，9月份截稿，征集不到70篇稿子，最后筛选出8篇稿子，做了报告。入选比例应该说是很低。说明大部分稿子还达不到应有的水准，所以教学方面的研究还是很有问题。就算是入选的稿子，赵杨教授今天也在场啊，我们8位点评老师，我不知道赵老师您什么感觉。我个人的感觉，有的发言还是有待提升，并不是非常理想。所以呢，这就可以说是一个表现，这种状况可以说是一个巨大的危机。因为学科之存在，恐怕是要依赖人才的，就是说没有人才学科就没有希望。但是到目前为止呢，我们看一下目前的情况。从博士培养来看，虽然不少学校设本学科范围的博士招生方向，但基本上还是在导师专业特长的方面进行培养，真正意义上教学研究人才的培养还是缺乏的。我今年跟我们学校的研究生部提出了，学校能不能出一个特殊政策，比如说单给两个指标，就是来专门培养、定向培养教学的人才。但是研究生部给我的答复是摆不平，那就算了。

　　第四个方面的表现，是就业形势已经亮起红灯。从学术角度来看学科，当然不应过度考虑就业问题。但是学科的生存和发展又不可能是超越现实的。我们看到的是非学术性的学生和学术性的学生在就业问题上存在着不公平竞争问题。也就是说专业素质好的未必有优势。这对学科，我认为也是一种伤害。在座的很多同学，我不知道你们是不是同意这个意见。那么学科困境的根源是什么？行政，我认为第一个首先是行政权力对学术的干预，甚至是主导，这是造成学科困境的主因。刚才，李泉老师说的就是这个意思。我把这话说明了。至于说怎么分析它，我想大家都懂的。那么第二个呢，是学界的学科意识不强，学术共同体意识薄弱，也是学科困境的重要因素。有些人认为不必去争论什么学科的定位一类的问题。应该做一些具体事情,要更实际、更实在。我们当然赞同做扎实的具体研究,但不赞同只低头拉车、不抬头看路的倾向。在学科问题上我认为也应该有一种学术意义上的公民意识,即对于学科问题,每位学界同人都应该视为自己的事情。该说的话要说,该管的事情要管。这个话,我不知道说的是不是合适。那么我们这些年来,面对日益恶化的学科现实,常常也会在饭桌上议论一番、抨击一番。但基本上,还没有见到谁在公开的媒体上发表意见。包括我本人,想过但是没做。我想说的是权力和空间不会自然地给你,需要争取。有句话叫抱团取暖。我们现在面临的环境其实是比较寒冷的,怎么能够暖和一些:大家一起。所以我赞同刚才崔老师的这些意见,我们能不能去考虑组成一些共同体性质的这样的一些活动?所以今天也向赵院长提出这样的一个倡议。另外的一个原因也要说到,学科历史短、学科基础薄弱、成熟度低等,更易受到削弱。

最后我简短地说一下,学科既然这么多的困境,这么多的问题,怎么办?我想了三个方面。第一个就是,还是增强学术共同体意识,以各种方式争取实现行政的归行政、学术的归学术的目标。第二,增强学科意识,学界同人坚守学术立场,穷究学理,勇于创新,强大自身。第三,增强学术使命感,各年龄层同人,各尽其职,促进人才培养和成长。谢谢!

【王海峰】

各位专家,各位老师,各位同学,大家上午好!刚才听了三位专家的报告,非常受启发。三位专家的报告高屋建瓴,从论道的角度,来探讨咱们这个学科的问题。我呢,达不到这个高度,只能从术的角度去谈一谈有关一些小的问题,是我的一些小的思考,请大家批评。

我的题目是《汉语作为第二语言教学学科建设问题的思考》。我们汉语作为第二语言教学已经成为一门独立的学科,这已经是我们的共识。但是呢,随着国际汉语教育事业的不断发展,我们还面临很多新的问题。刚才三位专家说了一些思考。2012年咱们北语对外汉语研究中心开了一个会,对学科做了一些总结。其中提到了学界对我们的学科还有不少模糊的认识,甚至存在偏离学科属性和矮化学科的一些倾向。我个人感触比较深的是人们对学科的研究对象和学科构成的重要组成部分认识还不是很清楚,或者说认识还不是很到位,一些研究还需要进一步发展。那么我这个报告讨论的问题就有这么两个方面。

目前汉语作为第二语言教学学科的一些概念人们认识还不是到位，从某种角度上影响我们对汉语作为第二语言教学学科的理解，也影响这一学科的发展方向。我们认为，最主要的是要搞清楚汉语本体研究、汉语作为第二语言教学的本体研究和作为第二语言教学的汉语研究这三个概念的区别和联系。

什么是"本体"？本体在哲学上指与现象对立的不可认识的"自在之物"。现在一般对"本体"的理解是指事物本身，在理论研究中是指一门学科的研究对象（吕必松，2005）。每一门学科都有自己的本体理论，本体理论就是通过对本体的研究揭示本体发展规律的理论，这也是本学科存在和发展的标志。

汉语本体研究是指对汉语本身的语音、词汇、语法、语义、语用等诸种现象的描写、分析，并升华为理论，以建立相应的理论系统这样的一系列研究。（陆俭明，2008）一般来说，中文系的汉语研究主要属于汉语本体研究。

汉语作为第二语言教学学科本体跟汉语本体不一样，汉语作为第二语言教学本体研究是指对汉语作为第二语言教学自身规律的研究。吕必松（2005）指出，"对外汉语教学的研究对象是作为第二语言的汉语教学，作为第二语言的汉语教学就是对外汉语教学研究的本体"。吕必松又指出，"对外汉语教学本身就是一门科学，它的研究对象主要有三个：一是对汉语本身的研究，主要针对外国人学汉语的特点和难点来研究；二是对教学理论和方法的研究；三是汉外文化对比研究。"（见李泉，2006）

概括起来，汉语作为第二语言教学学科本体主要研究领域包括：
（1）作为第二语言教学的汉语研究；
（2）汉语作为第二语言的习得研究；
（3）汉语作为第二语言的教学法研究；
（4）汉语作为第二语言的教材研究；
（5）汉语作为第二语言的教师教育与教师发展研究；
（6）汉语文化与跨文化交际研究；
（7）汉语作为第二语言的测试研究；
（8）汉语作为第二语言的教学标准研究；
（9）汉语作为第二语言的教学技术与资源开发研究。

作为第二语言教学的汉语研究属于汉语作为第二语言教学的本体研究的一个领域，它跟汉语本体研究有密切关系，又有自己的研究特点。

首先作为第二语言教学的汉语研究注重从汉语教学实际出发,从"教"与"学"的特殊角度,发现和解决教学中的汉语语音、词汇、语法、语义、语用等问题,目的是让学生尽快了解汉语的规律,及早掌握汉语的表达方式,形成汉语的表达习惯。刘珣(1999)指出,"本学科需要从第二语言学习和教学这一新的角度来描写汉语、研究汉语。这种研究有不少区别于作为第一语言研究的汉语语言学的特征,比如它更侧重于语言的应用和交际功能的研究,着眼于语言交际能力培养的研究。不但要研究如何描写和解释汉语规律,更要研究如何掌握和运用汉语的规律;不仅要研究汉语的一般规律,更要通过与学习者母语的语言对比,着重研究汉语的特殊规律。"语法研究上,"这种教学语法体系更侧重于语言的运用和交际功能,要有利于学习者掌握语言的组装规则并形成语言交际能力……"。"即使是对具体事实的描写,如语法体系等也不能从语言学中拿来就直接应用于语言教学特别是第二语言教学"。(刘珣,1998)

比如"把"字句,作为汉语本体的研究,我们研究"把"字句语法、语义和语用等规律。一般现代汉语教材对其句式义表述为:"把"字句是用介词"把"引出受事的主动句,用以指一个事物对另一个事物的处置。

这是一个抽象的理论化的概括。那么什么叫"处置"? 可能以汉语为母语的中国人也难言其详。如果我们直接告诉学汉语的学生汉语的句式义就是"处置"的话,学生肯定云里雾里。

因此,我们要进一步细化研究"把"字句的句式含义。比如一个事物对另一个事物做了什么,一个事物使另一个事物产生了某种结果,发生了某种变化,或位置产生了移动。

再比如离合词研究。以汉语为母语的人不会用错离合词的离析用法,这些在汉语本体研究中也许不是什么重点,但对汉语教学来讲就是一个难点和重点。

在教离合词时,一些老师会告诉学生:离合词就是"汉语中有些动词在使用时,中间可以插入'了''过'、数量词等"(《博雅汉语·准中级加速篇1》,9—11页),如"睡觉""洗澡"等。这样教的话,学生就会出现离合词使用中过度离析偏误和离合词插入形式有限使用等情况,即见到老师说的离合词就离,而且只会用插入"了""过"、数量词等有限的离析方式。(王海峰,2009)

那么,汉语中一些离合词什么时候"离"、什么时候不"离"?哪些动词出现离析现象,哪些不出现离析现象?出现离析现象的离合词,其离析情况(离析频率、插入方式等)是否相同?离合词共有多少种离析方式?离合词离析结构的功能是什么?汉语中一些双音结构为什么会产生离析现象?

还有,离合词"离"是常态,还是"合"是常态?

举一个例子,学生作文课练习"计划"的写法,有学生的"锻炼身体计划"写道:

? (1)(三)坚持锻炼,每天晚上[跑一次步]。(摘自北京大学对外汉语教育学院中级班写作课—俄罗斯学生作业)

句子语法上似乎没有问题,但是我们觉得不是很得体,语感上觉得还是将数量词"一次"放在"跑步"后更合适。如例(2):

(2)(三)坚持锻炼,每天晚上[跑步一次]。

再看下例(3),这是一个留学生写他的生活故事:

? (3)那儿我们认识很多外国学生那儿我认识阿里,吃饭以后,我们回去宿舍[睡觉一个小时],以后起床我们学习课文和生词我以后我们听音乐。

这段话我们语感上觉得"睡觉"后的数量词"一个小时"应该插入"睡觉"中,如我们修改后的例(4):

(4)在那儿,我们认识了很多外国学生。我认识了阿里。吃饭以后,我们回宿舍[睡了一个小时觉]。起床以后,我们学习课文和生词,然后我们听音乐。

这些都是为什么?这些都是作为第二语言教学的汉语研究着重注意的问题。

因此,汉语本体研究和作为第二语言教学的汉语研究的目标和角度不同,汉语本体研究不是或不完全是汉语作为第二语言教学的本体研究的组成部分。

作为第二语言教学的汉语研究是汉语作为第二语言教学学科的不可或缺的重要组成部分。赵金铭(2001)甚至认为"这种作为第二语言或外语的汉语研究,体现了本学科的研究特点,是学科基础理论研究的重要组成部分,是

'本'。"

我们不能为了突出汉语作为第二语言教学学科特点以显示汉语作为第二语言教学学科与中文学科的区别,而刻意回避甚至矮化作为第二语言教学的汉语研究。这样做是不利于汉语作为第二语言教学这一学科良性发展的。因为无论我们的学科叫"汉语作为第二语言教学"还是叫"对外汉语教学",或者是叫"汉语国际教育""国际汉语教学",中间都离不开"汉语"这一核心。如果作为第二语言教学的汉语研究不深入,不能解决学生学汉语过程中的语法、语音、词汇等问题,我们焉何教汉语? 正如朱德熙(1989)指出,"上课许多问题说不清,是因为基础研究不够。所以我觉得应该强调汉语研究是对外汉语教学的基础,是后备力量,离开汉语研究,对外汉语教学就没法前进。"

只要我们把握我们学科汉语研究的特点、方向,我们的汉语研究就能取得长足发展,就能够为汉语作为第二语言教学的学科发展做出巨大贡献。近些年的作为第二语言教学的汉语研究的丰硕成果就已经证明了这一点。

经过几十年的建设和发展,汉语作为第二语言教学学科已经初步确立了学科地位,明确了学科性质,构建起了学科框架,一些领域的研究取得了突飞猛进的发展。但是,近些年汉语国际传播事业的快速发展对学科建设提出了新的更高的要求,也使学科建设面临一些新情况和新问题。(北京语言大学对外汉语研究中心,2012)

随着汉语教学的不断深入和细化,汉语作为第二语言教学学科的国别化(语别化)教学研究是我们这一学科应该进一步加强的领域。

加强国别化(语别化)教学并不是现在才提出来的,王力先生、吕叔湘先生、朱德熙先生等前辈学者在不同的场合一再强调二语教学必须加强针对性。吕叔湘(1984)曾说:"把汉语作为外语来教,跟把英语或日语作为外语来教,遇到的问题不会相同,把汉语教给英美人,或者阿拉伯人,或者日本人,或者巴基斯坦人,遇到的问题不会相同。在国外教外国学生汉语跟在国内教外国学生汉语,情况也不完全相同。"

陆俭明先生多次强调:"对外汉语教学的总的指导思想是,怎么让一个从未学过汉语的外国留学生在最短的时间内最快最好地学习、掌握好汉语。"(陆俭明,2004)"要做到这'三最',加强语别化教学无疑是一条有效的途径。"(崔健,2010)"在研究方法上要更多地运用对比分析手段,通过与学习者已掌握的语言进行对比,揭示目的语的特殊规律,从而确定教学的重点与难点。"(刘

珦，1998）

我们以对韩汉语教学为例。中国许多对外汉语教学机构中，韩国留学生占绝大多数，韩国已成为在华外国留学生最多的国家。就韩国国内情况来讲，韩国现已成为名副其实的汉语教学大国。面对数量巨大、要求不断提高的韩国汉语学习者，如何教好韩国学生，提升汉语教师对韩汉语教学的水平，已成为汉语教学界的当务之急。加强对韩汉语教学的国别化研究可以大大提升汉语教学的效率。

比如语音教学。对初学汉语的韩国学生来讲，汉语语音的掌握是其难点。我们可以首先通过汉韩语音对比入手，找到韩国学生学习的特点，然后有针对性地教学。

比如，从辅音教学来说，韩语、汉语中，ㄱ："g"，ㅋ："k"，ㄷ："d"，ㅌ："t"，ㅁ："m"，ㄴ："n"，ㅂ："b"，ㅍ："p"，ㅈ："z"，ㅊ："c"，ㅅ："s"，它们的发音近似，一般来说，只要汉语老师提醒学生它们之间细微的区别以后，学生就很快掌握了。

而汉语普通话中有七个辅音（声母）是韩国语中没有的，就是：

唇齿音：f[f]

舌面音：j[tɕ]、q[tɕ']、x[ɕ]

舌尖后音：zh[tʂ]、ch[tʂ']、sh[ʂ]

这七个辅音韩国学生常常出现发音偏误。除此之外还有 r[ʐ]，对韩国学生来说，学起来也比较困难。

了解这些情况后，我们要采取适当方法，有针对性地教学。比如，我们教 zh、ch、sh、r 的发音。韩国语有"ㅅ"跟"s"发音近似，我们可以利用顺联法将上述 z、c、s、zh、ch、sh、r 结合起来教学，构成一个系列，其路线图如下：

```
[ㅅ]→ s → z → c
         ↓   ↓   ↓
         sh→ zh→ ch
         ↓
         r
```

这样，通过韩汉相同或相近的发音部位和方法自然引入的方式，再辅以练习，可以提高学习速度，减轻学生的学习难度。

另外,元音中一些韵母的发音也有很多难点,比如 ü[y]是前高圆唇单元音,韩国学生常常发成"ㅟ"。韩国语中有[i]这个音,我们可以借用元音[i]的发音方法,引导学生在发好[i]的基础上过渡到[y]。

语法上,汉韩语言最大的差异是语序和形态,这些也是造成学生产生偏误的主要原因。其实,在有的语言点教学上,如果我们巧妙地利用汉韩语法的特点,就很容易来为教学服务。

"把"字句对韩国学生来讲是最难掌握的句式之一。韩国语中没有类似的句式,所以韩国学生一般不习惯用这个格式。我们可以利用韩国语的语序格式,把它巧妙地嫁接到汉语把字句格式上。

我们知道,韩国语的基本语序是"主语—宾语—谓语",比如:"我吃了拌饭"。

韩国语是:저는 비빔밥을 먹었어요..
　　　我　　拌饭　　吃了

汉语"把"字句的语序是"主语—把—宾语—谓语":"我把拌饭吃了。"我们比较一下就会发现,这样的韩国语的基本句式跟汉语"把"字句的格式是非常相似的,"我"和"拌饭"之间就缺个"把",把"把"插到"拌饭"的前边就行了:

我—拌饭—吃了[韩国语]→我把拌饭吃了[把字句]

这样,我们就很容易把韩国语句式移植到"把"字句上。当然,这样讲解的前提是一定要讲清楚汉语"把"字句的语义、语用特点以及限制条件。也就是说,"把"字句跟一般句式有区别,而且也并不是所有的句式都可以转化成"把"字句,或者说并非所有的行为都是可以用"把"字句来表达的。

词语教学也是这样。韩国语中有非常多的外来词汇,其中来自汉语的词汇最多,大概占韩国语词汇的 60—70%。我们可以利用这一优势来教汉语词汇。

比如汉韩音近义同的汉字词占汉字词的大部分,比如"道德、傲慢、唯独、一目了然"等。教学的时候,老师可以告诉韩国学生它们的意思一样,这样就很大程度上减轻了学生的负担。

还有一些汉韩意义用法有区别的汉字词。老师可以有针对性地对汉字词在两种语言中语义范围、义项、词性、附加意义、语用条件等方面的区别和联系进行重点讲解和强调。

如韩国学生常常说"你的错误很深刻",韩语汉字词"深刻"跟现代汉语"深刻"的意思不尽相同,汉语"深刻"是达到问题的本质或内心感受程度深,如"认识很深刻"。这些要告诉学生。

就针对韩国学生的汉字教学来讲,通过国别化教学思路也可以提高教学效率。在韩国很多地名、人名用汉字标示,韩国学生对汉字并不陌生。韩国中学开设汉文课,教授韩国教育部颁布的1,800个汉字,许多韩国学生有一定的汉字基础。这是韩国学生比其他国家学生学汉字有优势的地方。汉语老师了解汉韩汉字的状况,就能有的放矢地教学。

就技能教学来讲,韩国学生口语水平明显滞后于其他技能,这种情况与教学环境以及韩国本土汉语教学模式和韩国学生的学习特征有关。在口语课教学中,教师结合韩国学生的特点,克服不利因素,掌握好教学的技巧和原则,就能让学生敢说、想说、能说、会说和必说,尽快提高汉语口语表达水平。

这是我的报告,谢谢大家!

参考文献

北京语言大学对外汉语研究中心(2012)新形势下对外汉语教学学科建设与发展座谈会纪要,《世界汉语教学》第3期。

崔　健(2011)《国别化:对韩汉语教学法》序,见《国别化:对韩汉语教学法》(语言要素教学篇),北京大学出版社。

崔希亮(2007)谈汉语二语教学的学科建设,《世界汉语教学》第3期。

崔永华(2005)以问题为导向的对外汉语教学学科建设刍议,《语言教学与研究》第3期。

李　泉(2006)《对外汉语教学学科理论研究》,商务印书馆。

李　泉(2007)汉语国际化进程中学科建设问题思考,《世界汉语教学》第3期。

李　泉(2010)国际汉语教学学科建设若干问题,《语言文字应用》第2期。

李晓琪(2004)《博雅汉语·准中级加速篇1》,北京大学出版社。

刘　珣(1997)试论汉语作为第二语言教学的基本原则——兼论海内外汉语教学的学科建设,《世界汉语教学》第1期。

刘　珣(1998)语言教育学是一门重要的独立学科,《世界汉语教学》第2期。

刘　珣(1999)也论对外汉语教学的学科体系及其科学定位,《语言教学与研究》第1期。

陆俭明(2004)增强学科意识　发展对外汉语教学,《世界汉语教学》第1期。

陆俭明(2008)谈汉语作为第二语言教学的学科建设及其本体研究,《外语教学与研究》第5期。

陆俭明(2007)再谈汉语作为第二语言教学的学科建设问题,《长江学术》第2期。

吕必松(2005)谈谈对外汉语教学的性质与对外汉语教学的本体理论研究,《语言教育与对外汉语教学》,外语教学与研究出版社。

吕叔湘(1984)对外汉语教学研究会成立大会贺词,《对外汉语教学》第1期。

王海峰(2009)离合词教学的理论与实践,《汉语教学学刊》第5辑。

王海峰(2011)《现代汉语离合词离析形式功能研究》,北京大学出版社。

王海峰(2011)《国别化:对韩汉语教学法》(语言要素教学篇),北京大学出版社。

王海峰(2014)非目的语环境下韩国学生汉语口语课教学的策略与方法,《国际汉语教学研究》第2期。

吴应辉(2010)国际汉语教学学科建设及汉语国际传播研究探讨,《语言文字应用》第3期。

张　凯(2000)对外汉语教学学科的基本问题和基本方法,《世界汉语教学》第3期。

赵金铭(2001)对外汉语研究的基本框架,《世界汉语教学》第3期。

朱德熙(1989)纪念《语言教学与研究》创刊10周年座谈会发言(摘登),《语言教学与研究》第3期。

【刘元满】

各位专家,各位老师,各位同学:

我从1985年开始就从事汉语教学,今年就30周年了。在我从业的过程中,我亲身经历了、见证了对外汉语教学作为一个学科、作为一个事业的发展。我们有必要梳理一下我们走过的路。刚才听到几位学者的发言,我觉得他们深爱这个学科。深爱才有深忧,深忧才会想解决之道。

我们从另外一个角度来反观我们这个学科。从学科建设方面看,应该把它和日语、英语第二语言教学进行比较,看看它们会有什么样的共性和个性。刚才崔老师说对过去成果的梳理很重要。确实,过去我们进行了很多研究,对其进行梳理可以看出我们对学科的认识过程。对学科的定位不同,会影响到我们人才培养方式以及研究领域的发展。

下面我们从两套书的分类来进行比较。2006年,商务印书馆的"对外汉语教学专题研究书系"22本书,分类有七种:学科理论、课程教学、语言要素、习得与认知、语言测试、计算机辅助教学,以及汉语教师素质和教师技能的研究。

对外汉语教学学科理论研究(4本)

对外汉语课程教学研究(5本)

语言要素教学研究(4本)

习得与认知研究(3本)

语言测试研究(2本)

对外汉语计算机辅助教学研究(2本)

对外汉语教师素质与教学技能研究(2本)

其中,课程教学五册,学科理论研究和语言要素教学研究都有四册,研究相对比较集中;后面三类各有两册,说明当时的研究成果虽然还不太多,但当时却已经有人研究。语言测试研究不少内容与老版本的HSK有关。

我们再看2009年的《对外汉语教学研究论著索引》分类,共九种:

面向对外汉语教学的汉语本体研究

对外汉语教学研究

对外汉语习得研究

汉外对比研究

对外汉语测试研究

对外汉语教材研究

对外汉语教学史研究

对外汉语教学中的文化研究

现代教育技术与对外汉语教学研究

其中有七种都特别冠以"对外汉语"。与2006年的"系列"对比,汉外对比研究、对外汉语教材研究、对外汉语教学史研究、对外汉语教学中的文化研究等几个都作为专类列出来。说明这些领域的研究已经有了一定规模。

商务印书馆的分类是有一定的代表性的。人才培养、课程设置,都会受到研究领域的影响。你要培养什么样的人,那么课程设置一定会体现处理。我考察了一下国内各个高校的课程设置和研究领域状况,大家都对现在的研究领域和学科发展提出担忧。下面我们看一些数字。

今年大约有270多个高校开设了对外汉语教学方向的硕士课程,设在语言学或应用语言学专业之下。9所学校开设了对外汉语专业,大概有这些代表性的研究方向:对外汉语理论研究、习得研究、语言要素研究、教学法研究、汉语与文化研究、汉外对比研究等。汉外对比研究受到格外的重视,多校都在开设,这可能在教学针对性方面,大家都取得共识。测试研究、课堂教学和现代教育技术，依然受到关注。下面是9所大学研究方向列表：

单位名称	研究方向
吉林大学	对外汉语教学法研究、对外汉语与语法教学研究、对外汉语与词汇教学研究、对外汉语与中国文化研究、对外汉语语音与文字教学研究
东北师范大学	对外汉语课堂教学研究、第二语言习得研究、对外汉语语言要素教学研究、汉外语言比较研究
南京师范大学	语法理论与应用、语言习得理论与应用、中外文化比较
厦门大学	不区分研究方向
山东大学	汉语教学与测试、汉语应用与跨文化习得、网络汉语资源建设与传播、汉语与汉语教学、语言与文化传播
山东师范大学	对外汉语本体研究、对外汉语教学理论与实践、对外汉语教学与跨文化交际
武汉大学	对外汉语教学的理论与方法研究、面向对外汉语教学的汉语本体研究、汉语作为第二语言的习得研究、面向对外汉语教学的文化研究
华中师范大学	不区分研究方向
湖南师范大学	对外汉语教学研究、对外汉语教学的汉语本体研究、国学对外传播、华文教育

我也考察了语言学和应用语言学博士方向，以北大、北师大、北语、华师大四所大学为例。这四所大学教学历史比较长，培养博士积累了比较丰富的经验。

对外汉语传播与政策研究

对外汉语教学理论研究

对外汉语教学中的汉语本体研究

对外汉语教学中的文化研究

各项语言技能的教学研究

汉语习得研究

汉外对比研究

对外汉语教材研究

对外汉语教学史研究

汉语测试的种类和标准

对外汉语的多种教学模式

现代教育技术的运用

对外汉语研究方法

对外汉语课堂研究

社会语言学/应用语言学等与汉语第二语言教学的关系研究

这四所大学的博士方向涉及方方面面,细化了很多,不过它们都设在语言学及应用语言学专业之下。2014年,有几所大学招收"专业博士",这是新设的,明年会更多。

学校名称	专业及方向	考试科目
华中师范大学	对外汉语教学专业	现代汉语语法
中国社会科学院	对外汉语教学方向	语言理论与语言应用
中央民族大学	国际汉语教学专业 1.汉语国际传播理论与实践方向 2.国际汉语教学方向	汉语通论与语言学理论 国际汉语教学理论与方法
华东师范大学	国际汉语教育专业 国际汉语教育方向	语言理论与应用 国际汉语教育

我们注意到专业和方向的名称,大家看一看有没有共同点?好像我们理解得都一样,但是用词却不同。我想在该专业发展初期是在所难免的,将来会随着培养过程的趋同而走向一致。考试科目也不一样,可能在适当的时期还要召开会议。

下面我想对照"日本语教育",也就是日语第二语言教学来谈谈对我们的启示。为什么要跟日语比呢?因为英语基本就是国际共同语,我们和它有太多不同。但跟日语第二语言教学就有很多相同点,日语也是小语种,也需要推广和发展。我曾研究过日本语教育相关方面的情况,他们做得很突出的是针对教学对象的特殊政策。学日语的人在日本国内有留学生、研修生(研修生属于劳务输出),国外有大中小学学生及"社会人"。对于特定的人群,政府会相应制定政策,设置管理机构、研究机构、师资培养的教学机构等,都是分工明确、任务细化的专业组织,从网站上查到 20 多个。这些机构的工作各有主业又相互交叉,如主要举办研究会和专题研讨会的语言文化研究所、国际日语普及协会、日本语教育协会、国立大学日本语教育研究协议会、大学日本语教师培养研究协议会等等。刚才崔老师说我们是不是要成立一些机构,是应该考虑的。日本提供基金资助的只有两个:国际基金交流会和语言文化研究所,其他机构不做这些。其他日本留学生支援机构,如日本语教育振兴协会、日本私立大学团体联合会、日本语联络协议会,主要负责援助留学生。其推广政策带给我们的启示是,政策上要有理论准备,要建立较为完备的国内外教学系统。

另一个启示是应该建立较为完备的国内外教学信息库。日本语教育方面的信息之新、之准令人惊讶,每年都有更新。它告诉你哪个国家有多少学校开设日语,学校里有多少个老师、多少学生。而我们关于海外的汉语教学数字就非常模糊。他们的基础工作做得非常好,网上定时更新信息。我们做相关研究就不必找关系,直接从网站上调资料就可以了,而且这些资料都是通过科学方法得出的。这一点我们太欠缺了。

还有一点启示是增加培训机构和志愿者渠道。日本的教师来源比较复杂,有很多是非日语专业的,很多主妇加入到其中。日本语教育在日本不像我们的院校开设得轰轰烈烈,其课程都是自主设计。但是要注意只有早稻田大学开设了"日本语教育"专业,而其他学校都是某个"学部"或"研究科"下属。早大从 2003 年开始招收硕士,2006 年招收博士,他们的论文在网上都是可以查到的,对我们是一个很好的启示。我们的资源往往比较匮乏,某个学校的硕士论文如果没有上网,就很难查到。早大的"日本语教育专业"课程有以下三大支柱:

1) 理论研究:

　　语言、语言教学、语言文化、交际、教学法、语言习得、学习环境、语言教育政策等,综合了解与日本语教育相关的现代课题,在最新研究成果基础上进行有理论指导的实证性研究。

2) 实践研究:

　　与"早稻田大学日本语教育研究中心"合作,制定"日本语教育者培养项目",同时也与校外其他教学机构展开合作,使学生有充分的机会进行教学实践。在教学实践的基础上培养其教学能力。

3) 专题讨论：

使每个学生都能够掌握理论思考和实践方法，了解如何创造适当的环境进行教学，了解作为教师应该给予学生怎样的支持等，并围绕毕业论文写作，在理论和实践层面上进行讨论。由于不少博士生都到世界各地进行教学，该研究科还设立了针对他们的论文写作指导体系。

我们再来考察一下其他大学里非独立专业的日本语教育情况。一桥大学是一个普通大学，有三个系列课程：日本语学系列、日本语教育学系列、比较文化学系列，而且每个系列的课程都很清晰。

我们也考察了英语作为第二语言的课程设置情况。德克萨斯大学（阿灵顿）的英语第二教学系，既开有语言学、也开有 TESOL。时间有限，我们跳过具体课程，来进行一些思考。

思考一，汉语第二语言教学的研究领域过于宽泛吗？

从日语和英语第二语言教学的课程设置来看，都强调理论实践和教学实践并重。他们的生源都很广泛，早稻田大学大部分生源以文学为中心，也还有很多是非语言的。TESOL 特别强调与语言学专业的不同，课程都冠以 TESOL 的字样。汉语第二语言教学的研究内容已经列了那么多，是过多了，有一些可能与本学科关系不大，还需要更凝练一些。

思考二，培养和就业应该是个什么样的关系？

日本语教育方向的学生的出路和我们相比有很大的不同，因为有很多就业渠道。而中国只有大学才有对外汉语教学，就是说语言学习都放在大学里面，其他语言学习机构很少。而硕士学位不能在大学任教，所以我们的硕士出去以后没有出路。但是日本有很多"日本语教室"、很多夜校，还有很多培训机构。我们的学生没有太多地方可去，所以限制了我们。专业博士能不能解决这个问题，还是需要探讨的。

思考三，学术生态是不是失调？

对外汉语教学的相关会议如雨后春笋。我们刚刚统计了学院近三年老师的参会情况，会议名称大大小小 90 多个，但是有分量的、龙头性会议不多，缺乏标杆性学术会议。过去我们有两会：世界汉语教学学会和中国对外汉语教学学会，大家都以参加其年会为荣。但是中国对外汉语教学学会消失了，世界汉语教学学会名称虽在，但所做的工作和那个时代不太一样。我们能不能有一个自己业内的、论文遴选非常严格的、大家以参加该会为荣的会议？不要搞太多的会,有的会是你报名就能参加,都不用筛选。所以说学术生态要考虑。美国有 ACTFL 会,其中中文分会论文入选率也就 40％多。日本有日本语教育大会,没有充分的准备和较高的质量也是进不去的。我们知名的大会还是不够的。

思考四,也是最后一个,两类专业趋同还是求异？

专业硕士和学术硕士有什么区别？我们虽然说培养有侧重,但是实际上,汉教硕士要出国做一年志愿者,现在学术硕士也愿意出去,我们怎么给他们开课程？我觉得有一个解决之道,是学术硕士能够继续往上走,硕博连读或直博。只有这样,研究型人才的培养才会更深、更好。

第二部分:现场讨论

【周质平】

我刚才听了五位专家的报告。因为我在国内的时间很短,在海外的时间比较长,我的观察主要是在美国的汉语教学的情况,所以我不知道有多少能够同时反映在国内。如果从过去 30 年来看,我觉得我们这个学科的一个发展趋势是在 50 年代。譬如说,往往是比较偏重在中文系,是由中文系的老师接一些工作来做对外汉语。那么到了现在呢,我们是比较偏向在语言学。刚才崔老师说的是这个偏重,崔老师也说必须要一个独立的学科。我想这个独立不表示说这个学科不重叠。重叠是必然的,这也是不能避免的。比如说,即使是中文系和历史系,它也有很多重叠的。所以只是一个偏重的问题。那么我觉得过去 30 年来,我在海外的观察呢,如果我用张之洞的两句话,所谓中学为体、西学为用,就越来越变得是西学为体、中学为用。这个变成一个西学以后,我们对外汉语教学实际上……你说这个我们二语习得。二语习得有很多专门搞二语习得的,他们没有办法完全用中文讲它的东西,无论是人也好,理论也好,必须借助于英文。这个整个的发展,我觉得是很奇特的,绝对没有说英语作为二语教学。结果他说英语,要怎么教？如何教？必须用中文来讲吧？这好像不可能。我觉得这个过分讲西学偏重是我们的一个偏向,所以我的感觉倒是我们应该再回到中国的文史里头。我想这应该是一个方向。那么第二点,就是我刚才听到的,就是学科和事业的问题,学科和事业其实说穿了就是学术和行政的关系。如果说行政干预太多的时候,就在过去 30 年,一方面是形势大好,是因为行政的干预,是有了国家的资助。或者我在这个北师大,过去的二十几年的一个经验,是至少在我们和北师大的关系是行政干预的减少。可是在这一届整体来看,可能是行政干预的增加。所以我觉得刚才李老师有一句话我觉得挺好的,他说我们要以对外汉语教学作为一个手段,目的是要来提倡这个中国文化之类的或者甚至是国家民族的复兴,我觉得这是过分的膨大自己,膨大到了一个不可思议的程度。这个我们必须要这么看汉语汉字的复兴,一定是有赖于中国的复兴;而不是倒过来,中国的复兴是有赖于汉语教学的复兴,这是不可能的事情。我觉得从这一点来看,我们应该是学术和行政的一个脱离。学术和行政,干预的结果可能是经费多了;而结果是,有两个词用得很好,一个是"边缘化",一个是"矮化"。我们必须要脱离行政。对外汉语教学的本身就是目的,我很同意李老师的那句话。谢谢大家!

【李泉】

谢谢主持人,让我回应一下很好。我非常赞成周老师支持我的看法,也非常同意周老师自己的看法。我觉得不客气地说,我们现在的学科地位,真有点儿不堪回首。一方面,实际上是不承认的,无论是官员还是学术界,没有承认它是一个学科,我们是自娱自乐,给学科起名、讨论、写文章;而行业圈外,政治层面、更高的层面,没把对外汉语教学看成是学术之列的事儿,但看做事业这是肯定的。另外一方面呢,又对这个"学科"赋予了诸多的功能,使它文化化、理想化、超负荷化,寄予了太多的希望;而这恰恰是对这个汉语作为外语教学是一门学科本身的误解,或者说对它学科属性和学科地位的不认同。如果认同的话,学科就是学科,它是干什么的、做什么的,就那么点事儿。当然"这点事儿"可不是没学问,是值得研究的。如果承认它是一门学科,它只有它自身的功能,它里面的文化是什么,有它特定的内涵。它能实现的其他功能,那也是附带的、自然而然的、润物无声的。

【孙德金】

在座很多研究生,可能说到事业、学科大家一下子很难理解,我举个例子大家可能就更加具体。50年代的大炼钢铁大家都知道,它是事业,它为什么导致最后的结果?因为它无视科学。科学是什么?冶金。冶金是不是一个科学?我们北语对面的钢铁学院(现名为北京科技大学),是吧?冶金学它是一门学科,那么我们违背了冶金学的基本原理,所以导致了最后大炼钢铁的荒唐。所以我觉得呢,在座的同学,可能这样一比,对这个问题会比较明确一些。我刚才说到的医生和教师之比,也是来说明这样一个问题。如果我们把这个学科真的当作科学来看,那我们想,这个事情就迎刃而解。但是现在的问题是,领导人为什么都会有这样一个认识?还有一点我刚才没有时间讲,就是因为我们教的这个汉语谁都能说,所以在领导看来这算什么学问呢?就像我当年在火车上,对面一位老兄问我学什么专业的,我说:"学语言学的。"他说:"语言还有学啊?"那连语言学他都不认为是一个学问,何况所谓教外国人说话,这事儿还是个学问吗?所以我想这些问题是导致我们现在学科这种状况很重要的一点。领导人也是如此。当年,我给大家举一个例子。李泉来自人民大学,我也是人民大学毕业的。当年听到的一个情况,王国璋先生当时在对外汉语教学中心做主任的时候,一位人民大学的副校长说:"我也要上课。"向王先生提出要求他要上课。王先生就说:"我给你安排课。"安排课之后,大概上了一个月还是几次课,被学生轰下来。我想现在的一些领导人,应该让他来试一试,他就应该不会再说这种话了。

【张凯】

刚才五位专家讨论的这些问题,尤其是前三位都提到了这个学科性质、学科定位这样的问题,这个问题非常好。但是我个人觉得,这么多年来无论是我们中国的对外汉语界还是国外英语言学界,大概都没有把这个学科定位对,定得都不对。下面我来做一个类比。可能我们绝大多数人都见过健美运动吧?就算没在现场见过,我们也在电视上或者是图片上见过。那么健美是一个什么运动?或者说健美教练干了一件什么事儿?他是把一个普通人的肌肉变成了健美运动员的肌肉,也就是说让他的肌肉发生了一个状态的改变,从一个普通状态改变成一个特殊状态。那么我们语言教学其实做的事情跟健美教练做的事情是一样的,我们是把一个人只会一种语言的状态的脑子变成他会两种语言的脑子。会一种语言不就是大脑的一种状态吗?我们说母语大脑是一个状态,我们说第二语言大脑是另外一个状态,所以我们语言教学的一个工作是跟健美教练的工作是一样的。其实刚才德金也说了,我们这一行,跟医生、跟大夫的工作性质是一样的,只不过大夫的工作性质是把人的不正常的身体状态调成改回正常状态。我们与大夫只是方向不同。所以我同意乔姆斯基的这个说法,同意乔姆斯基的这个观点:语言学最终还原成心理学,心理学最终还原成生物学。如果我们把我们的目标定位成生物学或者是生理学，也就是说我们的目标是要通过某种手段改变人的大脑状态。在这之前，我们要认识一个人学一种外语的过程中，他的大脑发生了什么样的改变。到目前为止，我们观察大脑的状态的手段是有的，比如说事件相关点位，比如说核磁共振，可以观察大脑的变化，而且在这方面已经有了一些成果了，但是很可惜不是应用语言学的成果，而是病理语言学或者是认知心理学的成果。我们没有把这些手段用到第二语言教学研究上。谢谢，我就说这些。

【吴应辉】

今天早上听了五位专家的发言，我觉得真是高、大、上，站到了顶层世界的高度，提到了很多值得思考的问题，给我留下了非常深刻的印象，包括崔老师的、孙老师他们，所有五位老师的观点。但是我在听了以后，觉得应该提一个倡议。刚才大家都谈到了学术共同体，学术里的这些问题。你现在指望要把我们这个学科的学术研究规范起来，又有一个引领作用，我觉得现在指望某一个名气比较大的学会是不太可能的。所以我建议，就是我的一个倡议：其实我们国内汉语学科发展比较好的一些学校，应该联合起来，来成立一个什么学术联盟，或者是我们自己一个学会什么的。我觉得还是要自己搞，搞一点同行共同感兴趣的、有共同语言的、能够互相对话的这样的一个东西。而我倡议的，我们的名校，比如说北大、北语、北师大这样的名校出来牵头，成立一个我们自己一个学术的，我们不叫组织，叫研讨班或论坛也行。名称再说，这是一个建议。另外一点我想说的，就是刚才刘元满教授她谈到的这个学科学位点的问题，我想就这个补充说一下。汉语国际教育专业学位博士的学位点到现在为止是没有的。因为这么一个学位点的设立需要国务院学位委员会正式批准，要在学科目录里面列进去以后才算，这个学位才算官方正式承认设立了。到目前为止，国务院学位委员还没有批准设立汉语国际教育的专业博士学位点。之前可能有一点误导，其实国家汉办挺积极地要推动这个事儿。我觉得这是好事儿，他们也组织专家论证过。论证以后，当时可能有不同的意见，就没有下文。汉办就发了一条简讯吧，说有条件的学校可以自己设立。我觉得这个是有待商榷的。专业学位博士点，我们说得具体一点，我们自己这个学科叫汉语国际教育专业博士，国务院学位委员会还没有批准，各个学校怎么有权自主设立呢？所以我觉得如果设立，那也不是专业学位，它是在某一个一级学科博士点之下增设的二级学科学术博士点。我现在做研究院的院长，所以我想再对这个学位学科稍微补充说明一点。我们的国际汉语教学其实是一个学术的二级学科博士点,是在中国语言文学之下增设的。所以其他所有的学校,包括厦门大学,今年他们设立三个博士点,跟汉语教学相关的,一个对外汉语,一个是汉语国际教育,还有一个是汉语国际推广。分别是在不同的一级学科之下。在中国语言文学之下,他们设对外汉语教学;在教育学一级学科之下,他们设国际汉语教育;在传播一级学科之下,他们设汉语国际推广。所以厦门大学的路子很快,但是都是学术二级博士学科。这是第二点我想说的。第三点,既然这是一个论坛,我就挑起一个争议的话题让两位专家辩论一下。我听到崔老师谈到一个观点,这个学科的发展必须要走出语言学、走出高校、走出中国。第一点,走出语言学我首先表示我个人赞同,非常赞同这个观点。后来他还有一个观点叫做试图靠语言学的方法来解决问题是缘木求鱼,这是他的观点。后来孙老师在谈到他的观点的时候就说,必须要实现。他的意思就是说一定要把重点放在语言本体学习方面,如果语言本体没有学好就像赤脚医生看病,看不好。所以你们两位专家的观点区别比较大,请你们辩论一下吧。谢谢!

【孙德金】

我首先纠正一下吴院长,你是张冠李戴。因为刚才是王教授的观点,你加到我身上。但是你加的也没错,因为我刚刚在西郊宾馆参加《语言教学与研究》创刊35周年的纪念会,我做的发言就是这方面的,我的发言题目就是《汉语作为第二语言教学学科的语言学本质》,所以我也愿意就这个问题说两句。刚才已经和崔老师在下面辩论过了,今天把这个辩论拿到这儿来也不是坏事。坦率地讲,我不太赞同崔老师的意见,包括我发言以后江新教授也提出不同意见。关于这个学科我们究竟怎么去认识它的本质,我是这样来看的:刚才崔老师的报告里面的那一句话,也是我在西郊宾馆的时候引的一句话、说的一句话。因为反对语言学作为这个学科的一个本质也好,或者一个基本属性也好,一个重要的理由就是语言学不能解决所有问题。我们从来也没有说语言学可以解决汉语作为第二语言教学中的所有问题,否则的话它就不是一个交叉性的应用学科。所以拿这个话来说,来否定语言学作为它的本质,是没有道理的。在发言当中,我说,你教育学能够解决所有的问题吗?因为有的学者主张应该把它作为教育学。我们都知道,刘珣先生把他书的名字就命名为《对外汉语教育学引论》,那么教育学能够解决这个学科的所有问题吗?同样不能,心理学能够解决所有问题吗?也同样不能。所以在看待学科属性的时候,不能从这个角度来认识。所以我说,我在这个报告最后,画了一个被大家取笑的圆,我把它叫做同心圆。后来我说那的确不是同心圆,是偏心圆。但是有一个心,那个心就是语言,就是语言学。所以我们说,这几个基础学科跟语言学之间什么关系呢?心理学可能要靠得更近一些,教育学要稍微远一点,然后包括社会学。我们就看 Corder 的理论里边,他谈的应该说是比较充分的。还有一个我们需要现实地认识的是什么呢?到今天为止,我们来解决语言教育学中的很多问题是必须依赖语言学的。

【崔永华】

我一直认为,把对外汉语教学归到语言学还是教育学,本身并没有实质性的差别。从90年代就有很多人问我对学科归属的问题的看法,迄今为止,我一直是这个看法。

我觉得把它放到哪儿并不那么重要。因为语言教学本身就是一门跨学科的学问。在英国、美国,培养语言教师,有的是放在语言学系,有的放在教育学系。

关键是你要解决什么问题。在80年代以前,国内的对外汉语教学基本上都是在大学里面进行的。大学里的汉语教学,特别是正规大学的汉语教学,不是一件很难的事情,涉及的问题比较单纯。而且,那个时候刚刚开始对外汉语教学,需要建立语法体系,确定语音、词汇教学的内容和解释,需要学习借鉴一些基本的教学方法,那个时候用语言学解决问题,差不多够用了。

但是后来我们越来越觉得语言学不够用了。从学科发展的角度来看,在80年代以前没有人(至少在国内没有)讲语言习得研究。90年代,语言习得研究进入我们这个领域,使我们学科有了一个非常大的提升,汉语教学研究引进了统计学、心理实验、心理测量的方法,增加了汉语教学研究的科学化程度。这是80年代以前没有的。这期间,我们还引入了文化和文化教学研究。

现在,"汉语作为第二语言教学"的情况发生了根本的变化。如果我们认为汉语国际教育是一个学科,这个学科的研究对象是什么?如果是研究汉语作为第二语言教学,它包括哪些种类?如果我们还把研究对象局限在国内大学的汉语教学,那就不是研究"汉语作为第二语言教学"。这可以跟"英语作为第二语言教学"做一个类比。英语作为第二语言教学的研究范围,肯定不局限在英国大学里的英语教学,它研究的是世界范围里的大中小学的英语教学,也包括其他种类英语教学,甚至包括咱们的新东方一类的英语教学,这些都是英语作为第二语言教学的研究范围。所以我们不应当把自己限制在一个小范围里。我们要研究的问题应当跟英语教学一样,把国内外各类教学都包括进来。

还有一个研究指导思想的问题。我们为什么进行研究?研究是要探索规律。探索规律又是为什么?是要服务社会。我一直认为对外汉语教学是一门应用型学科,应用型学科最基本的指导思想就是要以问题为导向。我认为解决问题也是世界上科学研究的一个根本导向。

我这里特别想强调的是研究"真问题"。所谓真问题,是汉语教育教学中存在的、提出的问题,不是坐在屋子里想出来的问题,不是从语言学的角度来推导出来的问题。比如"研究"一个句型应该怎么教,就抽出若干例句统计一下,认为用得最多的肯定是最重要的,应当从结构最简单的开始教等等。道理好像是这样,但是教学中是否行得通,要靠实践来检验。

现在我们教学中有很多问题需要研究,但是我们有些研究不注意这些问题,而是研究一些"隔靴搔痒"式的问题。当然它也是问题,也是科学研究,我们也不该断然反对。但是我们应当知道这类研究对社会发展,对改进教学贡献很小。特别是一些犄角旮旯的语言现象,中国人一辈子都说不了几回,就没有必要作为对外汉语教学的问题来研究。

说实话,我觉得我们对国内大学的对外汉语教学已经研究得差不多了。当然你还可以研究其中的很多问题,但是和现在新的情况比起来,有些问题确实没有太大的研究价值。作为一个应用型学科,我们应该把研究重点放在解决实践中的问题上。特别是着力研究、解决影响事业和学科发展的重大问题上。比如现在海外的中小学学习汉语的人数比大学的要多,就很值得下大气力研究。据说在美国教育部注册的在校生里,大学生是5—6万人,中小学生则是15—18万人。美国大学的汉语教学基本用不着我们去研究了,如果要研究美国的汉语教学,我认为重点应放在中小学上。中小学的学生这么多,中小学的教学很不成熟,应该成为我们研究的重点。

研究这样的问题,语言学有用吗?不能说没有用,但是有多大用?研究中小学汉语教学涉及教学设计、美国的中小学课程设置的原则、设置规则、儿童语言学习心理、课堂管理等问题。他们学习语言的规律和成人不一样,是我们已有的经验和仅凭语言学方法解决不了的。

我还想强调，语言学理论和方法，解决不了汉语国际教育的所有问题，就像教育学解决不了语言教学所有问题一样。现在，我们要研究我们还不熟悉的东西，才能说我们在研究汉语作为第二语言教学；我们要学会我们不懂的东西，才能胜任汉语作为第二语言教学的研究。特别是要解决大问题，常常不是一个学科的理论方法能胜任的，需要跨学科的方法来解决。

【孙德金】

既然挑起争端，我必须得回应一句。因为我跟崔老师没有本质的分歧，我正是响应他的号召，所以我在努力学习。刚才有一位同学拿了我的一本书请我签字，我很荣幸，感谢他买我的书。今年出的《对外汉语教学课程论》，我是以我的实际行动来响应崔老师的号召。我刚才强调的是语言学作为这个学科本质属性，并不意味着我刚才说到的，我们否定教育学、心理学的贡献，这是两码事情。我们既然把它看作一个应用型的交叉学科，我们各个学科要往一起靠。我们是学本体出身的，但是我们要去学这些东西。我个人已经做了这个努力，说完了。

【郭锐】

刚才争议语言学在对外汉语教学中的作用，我同意孙老师的意见。我觉得语言学还是有核心的，虽然不能解决所有问题，但是离开了语言学你肯定教不好。的确我们现在语言学做得不够，比如说"了"的教学是一个麻烦，是一个难点，与我们语言学做得不到位有关系。但是另一方面，我是做本体研究的，我觉得我们本体研究的很多成果，并没有为对外汉语教学界所吸收。我举个简单的例子，比如说副词"又"，有一个著名的例子："我胡汉三又回来了。"大家看看我们词典里面的解释，这个"又"表示的是重复，但实际上你把它解释成重复是说不通的。如果用这样一种解释来教学生，那很难把学生教会。这样的"又"表示的是一种恢复或者还原。我们看英语词典，它有这一项是重复，还有一种是还原或者是恢复。我们的"又"也有类似的用法，这对我们教学是一种不利。再举一个例子，我们可以说"很多同学"，但是呢，有的留学生就造出了"很新同学"，那"很新同学"为什么不能说？"很多同学"为什么就可以说？这种东西实际上我们语言学的研究已经作了说明。"很多"实际上是一个数量词，而"新"是一个形容词，形容词受"很"修饰以后，一般情况下它不能直接做定语。像这样的成果我们都可以吸收进来。谢谢大家！

【王海峰】

刚才崔教授、孙教授和郭教授在本质上是一样的,我们这个学科挂在语言学还是挂在教育学,这都不重要,我们要研究主要的问题。崔教授提出来我们要研究的主要问题,研究对象是什么？是教学。这个我也同意。我的观点是什么呢？我们要研究教学中出现的问题,出现的问题就是我们研究的对象。什么叫本体？汉语本体研究词汇、语法、语音等等,这是针对母语为汉语的研究。那么我们在教学中要针对留学生出现的一些问题研究,这里面涉及一些问题,崔教授所讲的教学可能是比较泛的。对于教学,我们要有汉语问题,还有教学法的问题,还有习得的问题,还有现代教育技术,包括心理学、教育学等等。这些就是我们的本体,汉语作为第二语言教学的分体是什么？分体是刚刚我们列出来那组方向,这是我们研究的领域。我们的本体和汉语的分体有交叉之处,我们可以把汉语分体的一些研究、一些成果拿过来。反过来讲,我们的汉语作为第二语言教学的汉语研究,也为我们的汉语研究做出了很大的贡献。实际上这并不是矛盾的,实际上它是一致的。这是我所要讲的问题。

（录音整理、转写：北京大学对外汉语教育学院研究生会外联部。经主要发言专家审校。）

第二场　汉字与文化问题对话

第一部分：对话嘉宾主题发言

【周质平】

各位老师、同学们，谢谢大会请我来，让我与大家有了见面的机会。我今天要谈的是"汉字和文化"的关系，我要谈的是回顾史，但对象是欧美。欧美和日韩的情况不同，尤其在汉字方面。我的观点针对非汉字圈、主要是美国学生，我们怎么处理汉字。如果我们来回顾美国的汉语教学史，汉字的地位是什么样的呢？如果和20世纪初期来比的话，汉字地位是慢慢退出对外汉语。也就是说在百年之前，譬如有"汉学"这个词，英文叫做"sinology"，这个词在国内还在用，可是在美国不用了。美国现在代之而起的是"中国研究"而不是叫做"汉学"。美国没有一所大学系的名字叫做"汉学系"，都叫做"东亚系""东亚研究"或者"东亚语言与文字"。没有叫做"汉学"的。为什么呢？因为"汉学"所代表的是对古代中国的研究。而二次世界大战之后，古代中国的研究至少不是美国的研究重点。尤其珍珠港事件之后，美国政府才意识到东亚地位的重要性，所以当时就有了所谓的"principle language"，这是与"珍珠港事件"是有关系的。第二个事件是1957年苏联发射了人造卫星之后，美国立法发布了"美国国防立法"。1957年之后美国用政府的力量来学习汉语，来学习中文、俄文、阿拉伯文和日文。这四个语言被看作是"principle language"。在转变的过程中，汉字慢慢地退出来，它的过程很慢。或者我们可以说，汉语教学在欧美是从有文无语到重文轻语、到以语代文，是这样的一个过程。"语文并进"当然是最理想的一个过程，可是语文并进往往做不到。我今天要特别强调，汉字教学在我们对外汉语教学里面应该是什么样的一个地位。我们一谈到汉字教学，往往把它当成一个方法问题，我今天要讲的是个态度问题。我们怎么样来看这个汉字。我们不能认为自己教洋人是一个扫盲的工作。扫盲是次要的，在扫盲之前，我们先要"启聪"，让他听得懂。那么他能够说得出，我把它叫做"破哑"。在启聪、破哑之后，我们才进行扫盲。

听和写的技能,我觉得是为"听"和"说"来服务的。所以我说的是,有一个态度是什么呢?我们把它叫做:汉字是少不了的,可是少不了未必是动不得。这个我要说明一下,有一些项目,尤其是在北美,觉得不需要教汉字,只要教汉语拼音就可以了。这个我觉得我们必须要让洋人了解,这种教的结果是水平高不到哪儿去,很快就到了一个所谓的"高原期"或者到了一个限定的地点。汉字是必须有的,可是必须有并不是指汉字的准确很重要,汉字准确不是很重要的。到底我们的标准放在哪儿?如果我们要求的是准确,我觉得我们对汉字错误的容忍度要加大,而对发音的容忍度要大大地减少。而实际现在教的情况是什么呢?是对发音错误的容忍度很大。我在整个汉语教学界里面,或者说普林斯顿,特别的一个特色在哪里?是我们对发音错误的容忍度极低,可是对汉字错误的容忍度相对来说要比较高。我们甚至觉得写白字、写错字是不太重要的一件事情,他只要写的是汉字,比拼音已经好很多了。要求这一点点在哪儿,这一点要长点还是短点,这个我觉得是非常次要的一件事情。所以我说,对对外汉语教学来说,汉字没有独立的生命,汉字依附于汉语,并且为汉语服务。这样一个教学法,最好的一个总结是赵元任。赵元任,我觉得以下是12个字吧,大家实际教学的时候,一定要记得这个原则,而且能够做到,我觉得对大家往后做一个对外汉语老师是受用无穷的,这12个字叫"目见不如耳闻,耳闻不如口说"。而咱们在平时教学的时候往往是反其道而行。洋人一问一个问题,譬如说他说我昨天去吃了水饺,或者说你跟他说吃了水饺,他听不懂。他说,水饺是什么?那个老师第一个反应是在黑板上写"水饺"两个字,他连听都听不懂,你跟他说水饺有什么用啊?所以赵元任的口诀就是说"目见不如耳闻"。他问你水饺是什么,你说给他听"水饺",我吃了"水饺",不是"睡觉",是"水饺"。然后呢,"耳闻不如口说",那耳闻以后没有用,你一定要学生说出来,"水饺"你跟着我说,再来、再来,再跟着我说。也就是汉字在教学里面应该有的一个地位是这样的。我们往往在汉字教学里面总是强调汉字的形,我觉得最对不住洋人的,就是洋人始终有一个错误的观念,就是觉得汉字是什么。每一个汉字都是象形字。您说来说去,从"日、月、山、川、鱼、鸟、人"这几个字开始,然后再写一些小篆,如果是费心的老师,去查一下小篆是什么样的,所以洋人觉得每一个汉字都是一个象形字。象形字在《说文》就已经是少数了,《说文》在汉代总共收了九千多个字,象形字已经是少数,所以汉字生命,我就说啊,绝对不是看图识字,不要把汉字的优点始终放在看图识字上。那么我们应该强调什么呢？要强调形声是汉字里面的最大多数。要举什么样的例子呢？譬如说，做原子弹的铀，做氢弹的钴，都一样可以写，这个你和洋人说，这种非常现代的名词在中文里一样有表现的办法。"金"加一个自由的"由"，你可以跟他说，这个"由"在中国人看来等于就是 y-o-u，就是"金"加上个"由"。如果说做氢弹的这个"钴"，就是一个金字边在加上一个"古"，是一样的。所以多举形声字的例子，少举象形字的例子。在汉字教学里面最要不得的态度是什么呢？是让学生觉得每一个汉字都有来历，这个叫做知识上的不诚实。而且为了让学生记得怎么写汉字，好像可以不择手段，随便编出一些故事来，而且还洋洋得意。我觉得这是低估洋人的思辨能力。我举一个例子，你要问洋人，为什么英文里的"书"是"book"而不是"pook"？结果这个洋人就编一个故事给你听：啊，这个书以前是用木头做的，你敲起来是啵啵啵的声音。这个老师很得意，你看我编出一个东西来，学生听得懂了。这我觉得是要不得的，是非常要不得的。那么讲文化的这一部分，我觉得自从有了"跨文化交际"这个词出现之后，是灾难性的。灾难性怎么说呢？整个发展趋势是八个字，我把它总结为八个字，叫做"文化泛滥，语言萎缩"。好像所有不能够交际都是有文化在作梗，只要忽然一天能够跨过文化，我们的交际就没有问题。各位只要稍在国外生活一段时间就会发现，你的困难到底是文化还是语言？我在美国工作、生活了 40 年，凭良心说，我从来不觉得文化是我的交际上的困难。如果有，跨也跨不过。如果你连话都说不通，还有什么文化交际可言。尤其不堪的是把所谓文化幼稚化，教对外汉语在某个意义上来说是浅的。浅没关系，我们的"浅"可以是深入浅出之浅。而不是肤浅之浅。结果现在一讲文化就把原来已经浅的东西再幼稚化。浅和幼稚是两个不同的概念，浅比如"123"，"你好我好他好"没法很深。所以讲文化的另外一个动机，在我看来是很浅的东西不甘于浅，非得把它深化，于是乎剪纸、彩带舞这些东西全都变成了所谓的文化。所以我说这是一种灾难性，而且变成了语言教学里面的内容。我在这个问题上提出来的是，我们的方向是"同中求异"。文化问题不谈则已，一谈文化的取向一定就应是"同中求异"。其实纽约、华盛顿和北京、上海在生活上的差异习惯没有很大。我在两边都生活过大半辈子，我不觉得有太多差异。地铁也是地铁，吃的也是麦当劳，喝的是可口可乐，看的节目两边都能看，小孩穿的、骑的、用的都差不多。如果家里有个小孩，今天生日你就跟他说：阿毛，今天爸爸妈妈带你去吃水饺和酸辣汤,他倒是觉得有异国情调;如果跟他说可以带你去麦当劳吃汉堡包,他觉得这个挺合适。所以我觉得这种"同中求异"的取向往往是在大同之中夸大了一点"小"。夸大的结果是中国怪异化,而且讲的所有的文化都是以古代今。结果是 1949 年新中国至今,在对外汉语里面几乎是看不到的,所有的 1949 年以后的中国内容和之前的内容相比是很少的。我们要讲文化一定要注意它的"同"。如果你讲"同"的时候会让外国人也觉得中国是个现代国家——它本来就是。我们没有意思,是将不是的东西做某种程度的掩饰。

【王洪君】

我今天讲的跟文化只有一些相关。我要讲的是"汉语文大系统的特点与汉语二语教学的关系"(第 1 张 PPT),特别是汉语文大系统中的汉字。我个人的观点是汉字教学可以很好地帮助我们学习汉语。

下面看第 2 张 PPT。我主张的字本位的"字"是音系、语法、文字三个分系统单位的交汇点,是三位一体性的单位,就像"word"可以通指英语。以上三个分系统的单位一样,汉语的"字"也可以通指音系、语法、文字三个分系统的单位。汉语中大致是一个音节等于一个语素,在文字上表达为一个汉字。当然它不是完全对应的,但是大致对应。在任何一个语文大系统中都有这样一级单位,它在音系、语法、文字这三个分系统中都是一级单位,并且有大致一致的对应关系。比如说英语的"word"在音系、语法、文字三个分系统中都是一级单位,在英语语言学中从来没有因为"word"可以指三种单位就不用它,而是在需要分的时候才把它们分开,把它们分别称作"音系词(phonological word 或 prosodic word)""语法词(grammatical word)""文字词(literal word 或 orthographic word)"。汉语文大系统中的"字"也是通贯三个分系统的单位,我们需要区分的时候可以把它分别叫做"音系字""语法字""文字字(或方块字)",或者把它分别叫做音节、语素和字也可以,并不一定要废除"字"用以指三位一体单位的功用。当然,音系字、语法字、文字字也不是完全对应的,音节与音系字、语素和语法字也不是完全对应的,这里就不细说了。这里要强调的是,一个语文大系统中,如果在一般所说的"语言(不包括文字)"系统中有跨语音、语法两层面的单位,比如有"一个音节基本上就是一个语素"这样的关联,或者有"某一级重音的小单元就基本对应一个语法词"的关联,那么这样的小单位,它在文字的系统中一定也会是一级文字单位,从而就形成了跨音系、语法、文字三个分系统的单位。这就是 PPT 上强调的"凡

语言系统中有跨语音、语法两层面关联的小单位,一定是**语文**系统中跨音系、语法、文字三个分系统关联的小单位,它们是语言系统或语文系统的枢纽性单位。"(请注意,我们说的"语言"不包括文字,"语文"包括文字。)

看第 3 张 PPT。所谓的音系、文字、语法,其实都是语文大系统的组成部分。国内对语文大系统基本没有理论上的阐述,但这个问题国外不少语言学家,比如韩礼德,是有过许多说明的。韩礼德对语文大系统中各个部分的关系是这样看的:

最高层的是语义,它下面的层面是语法—词汇,这里面的词汇是包含词义的,高层的"语义"则是指类似疑问还是陈述这种语义,是语用的意义。在这种高层语义之下的是语法—词汇(他叫做 wording)的层面,语法 V 词汇层再往下的层面可以有两种表达形式,一种是语音形式,一种是书写形式,这两种形式都是表达语法词汇的,构成语法—词汇层面之下层面的两个分系统。很明显书写形式较之语音形式是后起的,但是它一旦完善起来之后,也可以直接就表示一个 word。汉语在音系层和语法层有跨层面关联的小单元,这就是音系层的音节和语法层的语素大致重合,汉语的音节—语素是跨层面关联的小单元。这是仅仅从一般所谓的"**语言**系统(不包括文字)"来说的跨层面关联,这样的关联给汉语系统带来了什么样的特点,学界的讨论不是太多。而今天我们要讨论的是更大的系统,是把文字也算在内的**语文**大系统,汉语文大系统中有跨音系、文字、语法三个分系统的跨层面单位"字",这给汉语文大系统带来了什么样的特点呢?

看第 4 张 PPT。我个人认为,汉语文大系统的特点是:第一,汉语的语素基本是单音节的,而音节的分节和声调是深层就标定了的。而英语等许多语言是不同的,它们的重音不是在深层就确定的。英语在语素层面无所谓重音,必须到了词的这一级才按照一定规则生成重音,那么在组词的时候,汉语语素的音节界限一般是固定不变的,而英语是变化的。比如 nation,national,nationality 中,语素 nation 的重音位置和音节界线都是不同的。第二,汉语的语素基本上是不定位,可以出现在词首、词中、词末等多个位置,也就是说汉语多用复合构词法。汉语常用语素数量是比较少的,由常用语素组成的双音词、三音词则有好多好多,比如"笔"有"铅笔、钢笔、毛笔、签字笔"等等,"桌"有"书桌、饭桌、圆桌、办公桌、电脑桌"等等。英语也有类似的情况,比如说basketball,baseball,但是这样的情况比汉语少得多。

第5张PPT。汉语母语者,从小说汉语的小孩很早就有了单音节有意义的心理观念,而作为汉语二语学习者的英语母语者却是没有的。留学生对汉语双音词的记忆,由于是用拼音教学,往往是整体记忆的。一个著名的例子是说,某留学生学过了"鸡蛋",去超市买冰冻的母鸡时不知道汉语的"母鸡"怎么说,课上没学过,他就跟售货员说"我要买鸡蛋的妈妈"。看来这个留学生的思维能力是非常强的,能拐弯抹角地把他的意思表达出来,但很明显他不知道"鸡蛋"的"鸡"是有意义的。再比如徐晶凝老师教的剑桥的学生智商很高,但是当他们把汉语"商店"的形音义都掌握了,之后需要说"商"的时候却往往说成"店",比如说"商量",就说"店量"。这不是偶然现象,这种情况很多。

第6张PPT。汉语儿童很早就浸泡在汉语语境中,很早就建立了单音有义的关联。台湾"中央研究院"语言学研究所所长郑秋豫老师告诉过我一个例子。她的孩子从小就是双语,她的小孩常常一边上楼梯一边数"wonderful (one floor), twoderful (two floor), threederful (three floor)"。她只把wonderful的第一个音节拆了出来当做了表示"一"的词,然后把第一音节依次替换为英语的"二(two)""三(three)"来数楼梯,而不管整体在英语中有没有这样的词。汉语的一个类似的例子是,一个三岁半的孩子,我的同事想逗他玩,就事先做一些铺垫,问孩子:"'一'的旁边是什么?"小孩高兴地回答:"二!"再问:"'二'的旁边是什么?"答:"三!",依次地问下去,然后突然问:"W(孩子听起来像是 dábù 六)的旁边是什么?",小孩毫不迟疑地回答:"dábùqī(七)!"这也同样是把听得懂的、表数字的单音节拆了出来。我想,如果外国的孩子以至所有的汉语二语学习者,也能够尽早建立这种单音有义的观念,就可以加速习得汉语。那么,如何帮助没有这种观念的汉语二语习得者建立这种关联呢?

第7张PPT。我认为汉字可以有很好的作用。汉语文大系统有一个重要的特点是:一个汉字基本对应一个语法—词汇层面的最小单位——语素;

而一个音节虽然有意义,却不对应一个语素,而是对应多个语素,同音语素很多。

有一次香港中文大学心理系的张学新老师来做报告。他指出,汉字与语法—词汇层面最小单位(语素)的对应要优于音节。汉字不是仅仅通过记录汉语的音去记录汉语词汇,而是可以直接表达汉语复合词中的构成语素,汉语的音却不行。因此汉字的教学可以更好地帮助习得者掌握汉语构词的规律。

第8张PPT。先请对比:

汉字表达	拼音表达
礼貌	lǐ mào
礼帽	lǐ mào

汉语有两个"lǐmào",一个是"讲礼貌"的"礼貌",一个是头上戴的"礼帽"。后字位置上的两个"mào",是两个不同的语素。而且它们都既可以做复合词的前字、又可以做后字而构成好多其他的词。如果用汉字写出来,则这两个语素的构词能力、两个语素的不同分布和意义都可以表达得很清楚:

貌:貌似　貌合神离
　　面貌　相貌　外貌　风貌　体貌　地貌　笑貌……
帽:呢帽　鸭舌帽　海军帽　高帽　衣帽　鞋帽　笔帽……
　　帽檐　帽耳　帽舌　帽花　帽徽……

而如果教授以上词汇是只教拼音不教汉字,就很难在那众多的有一个音节是mào的复合词中显示出来其实有两个同音但分布和意义都不同的语素。这样,在复合词的学习中,学会两个词就只是两个词,无法类推,语素的关联全都混乱掉了。

第9张PPT。汉语义大系统的第二个特点是汉语的意符(也叫"形旁")和声符(也叫"声旁")都跟外语的字母是不一样的。

(1)汉字的意符——可以表示比语素义更高层的语义特征。比如:"银铜铁锡钢铝铲锹钩铃锣锤锥链锈",意符均为"金"。意符"金"说明这些语素的语素义中都含有[＋金属]的语义特征。

(2)汉字的声符——除了表音的作用之外,也可以区分、甚至是表达部分的语素义。所以我同意汉字教学主要应该抓住形声字,这跟周质平老师刚才说的意思一样。声符对于语素教学也是十分重要的。常常说到的是声训,虽

然声训的例子也许并不适合在汉字教学中去教。但是可以看见,加了声符,不管怎样,至少有区分语素的功能。比如:

戋:钱浅贱溅笺栈盏

前:偂剪箭煎翦

尽管"钱"和"前"是完全同音的,但它们的声符完全不同,从汉字上就区分开来了。并且因声符的不同而把多个语素聚合成了两个系列。更深入的讲解可以是"戋"声符系列的语素都与"小"的意象相联,"前"系列的语素都与"向前"的意象相联。当然这也许不适合在二语教学的初级阶段中讲解。

总之,汉字的学习,汉字要素的学习,特别是建立意符和声符聚合关系群的意识,有助于帮助二语学习者区分汉语的同音语素。就像同志的"同"、金银铜铁的"铜"、儿童的"童"和瞳孔的"瞳",从文字上都可以区分开来。而文字上的区分有不少是有道理可说的,由此汉字要素的教学可以帮助学生掌握汉语语素义的类聚。

第10张PPT。在这里向大家推介万业馨老师的汉字教材——《中国字·认知》(英文版、德文版)和《〈中国字·认知〉教师用书》,商务印书馆2014年出版。

我感到它的特点是:1.每节课后都附有非常适合学生掌握汉语文大系统特点的练习。2.课堂上少讲多练激发了二语者的主动性和成就感。3.教材与前期课程的配合非常符合认知规律。因此能够温故而知新,促使习得者自动地浮现汉语文大系统的特点。从而通过汉字的教学达到了帮助学生发现汉语构词法的规律,获得通过类推自己习得大量汉语词汇的能力。

第11张PPT。该教材的介入时机是零起点的中文学习者学了一学期的汉语之后,也就是较粗略掌握了1000个词语,但是能熟练掌握运用的词语仅仅一半;粗略掌握的汉字大约在300—400个之间,但是见过的汉字大约有700多个的时候。就在这个时候介入,使用这个教材。

第12张PPT是前期课程所学汉字和汉语词语的具体数据,不再细说。下面具体展示一下它的几种练习。

第13张PPT。我的字典、词典之四:接龙

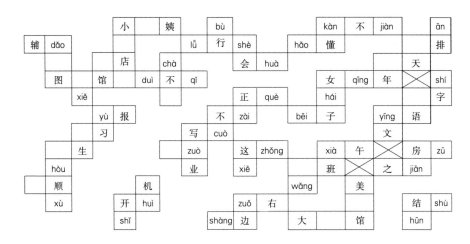

这个练习叫"接龙"。表里面凡是粗线的框中都是要有汉字的,空着的、或是有浅色拼音的就是要学生填上汉字的。如果是很早就学过的词会给出浅色的拼音作为提示,如果就是本书课文中才学的单词就不给拼音了,比如说"笔顺"。这样填好之后"辅导、导游图""小阿姨、小吃店""饭馆、图书馆、书写""预报、预习"等等就都串了起来。

第 14 张 PPT 是这个练习的答案,在教师用书中给出的答案:

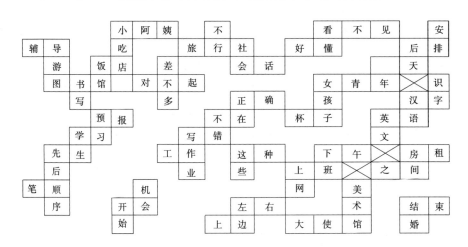

在这个练习中学生会自发地认识到:每个汉字、每个音节都是有意义的。

第 15 张 PPT。这个练习是关于形旁与字和词语的关系的。

我的字典、词典之三(1)：形旁—字—词语

组字	组词语
水	___水
氵	___语,语___,做___,书___
氵	___鲜,上___
氵	___语,___字,___人
氵	长___
氵	___南,___北
氵	___家,___水,白___,啤___
氵	___有,___关系,___意思,___事儿
氵	酸辣___,喝___
氵	___蓝
……	
水 在下	豆___

第 16 张 PPT 是前面这个表的答案：

组字	组词语
水	开水
法	法语,语法,做法,书法
海	海鲜,上海
汉	汉语,汉字,汉人
江	长江
湖	湖南,湖北
酒	酒家,酒水,白酒,啤酒
没	没有,没关系,没意思,没事儿
汤	酸辣汤,喝汤
浅	浅蓝
……	
浆	豆浆

在"组字"这一列中要填汉字。所填汉字不但要带有所给形旁,还要能够填在"组词语"这一列中所给的所有词语的空格中。比如第二行只有选"法"字,才能够填到"组词语"那列中的所有空格中——法语、语法、做法、书法。这是以字带词、或者说是以词带字的练习。关键是所有这些词都是他学过、

但许多又是没有熟练掌握的。在课堂上让学生到黑板上去做练习，是一个很大的挑战。

第 17 张 PPT 是关于声符与字和词语的关系的。

我的字典、词典之三(2)：声旁—字—词语

组字	读音	组词语
是	shì	___是，___是，___是，___是
是	( )	问___
是	( )	___前
门	mén	___门，___门
门	( )	我/你/他/她/它___
门	( )	新___
门	( )	___题，请___

第 18 张 PPT 是上面的答案：

组字	读音	组词语
是	shì	可是，还是，就是，但是
题	(tí)	问题
提	(tí)	提前
门	mén	开门，关门
们	(mén)	我/你/他/她/它们
闻	(wén)	新闻
问	(wèn)	问题，请问

这个练习的好处是：学生会自己发现汉语的声旁有一定的标音作用，但并不是完全表音。同一声旁的字不一定是同音字，但大多数有音近关系。

第 19 张 PPT 又是一种练习。几个字一组，把它们的声旁、形旁拆开打乱了放在两列上，让学生把两列因打乱了而不成字的偏旁连线重新配对组成汉字，再把学过的所有词语都放在后面去，下面是答案。

字		词语
广　　日 →	间	房间、时间、中间、之间
门　　予 →	序	顺序
扌　　羽 →	翻	翻译
番　　斿 →	游	游泳、旅游、导游图
氵　　非 →	排	安排、后排、前排
云　　勿 →	易	容易
亻　　司 →	词	词典、名词、动词……
口　　旦 →	但	但是
讠　　力 →	动	动词、活动
曰　　巴 →	吧	走吧

这个练习可以让学生建立汉字可以拆分为更小的部件的意识。

这些练习的设计，这样的功夫，不是把之前课文的生词按照原课文进行重复的复习，而是把字和词语从前期其他课程课文的具体语境中抽了出来。原课文是按话题排列的，而这个汉字课的练习是按照汉语文大系统的特点设计的。把已经学过的汉字和词语重新掰碎重组——把字掰碎成形旁和声旁，再重组为已经学习过的其他字；把单字重组为已经学过的其他的多字词语。这个时候学生会发现，每个字都可能出现在多字词语的第一、第二、第三等多种位置上。也有的是把学过的词语以字为基点，或横或竖替换其他字来重组为学过的词语。这样掰碎重组旧知识的结果，是促使学生自发浮现了汉语文大系统中一形一音一义小单位跨层面关联的系统性。也就是说，在万业馨老师的教材中，汉字教学不仅仅是汉语书写符号的教学，而且是显示汉语本身语法层、音系层的关联及其与词语意义关联的好时机。关键是专门设计了用前期教学中已学过的半生不熟的词语，加上新的文字学知识，在一年级之后马上进行这样的教学，结果是取得了非常好的教学效果。学生在经过第一周的比较困难的适应之后，不少学生说："老师，我现在再学习200个汉字不成问题，再学习500个汉语词没有问题，汉语原来是很好学的嘛。"

我的时间到了，就在这里结束，谢谢大家！

【江新】

非常高兴今天有机会在这里和大家分享一下关于汉字认知方面的一些研究的心得和体会。我仔细想过，我的研究和文化有什么关系，也许能扯上一点联系，也不知道是否真有关系。今天我报告的题目是"汉字书写、汉字键盘输入和汉字认知"。打算从这几个方面来分享我的研究心得。第一个是，联系到了现在所谓的键盘时代是否出现了汉字危机这样的一个问题。第二个问题，把心理语言学家这些年所做的跟汉字认知及键盘输入、汉字书写之间的关系的相关情况做一些介绍。在这些研究当中有几个关键的问题，比方说汉字认读是否依赖汉字书写，键盘输入经验会不会影响到汉字认知加工。第三个问题是，键盘输入的效果和书写相比，是不是键盘输入效果会比较差，手写会比较好。第四个问题是，有笔顺的教学是否会促进学生对汉字的学习和记忆。

先来看一下关于键盘时代是否遇到了汉字危机这样一个讨论。当然这个讨论跟认知心理学的研究关系还不大，说一下这个背景。在键盘时代，汉字书写的变化可能会体现在以下的几个方面。第一是键盘输入代替手笔书写的情况越来越多，一般来说我们很多人在纸上写字的机会越来越少。我有一个同学回忆了一下，他上一次书写的机会是在信用卡上用手笔来书写汉字签名，别的机会就会很少，这其实是一个很普遍的现象。也有书写能力退化问题，这个很多人都有这样的体会。我的体会也是越来越深刻，提笔忘字，也有写错别字的情况。那么是否在键盘时代遇到了汉字危机了？有的学者认为汉字正在经历着百年来的第四次危机，这次的危机是由汉字手写到汉字键盘输入所带来的巨变当中引发的我们对母语情感的淡化，这个问题说得很大。第二种观点是没有遇到危机，书写手段的变化确实有一定的影响，但是不会改变汉字的生存状态。最近我看到一篇文章，明确地指出从更广泛的意义上来说，传播技术的变化是一件好事，因为它意味着背后有更多的人参与到传播当中，这更加有利于文化的发展，而不是文化没落的表现。

心理语言学家对汉字手写、键盘输入和认知的关系，包括和汉字学习的关系做过一些相关的研究。这些相关的研究我们来看涉及的第一个问题是，汉字的认读是否依赖于书写，可能这个表达还可以改为"是否不会写的字就更可能不会认"。汉字认读和书写的关系有两种观点，也就是强势和弱势。强势的观点就是如果写不出来也基本上认不出来；第二种是有关系，书写会促进认读，但不是决定的因素。当然这两点都有相关的心理语言学的研究来支持，这是我们涉及四个问题的第一个。汉字认读依赖于书写这样的一个结果其实有研究发现，这是谭力海老师在 2005 年发表的一篇论文。他是以小学生作为研究对象，采用抄写汉字的这种方式来测试书写的作用。他发现抄写汉字的成绩：比方说给他 60 个汉字或 30 个汉字，让他们在 2 分钟内抄得越快越准确越好，成绩越高，然后预测阅读的成绩。这个阅读也是简单的汉字的朗读，在短时间内读出来的字越多越好，而不是篇章越多越好。结果发现，抄写的成绩可以预测阅读的成绩。因为相关的研究有预测的作用，它们有很密切的关系。同时抄写的测试，还有一个对照组，用一些简单的线条图，比如五角形、六边形、梯形这样的图形，让学生把它们描出来。前边可能是描汉字，现在是描图形。发现这种描图形的作用是看手运动。在写汉字的时候手有运动，在画图的时候也有运动，画画的时候运动的能力是在最快的时间描出来最多的图形。这个成绩就不能很好地预测阅读的成绩。所以他的解释是：写字的运动，一个方面增强了学习者的字形意识，过去我们叫正字法意识；同时也增强了学习者的运动记忆，可以使学习者的汉字心理表征更加准确和稳定。所以有这两个因素的作用，可以说明写字其实是能够促进汉字阅读的学习。但是很有趣的是，过去关于拼音文字研究的结果，是他们没有发现抄写对图画能力的预测作用。这是很有意思的一项研究。其他的研究联系到了教学。有一位学者——管群，他和他的研究团队一起（2011 年的研究）他们采用的网上教学。大家可以想象这个教学的程序都是老师来教，教学的程序是要求学生写字，另外一种是要学生认字。最后比较这两种学习方法的效果发现，其实写字方法更好地促进了汉字的认读以及汉字的字形和意义之间的联系。又有一位学者曹凡老师，在 2012 年也有一项研究。他发现汉字抄写活动能有效提高汉字阅读成绩，因为做了 fMRI 的研究也能发现，其实汉字抄写能够很好促进和汉语阅读专门化有关的神经网络的建立，这些研究都非常高端。2013 年有一位日本学者通过手指运动数笔画这样练习汉字的方式来研究。所谓的手指运动不是在纸上写而是在空中写，最后让被试报告一下最后写的字有几个笔画。跟没有手指运动数笔画的方法相比，发现手指运动数笔画任务能够促进汉字的识别。当然这都是说写是对认字有帮助的。当然还有个别研究得到了相反的结果。个别研究包括北师大的毕彦超教授做的一些高端的研究，她用的是病人。他们研究的个案发现，被试实际上有的字能写出来，但是不能认，这个说明两者有分离现象。第二个问题，键盘输入经验是否会影响汉字的认知加工。其实现有的研究结果基本上一致地表明，形码的输入法会影响到字形的加工。如果一个人采用的输入方式是形码，那么，他在字形加工就更加有利；如果拼音输入，语音方面的输入，字音方面的加工会更好。这个比较一致，包括钱华的研究、张积家老师的研究（他们研究了不同的对象，但方法有所差异），包括朱朝霞、彭聘龄先生所在的研究团队的研究。但是很有趣的是，朱朝霞的研究采用的只是研究拼音输入经验——这是一种音码的加工，不光促进了学习者对汉字的语音加工，同时还促进了字形的加工。他们的方法主要是比较拼音输入经验丰富的被试和拼音输入经验缺乏的被试。他们怎么比较的？就是大学生自己来评是经常使用还是很少使用，被试被分成这两类。

第三个问题，键盘输入的汉字学习是否比手写要差呢？关于英文的研究发现，其实他们没有一致的结论。有的发现手写优于输入，有的没有发现手写优势，但是对字母来说，手写要比输入更好。这个结论是一致的，因为有学者三个研究都发现了。但是有趣的是前面两项研究，不管是发现手写的优势还是没有发现手写的优势的研究都一致认为，键盘输入的作用可能是手写不能代替的。因为学习者喜欢使用电脑，所以从动机的角度可能让汉字的学习更容易。因为有了充分的练习，所以导致输入的效果在实际当中可能也会起到一个认知补偿的作用。最后，汉字键盘输入和手写的比较研究，这是我们做的很初步的研究。这个研究的结果表明不管是字形再认还是书写，手写练习的成绩都优于键盘输入。但是对字音字义的成绩，没有发现这两种练习方法的差异。

最后，笔顺教学是否促进了汉字学习。我们自己做的研究发现，从认知加工的角度来说，呈现正确的笔顺会促进汉字的识别或者认知加工；但是如果是教学实验的话，我们通过比较这三种不同的笔顺呈现方法，没有发现对书写和字形记忆效果的显著影响。其实我很怀疑这个结论，我本人特别希望能做出来有差异，当然希望以后还能做进一步的研究。

我的总结，就是汉字工具传播方式的变化不会引起汉字的危机，并且应当满足社会和学习者的多元化的需求。当然要加强汉字书写的训练，因为我们的大多数研究发现书写对汉字学习的作用是优于键盘输入的，所以应该加强汉字手写、键盘输入经验对汉字认知经验影响的科学研究。

【张英】

各位好！我报告的题目是"汉语国际教育视域下的文化教学及其研究"。以这种方式进行交流，有一点华山论剑的味道。既然是论剑，我想自然是开门见山、直抒胸臆。刚才各位学者都是这样直接亮剑的，就像刚刚周老师那样，观点鲜明，说到极致。

本场的主题是汉字与文化。关于汉字,刚才几位老师的发言,我觉得非常有收获。本场的另外一个话题是文化,虽然我也感兴趣,但是知之不多。有周老师前边的热场,我觉得想说的话似乎又多了起来。因为是论道的性质,我特地没有做PPT,以便充分享受这种天马行空式的交流。

周老师对中文教学越来越多的人非扯上文化也有鲜明的观点,除了刚才总结的八个字外,在论坛发言提要上还有这样的表达,就是用"毒瘤"和"为祸之烈"来形容和表达,其凌厉和深刻也是令人难忘的。今天我和周老师是第二次同台。与第一次同台相同,就是在周老师痛批文化教学之后,我却来讲文化教学如何如何(众人大笑,气氛友好热烈)。我感到非常庆幸的是,每次周老师非但没有怪罪,相反我们在这方面的交流却不断深入。比如,今年五月,周老师欣然出席了北大与哥伦比亚大学联合举办的第五届中青会,给予我们极大的支持。今天再次幸会,如果能够通过交流探讨,让同行们相信,文化教学不是胡闹,只是还没有做好,还没有研究透彻,需要大家共同来做这方面的研究。若如此,则幸哉至哉!

我今天想讲的第一个问题,其实不是我原来准备的题目,但是我刚刚改变了一些想法,因此我想讲的第一个问题是文化教学的合法性。二语教学中的文化教学并非不合法,这个问题从上个世纪90年代就开始争论,我想在座各位都是经历过的。2004年汉办任务转型为汉语言文化推广,大多数人以为问题解决了,现在我们可以看到这个问题并没有解决。关于汉语教学中的文化教学并非不合法,我想也讲一些理据。第一个就是语言与文化的关系,我们知道,语言符号中隐含着文化信息,文化也影响着语言符号,我们举一个最近的例子。大家都知道习近平主席到澳大利亚参加G20峰会,他引用了很多成语和诗词,其中他的高级翻译举了这样一个例子,他说"朋友多了路好走",他们以直译方式翻译,尽管翻译成了英语,外国人还是一头雾水。他们无法理解在中国"朋友多了路好走"所隐含的诸多的关系并联系这一俗语的文化背景。怎么办?于是他们又为英译做了一个备注,备注的是什么呢,备注的是中文。我想,他的意思是期待有中文高手再来给其他解释什么是"朋友多了路好走"。关于语言与文化,文化与语言的关系,从洪堡特开始,到美国的博厄斯、萨丕尔,一直到离我们最近的北大中文系陈保亚老师,关于这方面的研究、论述是非常多的。如果有兴趣去搜一搜、读一读他们的著作和研究,我想对它的认识可能会是不一样的。因为关于语言和文化的关系有三种表述:

一个说语言是文化的凝聚体,一个说语言是文化的载体,还有一说语言是文化的一部分。学生曾问过我,哪一个表述对?我说三个表述都是对的,只是他们研究的角度不同。第二个理据就是二语培养目标的变化,实际我想说的题目是,不是教师要教文化,而是单纯的语言教学无法满足现在二语学习者的需求。看看二语培养目标的变化,我们就知道它的道理到底是在哪儿了。现代二语教学的历史并不太长,也就200多年,从最早的经典翻译,其目标是为了思想的交流,那时候的教学方法是翻译法,它以经典作品为教材,就是把它作为一种工具。到了一战之后,族群交际变得越来越多,所以在二语教学方法上有了直接法,在教材上也改变了以往以经典作品为教材做法,而是以更接近生活的教材来教学。自上个世纪80年代以后,随着全球化的到来,地球成了一个村子,所以人际交流不局限于过去的外交官或者商人,而是涉及人群的各个层面,因此跨文化交际能力成为二语教学培养的目标。关于此,我想大家可以看看《美国21世纪外语学习标准》和《欧洲语言共同参考框架》这两个文献,它们对于语言与文化和二语学习者需求的敏锐性以及现代感是非常强的。我想中国的对外汉语教学在教学标准方面、语言和文化的关系方面以及培养二语学习者的能力方面,离这两个文献还有一定距离。关于语言和文化的关系,为什么文化能够加入到二语教学中来,我想打一个比方。二语教学从语言教学独尊到语言文化合力图强,犹如汉代的儒家独尊到魏晋佛道的挑战,直至唐代的各尽其能三教融合,也就是说儒教治国、佛教治心、道教养生。为什么?因为儒家的理论到了三国之后,魏晋南北朝,很多的社会问题,它的理论解决不了了,而佛教和道教在这里补它之缺。关于这方面,有兴趣的老师可以去查阅一下。关于目前文化教学的状况,或者说不成器,就像周老师所批评的那种情况,我是非常赞同的。因为那不是二语教学的文化教学,那是真的瞎胡闹。这种不成器,借用基督教的表达,就是文化教学的合法性受到质疑不是来自原罪——语言和文化的关系,而是来自本罪——后天的,这种本罪就是研究的不到位和教学的不到位。因此我想讲的第二个问题是,汉语教学学科与汉语国际推广事业的混淆所引发的问题。

　　大家知道,汉语教学作为一个学科和国家的汉语言文化推广事业,这两者的任务和目标是不同的。但是看一看我们的教学,看一看学科内学者的论文,我们会发现把这两个混为一谈是大有人在。它们的不同是什么?我想语言教学的任务是培养跨文化交际能力,这里涉及文化的部分就是语言中的文化信息和与交际能力相关的系统文化。另外一个就是文化推广是什么呢？它表层是要让别人了解和理解中国的文化，其实深层目的是让人能够理解中国的价值观念。那么把两者相关但不相同的东西合二为一，混淆为一，导致把文化教学搞得像传教。而真正意义上的文化教学，即培养学习者的跨文化交际能力的教学却少有人研究，这些都是学科建设之误。因此我想说的第三个问题是，汉语国际教育视域下的文化教学研究。

研究文化有不同的视角，作为二语中的文化和文化教学研究的对象到底是什么？大家知道，文化有不同分类，进化论、结构主义、功能主义，等等。对于我们这个学科来说，从便于分类研究角度，以文化存在的形态来进行区分，更有助于研究。因为语言是符号记录，文化有的是符号，有的是隐于符号之中，有的是深藏于意识之中。那么二语文化教学所涉及的文化，一方面是文化存在的形态——语言系统中的文化信息，研究的范围就是语义、语用和语构，本质上应该是语言教学的有机组成部分，应该是语言学家的任务。另外一个是跨文化交际相关的文化，如交际规约、思维方式、价值观念、文化心理、行为方式等等，属于文化系统中的文化知识，培养学习者跨文化交际能力不可或缺，也属于研究范畴。这两种文化教学范畴、次第等级、教学方式及规律同语言教学一样也需要专门的研究。

因此，必须研究和处理好学科的文化教学与国家的语言文化推广之间的关系及二者之间的区别。中国的大学是吃皇粮的，不能置国家使命而不顾；但是作为一个学科，也不能丢失自己的科学规律和学术尊严。因此不辱国家的使命、不失学科的尊严，在二者之间找到平衡点需要智慧和努力。事实上，没有一个国家在推广其语言文化时不带功利目的。有区别的是，别违背教学规律，别做得那么蠢。因此，我的看法是，忽略二者之间的区别或忽略二者之间的联系，都无法解决汉语国际教育可持续发展的问题。谢谢！

第二部分：现场讨论

【周质平】

我需要用我的一张PPT。给人家很多误会，说周质平不主张在语言课里讲文化。完全不是这个意思。我的意思是说，在语言课里讲文化，第一点有个假设——语言的本身没有文化。刚才张老师说，语言里边有文化，那么到底怎么样讲文化？我给两个例子，在我看来是比较高明的讲法。我自己的例子:如果在教中文的时候,中国人教"你"的时候,有"你"和"您",英文没有,"you"就是"you",对不对?你跟老师说"you",学生也是"you",年纪大的也是"you"。所以在中国人的语言里面,第二人称是有一个敬称的,有一个敬格。所以你在对待人的时候,这个人的年纪长幼尊卑是有不同的。在我看来这个叫做语言里的文化。再举一个例子,"中国人里面每个人都会说中文",在中国人的感觉里面"每个"是个复数,不是单数。你说"各个人都有汽车""现在中国家家都有汽车"后面要有"都","都"表示这是一个多数,而不是单数。英文里面,你说"Everybody speaks Chinese"对不对?后面要有一个"s"。我们说学英文的时候,你也得知道单数复数是非常复杂的一个问题。譬如说在美国有录音系统,它要告诉你"You have no new messages","你没有新的信息",那个"no new messages"你已经没有信了,它是一个复数,"没有信"不能说"You have no new message",中国人听了就荒唐,怎么你"没有信"是一个复数的形式?我觉得要从语言里面来讲。那么我举一个最高明的例子,是天才型的例子。我觉得语言要怎么讲,我把它叫做"从王八讲起"。难要难在哪里呢,要"止于王八"。"从王八讲起"不难,要"止于王八"很难。赵元任的书里面第二课,它是打电话,这本书是1947年出的。那个人他说:"你姓王啊?"这个句子是你姓王"啊",底下一个注,它说警告(warning):After wang, the particle ba " I suppose " should be avoided as Wangba,你不能说:"你姓王吧?"得说:"你姓王啊?""你姓李吧?"可以,"你姓张吧?"都可以,唯独"王"不行。为什么呢,should be avoided as Wangba would be homonymous with wangba,"wangba"什么意思呢?是 cuckold,就是乌龟,戴绿帽子。a term of abuse 这是骂人的。The same particle should be avoided after the syllable ji,"吧"这个字呢,你在用到"鸡"的后面也得避免,because of homophony with the word for "male organ"。在晚餐的桌上,你说"来来,大家吃鸡",别加"吧"。这个是什么,天才型的,这个是讲文化,这个是真的文化,而且学生会记得,他在语言里面知道怎样避免这个东西。尤其是第二个,以后他什么都忘了,也会记得"鸡"的后面不能加"吧"。可是我们现在文化课是怎么样的讲法呢,是从"王八"说起,但不能止于"王八",这个是现在课的讲法。是什么呢,老师就说,这里面有深意,王八等于乌龟,等于戴绿帽子,然后就讲中国有帽子文化,有什么戴帽啊、什么摘帽啊,然后又讲绿的深意,叫做颜色文化,很多人在讲中国人红色什么意思、白色什么意思。绿的深意呢,绿一般都代表安全,没有贬义,唯独在"绿帽子"这个词里带有很强的贬义。中国男人天不怕地不怕,就怕戴绿帽子,这个里面很有深意哪。这叫做不能止于"王八"。然后中国的颜色文化再扩大,红代表喜庆、黑白代表什么什么、黄代表色情,说个没完,还自以为深刻得不得了,在那边讲这个叫做颜色文化。我再举一个例子,也是赵元任的例子,我觉得这个是值得我们学习的。我从来不反对讲文化,要讲这样的文化。赵元任的拼音是国语罗马字,是带音调的,他说 dahbiann(国语罗马字,用字母表示声调),这个是他的国语罗马字,是大便,他有一课是说那个人生病了,大小便都不通。他在大小便后面加了个注:大便是什么意思呢?是 major convenience,就是大的方便。然后 sheaubiann 是小便,是 minor convenience,是小的方便,can be used as nouns, action or result,可以用作一个名词,这个名词结果和动作都可以。"这是大便"可以,"我要大便"也可以。Or as intransitive verbs,是不能再加宾语的,是不及物动词。Although they were originally euphemisms——这个 euphemisms 是一种委婉语——they are now plain-speaking,现在的话一般都可以用,though quite proper words,可是没有什么不妥。Somewhat more decorous verb-object forms,要说得比较漂亮一点或者比较文雅一点是什么呢,是 object form chugong,叫做"出恭",或者是"解手","上厕所去"is equivalent to "go to the toilet","上厕所去"就可以用。The plain object form as"拉屎""撒尿",如果说得非常地直接,就说"拉屎"或者是"撒尿"。这个就是讲文化,而且是就语言来讲文化,而不是脱离语言去讲一些天马行空似的颜色文化。我把这个叫做"点到为止",我们要避免的是"小处见大"。小处见大是这个例子,一讲讲到"出恭",又终于逮到机会了,这个"出恭"就是科举的时候啊,有个出恭牌,有个入敬牌,要上厕所要举出恭牌,进来的时候要举入敬牌,那么同时又讲一通科举。这个就完蛋了嘛,我们的语言课里面今天讲的"边缘化""矮化"都由此而来,都是因为它不能止于王八,不能点到为止。不能点到为止那就是越讲越浅,越讲越幼稚。对不起占用时间。

【学生甲】

我们在现在的对外汉语教学中比较讲究实用性。那么我想请教一下各位老师,留学生特别是在北京的留学生在学校学习的都是很标准的普通话,但是走出校园在日常的生活中,在非北京地区会接触到很多当地的方言。他们接触到方言也必然会用到一些,那是不是那些方言就只能靠留学生自学,他们可以怎样利用学校的知识不断学习方言或者说学习汉语？因为我们说的汉语肯定不止普通话。还有刚刚王老师有讲到字本位的问题和汉字在汉语教学中的重要地位，他们在学习方言中汉字又处于怎样的地位呢？

【主持人李红印】

好，我明白了。那就请王老师来回答一下。

【王洪君】

这个问题可能跟今天的议题不是太紧扣。我感到这个问题得另外研究。汉字教学肯定是对联系方言有好处的，但是到底怎么样去做，比如赵元任做过《通字方案》（商务印书馆，1988），也是想通过《通字方案》来联系方言。

【李红印】

好，关于方言您有什么看法？她说留学生在中国学普通话，但走到全国各地呢，有的不说普通话。

【王洪君】

我觉得就是说如果是北方话的话，他们大概可以无师自通地对应过去；但是如果是南方方言的话，实际上很难的，得分别学习，比如说广东话、福建话都得另外学习。

【主持人李红印】

好，那周老师来接着回答。

【周质平】

我觉得对这个问题有一个教学上的正确的问题，尤其是到了台湾，他们说台湾人都这么说。我们学现代汉语，有一个规范的问题，我们当然教规范。比如说台湾人说"你吃过饭没有""有吃"。你说"有吃"可不可以？"有吃"不可以。你说"谢谢"，在台湾规范的说法是"不会啦"。教"不会啦"不行，我们还是教"哪里哪里"或者说"不客气"，还是得回到"不客气"。所以不要觉得抱歉，咱们中文是有规范的，教规范没什么不对。

【主持人李红印】

谢谢周老师明确的回答。请杨老师提问。

【杨德峰】

听了各位专家的报告很受启发。刚才说到汉字的问题,我想说一点看法。就是现在汉字教学,我们还是沿袭传统比较多,就是从我们"教"的角度考虑问题太多。我觉得有两个方面我们必须得转变观念。一个是我赞成周教授的意见,我记得您在普林斯顿大学曾经提出一个观点,我很同意,就是应该与时俱进。怎么与时俱进呢?就是我们现在是键盘输入,刚才江新老师也说了,我觉得我们现在还是滞后于用笔的时代,我觉得我们的汉字教学应该在某些阶段或者某些群体里面淡化,就是不强调"你必须写汉字"。我就遇到这样的问题,写作文的时候学生提出来"老师,我用电脑写可以不可以"。我觉得很为难,因为我们学院要求是用笔写的。有学生就提出异议,说我们现在不用笔了,我们现在都用电脑了,为什么还要死守着用笔去写呢?所以我觉得我们汉字教学第一个应该是与时俱进,转变观念,电脑解决也可以。因为现在电脑写字是一个大趋势,包括我们自己,提笔忘字,也就是这个原因,这是一个。第二个也就是应该从学生的角度。但是我觉得我们还是没有考虑到这个问题。从学生的角度什么意思?就是根据学生的需要。比如说我就想当一个导游,就想练口语,不想学汉字,我觉得也应该是允许的。什么意思呢?要根据不同的学习目的来开设我们这个课程。我倒有个比较激进的想法,不知道可不可以实现,就是我们的汉字教学,除了本科、硕士生、博士生要求是必修课,我们的短期教学、其他的一些教学,可以作为一个选修课。有兴趣的可以选,没有兴趣的人可以不用学,不知道对不对。

【主持人李红印】

好,谢谢杨老师!

【万业馨】

我再给杨老师补充一条,也是应和上午张凯老师说的一个。就是学习是学习者的事,学习者是用大脑在学习,那么脑子是怎么工作的我们必须清楚。但是汉字教学在我们对外汉语教学中没有很多的研究。实际上我们国家的学者在国内的小学生识字这个阶段是有一些研究成果的,我觉得这些成果可以供我们汉语教学借鉴。谢谢!

【主持人李红印】

谢谢!王洪君老师。

【王洪君】

我连杨老师的问题一块儿回应吧。我刚才注意听了周老师的讲演,我觉得有很多观点上反而是一致的。按照万老师的实践经验,我觉得,一个就是说你如果不学汉字,你就不可能突破。另外一个就是汉字教学主要是教什么、怎么教的问题。如果像万老师那样的教法,是在你学了900个词和将近300个汉字以后开始结合练习教授汉字的基本知识,那么这个偏旁对已学字词进行新的系统性的聚合分类,对于浮现前面我说过的汉语文大系统的特点——以一音节一语素一义的小单位作为构词法的枢纽,会很有好处。为什么要在这个时机介入万老师这样的文字教学呢?因为一个人的语言系统,在某一个时期是有一个关键的突破的。心理学的研究证明,在这个关键期他会有词汇一下子的大发展,这个时候他有一个语义分类的系统建立,而像万老师这样的汉字教学在关键期的时候介入,会对这些有很大的好处。就是让他意识到同音字可以用汉字区分开来,意识到每个音节都是有意义的,特别是意识到已经学过的字可以出现在词语的多个位置上。通过大量的练习在短期内给他一个强化,到最后学生非常想学。还有,万老师的课在结束之后做的考题,很多都是纯文字学的知识,让学生分析汉字的结构什么的。那些欧洲的专家都说,如果能答对这样的考卷的话,那么再学现代汉语甚至古代汉语都比较容易了。而考试的实际情况是,所有的学生都能在两个小时内完成,最好的学生得了97分!所以说,实际上通过上面这样的文字教学,学生不仅仅是会分析汉字了,而且是通过汉字把所有的已经学过的字和词语都连起来了。这样的话,他再去看新的词的时候,他就也能够理解了,无师自通了。所以呢,杨老师说的那个是对的。万老师跟我说,我们做教材,以前的思路是我该教什么我怎么教;实际上你还要知道对方的需求,就是学生应该学什么,他们该怎么学。另外还有一个则是跟周老师刚才说的一样,我们的汉字教学对象是成人,他们有很高的思维能力了,但是他们的汉语能力,他们对整个的汉语系统及其汉语和文字的关系这些都没有搞清楚。如果你只教拼音的话,那么他的汉语的系统可能很晚才会出来,比如说要到四年级或者更高的年级。但是如果是一年级之后的假期就集中教授文字学知识的话,他的汉语文系统的特点在这个时候就会浮现出来,那么他的词汇在这个时候就会大爆发。我刚才特别想说的是介入时机,在只学过一个学年的情况下介入,其实在心理学上是很有讲究的。因为李平,就是美国的那个心理学家,我大学同班的同学,他专门做过这种研究,就是在这种时候介入是最合适的。你在四年级再教同样的文字学课程,我介绍的那些练习实际上他反而难做了,因为他学过的词太多了。在一年级学完的时候,他学过的词汇正好还不多,还有一半学过的词是半会不会的时候,通过这些练习他一下子就得到了一个整的系统,从而温故而知新,一通百通,发生词汇大爆发。

【主持人李红印】

谢谢王老师!下面孙德金老师。

【孙德金】

说到万老师这个教材,我也是以教过这个课的身份来说几句。前年跟万老师一起上一个寒假的班,所以对这个教学有一点体会。苏黎世大学的汉字教学和词汇教学的关系有一个历史,张朋朋老师曾经到那儿做过,他的所谓汉字教学强化的路子,跟万老师是完全不一样的。所以这个问题的关键是解决字词关系的问题。我教这三周下来的体会是像刚才王先生讲到的,学生在经过一个学期的所谓的"中国话"的学习以后,他积累了相当的词汇,通过一个时期的强化,建立字词关系,所以它的效果很好。那么我想说的是什么呢,就是我个人认为这个问题目前还有待进一步研究,尤其是在学理上去做深入的一个实证性的研究。因为我跟柯佩琦老师——就是苏黎世大学的教学主管,我跟她也讨论过多次。在这个问题上,他们过去十几年,尤其是万老师一直跟他们合作,做的是这样一个实践性的探索,非常好。那么现在呢,我感觉柯老师他们就是说这样做很好,也感觉不错,但是在实证方面可能还要做进一步研究,特别是在理论上做一些阐释。除了像刚才王先生说到的以外,可能还要做一些研究。那么说到这个问题呢,我也想说关于书写的问题,我也问过柯老师,他们苏黎世大学呢,要求学生要手写,相当一部分是要求手写的,当然有的学生用电脑写作文什么的也是可以的。那么这就牵扯到江老师的这个问题了,就是书写对于他字词掌握的作用,这个也是需要进一步研究。

【主持人李红印】

好,谢谢孙老师!还有哪位?好,张老师!

【张博】

我对王老师的发言也做一个补充。就是我今年暑假有幸接触了万老师的学生,苏黎世大学的。孙老师跟苏黎世大学搞了一个联合的暑期班,那个研修班词汇让我讲,八节课讲汉语词汇的发展。我想时间这么短怎么讲,我就选择了词法,要讲词法从古到今的发展。首先我给他们讲汉语词汇在上古时期的类型特征是单语素—单音节。那个时候《说文》有9000多字,但不是杂乱无章的。我给他们讲了"孳乳法",就是在单语素单音节格局内,怎么来孳生新词,是通过改变单语素—单音节格局内部的音与义,造出来的词还是单音节词,那就是同族词。这一讲实际上是在我讲的词法里面(相对于复合法、派生法而言)最难的,但是当时我就觉得学生在听的时候特别感兴趣,而且他们特别能明白我讲的。然后有一个课堂练习,孙老师也听了那节课。就是我发了一些图片,上面就写一个字,比如说冰雹的"雹",脸上起包的"包",还有袍子的"袍",还有水泡的"泡"等等,这些字还和别的同族词混在一起,让他们找。他们当时都特别聪明,都准确无误地把几组同族词找出来了,而且每个组讨论以后能够把词源义阐释出来。我觉得这就是汉字教学和词汇教学的一种互动。我觉得他们对这种上古词法,在那么短的时间内都非常理解,看起来是词汇问题,但是得益于他们汉字的水平,我当时就这样想。虽然我也同意杨老师说的可能不同类型和不同学习需求的学生,有的可能真的不想当学者,不想当老师,没有必要强扭着他去学汉字。但是王老师说得对,汉字真的是一个音系、语法、词汇、语义接口的枢纽,所以汉字教学和词汇教学是互动的,汉语的很多机理可能都是在字上面来体现的。所以我觉得可能是要好好研究怎么来教汉字,这个问题可能更重要。所以我也向大家推荐一下,《世界汉语教学》2015年第1期上会发表万老师有关汉字教学研究的一篇大作,我向大家力荐一下。谢谢大家!

【主持人李红印】

大家的发言都没说文化,关于文化还有什么问题吗?

【万业馨】

刚才大家都在讨论汉字问题。我做这方面的工作时间也比较长,我想说一点看法。汉字教学有两个问题,第一个问题是:学生是我们教出来的,你把他教成什么样,他可能就是什么样。为什么?因为并不是所有的学生都觉得汉字很难、不想学汉字;相反,他往往是被汉字吸引来的,但最后落荒而走,因为他觉得太难了。为什么太难?举一个例子,比方说我见过一个教材,它从基本笔画讲到派生笔画,要讲两个星期,我想这样我也走。你说谁愿意干?一个笔画要学两星期,后面当然就不敢想了。第二个就是汉字教学的效果取决于我们自己的研究水平。为什么?比方说,我们的《中国大百科全书·语言文字卷》里面只有书法而没有"书写"这一项。书写只是作为书法的初级阶段、基础阶段。所以可以这么说,我们对汉字书写的研究是很不够的。书写对人脑的发展,对其他学习成绩的影响等等,这方面的研究都是很缺乏的,这就是一个问题。刚才周老师讲的有些问题我是很赞成的,比方他讲主要都是形声字嘛,别老是讲象形字。这个事情2007年我就碰到过。2007年我帮汉办培训教师,讲汉字。大概70%以上的人问我一个问题:"我们能不能去讲字源?"我说:"我建议你们最好不要讲。"他们说:"为什么不能讲?我们就想讲。"我说:"那你们为什么要讲呢?""有趣啊,可以吸引他们啊。"我说:"那你有没有涉嫌诈骗啊?你拿最好玩的去给他,来了以后教他点横竖撇捺,他觉得好玩吗?他会说上当了。"这是一个。第二个危险是什么?你有没有讲《一千零一夜》故事的能力?你今天告诉他们一个象形字,他们一定说:"老师,还有呢?"至于更可怕的还在后面。你要讲出一个象形字,学生就会问:"后来怎么变成这样了呢?"举个最简单的例子,"水"在甲骨文里是这么写的,到了隶书的时候像三横的这个。谁能把怎么变的说出来,谁有资格去讲。说句很难听的话,在国内凡是懂一点古文字的都不赞成给外国人讲象形字,凡是不懂的都想去讲。所以有些东西是我们自己没做好,我们的研究不够,我们教法也有一些问题。我很感谢王洪君先生的介绍。我说一点想法:作为一个教汉字的,你不是用数量、识字量来衡量你的成果,因为那往往是一盘散沙。我的一个意大利学生,她上到三年级了,那个时候我刚好在《学汉语》上登了一些有关汉字结构的东西。她说:"老师,你要是一年级给我就好了,我可以省多少事啊。"所以我一直有一个愿望,就是汉字是一个符号体系,作为符号体系它是什么样的,它跟汉语的关系是什么样的,我们要让学生了解这些。这样,学习汉字跟汉语就能互相促进、互相推动。我觉得要教的话必须要有这样一个认识。刚才王老师已经介绍了一部分,就是说我是怎么做的,我的出发点就是这个。至于刚才杨老师讲到的问题,第一,我赞成对学习目的不同的学生可以有不同要求;但第二还是那句话,我们对汉字学习怎样促进整个汉语言学习的研究不够。我在2010年德语区汉语教学会上有一个讲话,就是讲到拼音和汉字的关系及其在二语学习中的位置。柯彼德教授说很好,我说您先搞清楚我是反对您的,因为他的意思就是说拼音应该作为第二种文字,也就是你可以不学汉字。我说我跟您的想法正好相反,就是说汉语拼音有它的作用,但它不能代替汉字。汉语拼音对于汉语教学是很有用的,为什么?因为它分词写。我们平常有个很普遍的说法,就是说古代汉语以单音词为主,现代汉语以双音词为主,但出现频率怎么样?单音词出现频率永远比双音词高。在这种情况下学生看到的文本常常是单双音词混用,所以就会出现下面的情况:学生每个字都认识,但是不知道是什么意思。我自己碰到过一次,我给二年级学生做一个"被"字句的练习,考试题目是"他的钱包被小偷偷走了",中国人听起来很简单。可是一大半的学生错了,后来才了解到是为什么,因为他们先学过了"偷偷",这样看到句子"他的钱包被小——偷偷走了",就没法理解了。这说明在教学里面,我们有很多东西可能还要往深里面去想一想,反过来思考一下。又比方学生写一个孩子的"孩",他居然能把这个"子"写到右边去,我想这一定有原因,查一查,那是因为他先学了一刻钟的"刻"。至于拼音不能代替汉字,那是由汉语的特点——同音词太多所决定的。

【主持人李红印】

好,谢谢万老师!非常精彩。我们还有文化问题。后面有同学举手,接着是徐晶凝老师。

【学生乙】

老师们好,同学们好!其实我不是想提问,我是想说一下自己的一点想法,然后跟老师同学们讨论。就是第一次周老师发言的时候我特别紧张,因为周老师说跨文化交际就是一个灾难性的东西。然后作为一个学习对外汉语教学中的文化、关注这一点的学生我就很紧张,我就想以后更要边缘化了。但是周老师第二次上去的时候我就明白周老师并不是反对对外汉语教学当中的文化教学,而是说周老师关注的主要问题一是对外汉语教学中的文化到底应该是什么文化——应该是语言中的文化。然后还有一个怎么教的问题,就是周老师是比较赞成点到为止。我也觉得点到为止很重要,因为毕竟是语言课,不可能把文化无限制地谈下去。然后我想就是关于对外汉语教学中的文化究竟是什么。这个一直以来的研究就提出知识文化与交际文化,像周老师刚才提到的以古代今,就是讲古代文化。还有一种浅薄的认识,就是剪纸啊、包饺子啊这些。就是知识文化在语言教学中确实不应该是主体,但是在现在汉语国际推广的过程当中,已经在现实中有点喧宾夺主,所以我觉得这个也是现在存在的问题。然后交际文化就是比方说刚刚周老师说的那个"您"和"你",还有早上李泉老师也说有一个同学,老师表扬他就说"你这一个月以来进步很大",然后他就来了一句说"瞧您说的,这哪的话啊",就是他在使用的时候没有去考虑它的场合和他交流的对象,所以这个应该是文化教学当中的重点。另外一个我有一个想法就是我觉得我们现在对外汉语教学中其实还有一层文化是被忽略了的,就是这种比较深层的思维方式和价值观念的问题。比如说刚才老师们提到的汉字教学,汉字教学比如说义符的作用吧,它就是我们汉语中类的范畴在字形上的体现,还有包括刚才老师说的"朋友多了路好走",这是一种价值观念的问题,那么这些其实在教材和教学当中我是觉得有疏忽。所以我刚才整理了一下这些想法,然后我想就是把周老师前面的那个话给稍稍更正一下,就是我觉得应该说错误地理解和浅薄地理解对外汉语教学中的文化是一个灾难,而不是说跨文化交际本身是一个灾难。谢谢老师!

【周质平】

其实我一直忍着,我想就刚才这个问题,我看大家觉得汉字的这个问题是一个非常关键的问题。我觉得如果说国内的汉语教学跟海外的汉语教学最大的不同在哪里,或者说普林斯顿,这个汉字的比例远远低于各位的想象。汉字很难处理,或者说我们几乎没法处理。它只是一个非常武断的一个符号,我们非要把这个符号说成是里面有这个非常深奥的。比如《说文》里面是540个部首,到了现代汉语词典、字典,只有201个,到了《辞海》的时候,到了20世纪30年代的时候大概是214个,我们看到归类是越来越趋向于概略,越来越武断,它不是像《说文》540个部首那样分得很细。我们就不是说死了那条心,汉字不是那么有规律,尤其是经过简化字以后,这个规律全被打破了,那就跟洋人直接说。我们必须把重点从写汉字转移到认汉字。工具的改变是不能抗拒的,如果现在还说我们应不应该接受学生用电脑打字,我觉得这个就像当年用毛笔后来改成铅笔,你说能不能用铅笔,非得用毛笔,这完全是一样的,你必须接受,你必须接受工具的改变。工具改变,你想抗拒叫反动。中国这个词大家都能了解,这个反动绝对没有好结果。我再举一个例子,就是在现在这个情况下你如果学英语,英语老师还在拼命强调说这个拼法非常重要,你一定要把这个字拼对,university 一定是 university,这个现在是很不重要的，你把它拼成 uneve 什么东西随便拼，电脑给你改过来了，对不对？拼对不重要，你们学英语也是这样。可是你发音要发对，你是 university，不能发成"有你沃思提"，那不行，如果发成"有你沃思提"，那就错得很严重。那么我觉得在汉字习得上也是要这么来看这个问题。至于文化的问题呢，我也是觉得在整个文化的设置里面，洋人有一个比喻，就是你做蛋糕的时候，里面是蛋糕，上面是些糖分，讲文化的是上面那一层糖，不是里面的蛋糕。现在倒过来，说文化的那部分是我们语言课的内容，这是灾难之所在。不能够这样倒过来，这个是我的意思。

【主持人李红印】

张老师有没有补充？王老师你先说两句。

【王洪君】

万老师刚才说了她不讲字源是吧？万老师教材的一个好处就是各种练习都不回避汉字那些形符或声符的例外。当然有的例外那压根就是形符后来发生了合流，比如说那肉月旁跟月字旁后来就是完全合并了。除此之外，比如说属于三点水的是不是都能跟水挂钩呢？表音的声符是否都表音呢？比如说"介绍"的"介"、"世界"的"界"的声符相同，字音也相同，可以说是声符表音。可那"价钱"的"价"呢？它可又不念 jie 了，对吧？万老师的做法实际上是这样的，就是说我根本不给你讲它的字源，然后我在练习里给出的这些三点水的，多数是能说出道理来的。（重新打开讲演时的 PPT）比如说"长江"的"江"、"湖、酒、汤"，都跟"水"这个语义特征有关，对吧？但是这个"法"字为什么也有三点水，你再去跟学生讲因为它过去怎么怎么样，就根本没有必要了。实际上只需要体会到这一偏旁有哪些字是由它来构成的，然后它还能构成哪些词，这些词中带三点水的同一个字有的是位置在前的、有的是位置在后的，这就足够了。这都是属于字词关系的问题，对吧？让学生在练习中真正体会到汉语的字词关系是什么样的，文字的偏旁跟语素、跟字义或字音是什么关系，这比老师自己去讲它们之间的关系，效果要好得多。下边的这些也一样，比如说"门"和"我们"的"们"完全是同音的，但是"新闻"的"闻"和"请问"的"问"声符也是"门"，但字音跟"门"就不是完全同音的了。万老师的教材是把这些规则的和不规则的现象统统都给学生，让他得到的是一个非常全面的印象，在这个里面他自己能够抽象出一些概率性的东西来。然后，关键是说,学生还会体会到这个声符它能够区分同音字,这些以声符区分开来的同音字又能分别构成不同的词,而且所有的词都是他们学过的。这样在一个学期之后集中一段时间,把他所有学过的字词,包括原来有一些不要求掌握的汉字,但也是书上给出过的汉字,原来只要求会拼音就可以的字,都经过这样的梳理之后,他们恍然大悟是怎么回事。也就是他们明白了我们的汉字从字孳生到词的一个规律。所以他们学生的感慨是说以后我再学500词不成问题了。所以我觉得跟那个文化一样,不是说有一些汉字教材不好就不要专门开汉字课程了。我想,你们普林斯顿大学,干脆,既然也是英语,就用万老师那个教材也挺好。

【周质平】

在刚才各位老师谈到汉字教学的时候,始终有一个假设,或者有一个想法,就是听说读写这四个东西分开。我们跟学生讲的唯一一个说法,是说你绝对不要去学一个不知道这个音是什么的一个符号。中国的每一个字、每一个符号都是带音的,是有音的。我觉得对洋人来讲,各位刚才的这个提法,包括讲字源,都是讲文字学。如果是对一个学汉语的学生来讲,可能就变成中国梦。这个中国梦啊,不是春梦就是噩梦。那个洋人即使是学了几十年汉语,你说我在系里头接触到的,都是中国文史的专家,那真的是专家啊,你让他写个汉字,不太可能,他绝不轻易地在黑板上写个汉字,没有写出来不错的——那他一辈子在搞这个东西。所以千万不要以为——我们有洋朋友在这里,他能避免写的尽量避免写。我把写汉字叫做来生事业,今生做不了来生事业。

【主持人李红印】

好,刚才万老师还要补充是吧?

【万业馨】

刚才周老师讲到了一个问题,就是国内汉字教学强调它的理据等等。那么我要说一句话,这是一部分人的做法和看法。你不能把一部分人的做法和看法当作整个中国教学的做法和看法,这个我反对,这个太过分。你可以看到我做的教材里面已经注意到一个问题,就是我过去写的论文中提到的,汉字教学里面声旁教学的缺失。在做调查问卷的时候,发现学生看到汉字以后最大的困难是见字不知音。可是你刚才也说了,大部分的汉字是形声字——也就是说我们的看法建立在一个同样的基点上,就是形声字的声旁跟它的读音有关系，形旁跟它的意思有关系，这个意思是一个模糊的概念，而且还有一个历史的发展过程。比方说椅子的"椅"是木字旁，现在我们坐的椅子有多少是木头的？所以这是一个古代文化的问题。至于声旁表音是个很复杂的问题。所以我赞成学习者有权利知道真相，不能只是找典型的例子给他，例如"门"可以有"问"、有"闻"。甚至还有更加典型的，比方说读者的"者"，它是首都的"都"的声旁，可是如果你没有看见首都的"都"、赌博的"赌"、堵车的"堵"、目睹的"睹"，你绝对想象不出来它竟然是声旁。可是如果说我们把它排列起来，学生就知道汉字是一个符号系统，我要的是这个。我不回避任何真相，我觉得只有那样才是真正的教学。

【主持人李红印】

好，谢谢万老师！张博老师再说一句？

【张博】

我必须消除周老师的一个误解。我刚才说的那个讲词源啊，是苏黎世大学一个语言研究班，不是一般的汉语教学。因为这个研究班是要培养他们研究语言的能力，我讲的这个课呢是要讲汉语的词汇怎么由少到多衍生出来的，是要讲造词法的发展。这是我的教学任务，我必须让学生了解上古时代无数的单语素—单音节词也是有孳衍规律的。所以您千万不要误会，以为我在对外汉语的课堂上来讲词源，不是这个意思。

【主持人李红印】

谢谢张博老师！这也是一个外国学生，她是埃及学生。你对汉字有看法吗？还是对文化有看法？

【学生丙】

两个都有看法。几位老师们，大家好！我是来自埃及的沙可云。沙漠的沙，可爱的可，云彩的云。几位老师，还有大家谈得很热烈。其实对我们来说无论是汉字还有中文，都是比较难。我非常支持刚刚一位老师说的——因为我将来也要做老师嘛，我必须把全部的真相告诉学生，让他自己去选。他要学到中文应该知道中文就是这样，中国就是这样，不可能就是他想怎么样，我就按照他的想法教他，这个并不符合我的原则。而且作为老师，他必须把全部的一切都教给学生，毕业了以后自己选，这不是问题。关于学习汉字，我记得大一的时候吧，我哭过了，我真的哭得很惨，而且也算是我学习生涯中第一次哭。那为什么呢？记不住，容易忘记，汉字有问题。但是最后我觉得还是不甘心，不服，我必须还得把它学好。那怎么办呢？还是刚刚老师说的，要认汉字，必须要知道这个汉字具体是怎么构成的，还有什么意思，为什么是这样，才可以记住，而且永远不会忘记。当然我现在，你们可以问我的班主任徐老师，我听写是不是很糟糕啊，我还在努力。但是我觉得我自己的想法是这样子的：你觉得汉字难，那你就不写？不学习？我觉得这个不是办法。因为我觉得，没有汉字的汉语还叫中文吗？我觉得不算，因为没有汉字，我还是觉得很陌生。没有文化的汉语还算中文吗？我觉得还不是。还有我觉得大家还忽视了一点：刚刚大家只谈了汉字和文化，那文学呢？跑了，不见了。其实我现在的方向就是搞文学的，因为没有人碰这个。我不知道为什么那么排斥文学。另外一个很重要的一点，就是在埃及有一个书法家，他非常非常喜欢中国的书法，但是他不会汉语。那这倒是一个问题：只想学习汉字，却不想学习汉语的人怎么办？所以我是觉得我中有你、你中有我，是必须得同时一起。

【周质平】

只想学习汉字，不想学习汉语，叫做特异功能。我觉得我们还是要有一个认定，就是必须听说领先，这个原则不能破。我觉得我们讲教汉字，都觉得和听说不相干，你必须把听说拉进来。另外要回答这位同学的是，从来没有说要汉语里面没有汉字，我刚才说汉字少不了，可是未必动不了，错一点没关系。

【主持人李红印】

好，谢谢！刚才学生助理也告诉我时间问题，那最后一个问题吧，徐晶凝老师也等了半天了。

【徐晶凝】

我觉得非常荣幸终于抢着话筒了，就是刚才大家谈论特别多的是汉字的问题。我现在想问一点文化的问题，想呼应一下周老师和张老师的发言。我觉得刚才听周老师发言的时候呢，我的理解是周老师谈的问题是在我们的语言课上怎么样来对待文化教学的问题，就是在我们的综合课或者是听说读写的语言课上我们应该教什么样的文化、怎样教，所以您说的是"起于王八，止于王八"就可以了，对吧？那这里有一个问题，就是说既然我们在这个语言课上应该教一些文化的东西，而且这些文化是跟我们的交际有关系、有影响的那些东西（周质平：举个例子）。就是您说的这个王八的问题，它其实是直接影响到交际效果的这样的一些文化现象。但是里面还谈到了语体的典雅的问题，这也算是文化的问题。总之呢，您所界定的文化的范围是相当窄的，就是和影响交际表达有关的那样一些文化现象。即便是这样的话我也想问周老师，您有没有过这样一个考虑——今天上午的话专家们也谈到这个学科需要建设的还有一个文化大纲的考虑和设计，比如说有语法大纲有词汇大纲，现在我们也提到要有一个文化大纲。那么如果从您的思路来谈的话，您现在有没有一些考虑，有哪样的文化现象是跟您所谈的文化有关？另外一个是张老师所谈的是文化教学是不可以缺少的，谈的不是在语言课上的这种文化现象，而是作为教学来说，我们可以开设一些文化的选修课。那么在这些选修课上我们可以谈的文化现象就更多一些，我们可以谈颜色文化，可以谈帽子文化等等，这个是有我们的一个文化的考虑。那么即便是在这样一个文化设计的理念之下谈文化教学的话，也有一个问题我想听听专家们的意见：就是说我们在文化选修课上教文化的话，我们的目的是以语言作为手段来教文化作为目标，还是说我们实际上是以文化的内容作为依托，目的还是提高他的语言水平？这是我想向专家请教的一个问题。

【主持人李红印】

那先周老师、再是张老师，好吧？我想我也明白了，这是关于语言中的文化大纲，还有一个教学的问题。

【周质平】

我想这个里面有一个原则性的问题，就是语言为内容服务，还是内容为语言服务？那么我们的原则非常明确，内容为语言服务。这是回答你第一个问题。那第二个问题，第一个问题说如果我来办一个班，这个班有所谓的文化课程，到底要教些什么？第一，在时间上限定在现当代中国，不是从上下二千年乃至于五千年，没这回事，谁也教不了。限定在最好是1949年以后，或者说更精确一点是"文革"以后，改革开放，当下。洋人觉得"文化大革命"已经是上古史，对那些十五六岁、十七八岁的小孩来说不用。需要他们了解的是什么呢？我先举一个例子，就是如果你们现在到美国去学习，整天跟你们说这个感恩节，下个礼拜是感恩节啊，洋人吃火鸡，这个重要吗？跟交流有什么关系？你不知道感恩节吃火鸡，没什么关系，是很次要的事情。可是我觉得对一个大学生，需要知道的是中国城乡的差别，或者是中国的媒体是怎么样由国家来掌握的,中国的户籍制度是什么,需要讲的是这个。永远回避,对不对?洋人来了以后,现当代中国不存在,当代中国怎么回事?谁也不谈,永远采取回避。以古代今是一个比较安全的做法,也就是今天早晨说的,政治介入的结果。大家一碰到现当代的时候就不敢碰,不敢碰也有一部分是无知。洋人所要知道的是这个——这是我的看法。

【主持人李红印】

好,谢谢周老师!还有张老师——

【张英】

谢谢!我想这可能是最后一次机会拿到话筒。首先我要谢谢周老师,因为其实我觉得交流非常重要。经过这一轮的交流,我觉得我们理解周老师不是反对教文化,而是反对像他说的那些现象一样教文化。的确,在我们这个行业里头,文化课和语言课不一样。文化课人人都可以教,可以谈,可以说三道四。一个不懂语言的人他知道对语言敬畏,可是一个对文化没有研究的人可以理所当然地来讲文化。有时候一些学术刊物上发表的所谓论文,连基本概念都没有弄清楚。所以我非常赞同周老师讲的这种现象。我觉得因为我们平时文化教学提倡得少,我们很少做这方面的反思和批评。我赶紧借这个机会说一下,回应一下。另外,刚才晶凝问了一个问题。其实,好多时候我们讨论问题,常常舍本逐末,我们就文化文化,我们首先得问二语教学的目标是什么。如果二语教学的目标是培养学习者跨文化交际的能力,那你把这个能力进行分解,分解之后是你的课程怎么来对应。因此,你这个跨文化交际能力包含他需要的哪些方面的能力,除了语言能力之外的能力,你要靠什么来提升、来培养,那就是你教学的内容。所以我们不能够简单地说这个文化要教、那个文化要教。我也回应一下刚才周老师说的很多人来中国特别想了解中国的社会当下的情况。其实我们现在也有这个问题,我们一讲就从《论语》讲起,我们看看我们现实的社会,我们有多少人用孔子的思想在生活、在处世?但是我们离开了孔子了吗?没有。文化从古代到现代它是一个流动变化的,因此,我们现在的生活上面是有源的,而我们给别人讲不能从源头讲起,但是我们要知道这个源是从哪里来的。因此,我觉得我们现在这个教学要知道你培养学生的目标是什么,分解这个,你从什么途径来达到,这才是你要做的事情。我们不能简单说教什么、不教什么。

【周质平】

我觉得今天谈了这么久,没有一个人讲字正腔圆。作为一个语言老师,我们的责任就是字正腔圆。字正腔圆是文化得体的基础,你没有字正腔圆怎么搞也不可能跨文化,跨到哪儿去啊,你没什么可跨的。那么另外呢,讲这个汉字教学,种种的教学法,都有一种想法,好像是跟洋人说有种东西叫做无痛分娩。那么我们的搞法是痛,不但痛,还是阵痛,而且大痛,这个才叫做给他真相。别在那边说可以归类啊,这个表意、那个表声,汉字表意的不表意、表声的不表声,大部分是这样。

【主持人李红印】

好,谢谢周老师!我来字正腔圆地宣布一下,本场是汉字与文化问题对话,我个人觉得非常非常地精彩。精彩表现在:首先,四位专家真是坦诚相见,把自己的观点展示出来,并且非常友好地、畅快地进行沟通和对话。另外,在座的各位老师、学生都回答问题并提问,作为主持人我非常感谢大家。那么我想提议,最后大家再以热烈的掌声感谢四位专家!

(录音整理、转写:于春雪、李维宸。经主要发言专家审校。)

第三场　研究生人才培养问题对话

第一部分:对话嘉宾主题发言

【周质平】

　　大家早！各位老师、各位同学,我觉得过去30年我们汉语教学这一界在教师队伍的建立方面当然是有很大的发展。可是教师队伍的建立也表示我们专业化了。在专业化的同时出现了一个趋势是什么呢？当然专业这两个字就有了窄的意思,它本身就有窄的意思。所以专业化也就是某种程度的窄化。我觉得早年,譬如说师资队伍里头有许多是中文系的、外文系的,甚至于像历史系的都有。那么现在呢,我们大家都只是二语习得、教学法或者是对外汉语,把它看做所谓的专业出身或者是正途出身,其他人都是非正途。这个趋势到底是可喜还是可忧？我就这个方向来和大家谈一下。我觉得我们这一界有一个比较可忧的现象。从杂牌队伍变成一个专业队伍,这个本身当然是可喜的。可是在这个过程里面,如果大家稍注意一下就会发现,我们在整个课程安排里面,可能技术的层面越来越高,而内容的层面越来越低。结果这个专业化训练出来的学生——昨天好像还有哪一位老师提到,是一个"教书匠"。我用"匠人"和"学者"这个二分法,如果还是沿用这两个字的话,我们这一界培养的好像是比较偏向"匠人",而不是偏向"学者"。在我们的课程里面,我觉得过分地着重二语习得,过分地着重教学法,而轻视了中国文史和社会,或者是对当代中国的研究。这是我今天要讲的主要的一个方向。技巧这个东西是可以速成的。大家想一想,我们常常说,有一个所谓的培训班,这个培训班大概只有我们这一界有。如果是一个教历史的,或者是教物理、化学的,他教不好,这个老师教不好,往往是他的物理、历史或者化学这个知识不够,所以他教不好。可是在我们这一界不是,我们这个老师教不好,就去参加一个短期的培训班。培训班好像就能够改头换面,变成一个合格的好老师。这本身显示出一定的问题来,说过分点,只是一个速成的技术层面的一个问题,包括昨天的讨论,所有的教学法几乎没有例外,讲的都是初学入门的问题。这个初学入门,在美国把这个第一堂课都叫做101,所有初入门的课都是101的课,都是101课的头几个星期或者是第一个学期能够适用的东西。讲来讲去,大家想想,包括二语习得在内,讲的是那一小段。而现在我们的学生,譬如拿普林斯顿的学生来举例子——我对我们自己的学校最了解。近年来的发展是高年级的学生大量增加,这是件可喜的事情。结果我们训练的老师,在教高年级课或者对付高年级学生这个知识上头,显然显得不足。我今天要谈的是说在研究生培训课程里面,我们需要做一些什么样的变动。

我们这一界几乎是一个没有历史的界。不知道在哪一个学校里面开了对外汉语教学史这门课,我不知道北大有没有,至少在北京很多高校,我问了一下,包括港台的都没有对外汉语教学史。一门不知道自己历史的学科,它是没有反省能力的。它不知道我们以前做过什么,所以呢,只要洋人理论一来,两脚就发软,就完全没有办法面对洋人理论,没有任何取舍能力,只要洋人理论一来,就全盘接受。我觉得要调整这样一个态度。教学史这门课不能没有,但是也不要从隋唐的遣唐使开始,那个言之过早了。谈得太早了,我们可以从这个晚近啊,晚近可以晚到从明末传教士到中国来。这个,觉得还是太早,可以再集中到,譬如说到晚清,像戈鲲化,第一个到美国去教书的,教中文的一个中国人,他的名字叫戈鲲化,他在哈佛大学教了三年多一点,就死在波士顿。一直到1920年,赵元任开始接了这个工作以后,我觉得能够从1920年开始讲,或者从赵元任开始讲,这段就很重要。可是在各校的课程里面都没有对外汉语教学史。哪个学校有对外汉语教学史,请举手。有,北语有,我举的除了在对外汉语教学史之外呢,我们应该有这个专题和专家的研究。我们也不要把这个说得太广泛,专题的研究主要集中在譬如说语法、语音这两点上,我们也不要跨越太多。而专家研究,我觉得绝对不能少的两个人物,像赵元任和王力。在我们的这个课程设置里面,我想许许多多的学校的同学大概对乔姆斯基或者索绪尔或者布龙菲尔德,大家都耳熟能详;可是对赵元任、对王力到底做过什么事情几乎一无所知。这个现象合理吗?我们始终在读一些根本不知道汉语是什么东西的人的所谓理论。我们始终相信这个理论的一般性而没有到特殊性来。我觉得我们在课程里面应该多设置和这个汉语的特殊性有关的课程,而不要在这边空谈些二语习得,完全是一般的理论。那么汉语,我想,尤其在美国的这个情况特别严重,因为所有在美国讲这个问题的,讲这二语习得也好,讲教学法也好,他们实际理论的基础都是在德语、西班牙语、法语这些语言的基础上来提出来的。这几种欧洲语言和咱们中文的差距是非常大的,所以我们必须从西洋转到中国。我觉得这个转化是很重要的。

另外,我刚才说了一到了高年级我们的同学就比较困难了。结果训练出来以后都是低年级的,在美国有一个词叫做操练手,就是 drill instructor。结果培养出来到现在为止,国内包括港台在内,有没有一个训练出来的博士生可以在海外得到一个助理教授的工作?大家同学朋友很多,有没有?我所知还没有,国内训练出来还没有一个博士生在美国不管是常春藤的盟校也好,或者是一般的州立学校还是私立小学校,文理学院也好,被聘为助理教授 assistant professor,这个级别的没有,就是你训练了半天都只是一个操练手。这是值得我们深思的一个问题。到底问题出现在什么地方,我的这个提法和各位不同,因为我的这个训练背景不是二语习得或者是教学法。我自己的训练和我自己的兴趣有一定的关系。我的专业是中国文史而不是语言教学,所以,我觉得,我刚才说到的专家的研究里面还得增加一些思想史上和文学史上的重要人物的经典的选读。对这些人物的介绍,其中可以包括像胡适、鲁迅、冯友兰,费孝通这个人是几乎没有对外汉语的课里面用过他的东西,或者选过他的东西。像费孝通的《乡土中国》这本书,我觉得里面有太多的东西可以供我们的洋人来读。洋学生很需要像《乡土中国》涵盖性地对中国社会基本架构说明的一本书。在文学方面,像巴金、茅盾和丁玲这三个人,我列出来是非常具体的,我觉得这些人在我们同学的课程设置里面都应该是一部分。

另外,我们昨天讨论得比较激烈的,譬如说所谓的文化课的问题,我主张在文化课里面把所谓的剪纸、彩带舞、水饺、馄饨啊去掉,代之以当代中国和当代社会的介绍。这个当代中国和当代社会的介绍,我指出几个子目来。这个子目里面,我们不得不讲中国共产党的党史,因为新中国成立这段历史和共产党的党史是分不开的,尤其对港台来的研究生太必要了。他如果要讲课,对中国共产党是怎么成立的、怎么发展的一无所知,他能够应付的永远只是 101 的学生,只是初级入门的学生,稍稍上去一点的课就会有问题。另外,我觉得与其讲剪纸什么的,不如讲中国的户籍制度。因为这个户籍制度,尤其是欧美这个地方几乎没有,他们不能想象这样的一个制度是个什么样的制度。我们在这里面讲我列的这几点,不必有什么批判的态度。不是说要带着一种批判的态度来说明这个制度的好坏,我觉得不是。我们可以很客观地就介绍这个户籍制度在中国社会的发展和稳定上面起着什么样的一个作用。另外一个就是讲中国的传媒和网络的管理。尤其是欧美来的学生,这个和他们的看法是不一样的,我觉得在我们的同学里面,一碰到海外的学生提出这样的问题,他常常是或者茫然,或者恐惧。只要美国学生一问他这个问题,他就不谈这个。我们不谈这个,让美国学生觉得你们中国高级知识分子,怎么连这样的问题都不敢谈、不能谈、不愿谈,我们应该把这样的不敢谈、不能谈、不愿谈把它倒过来,让他能谈、敢谈、愿谈。你可以是个辩护的态度,你可以是个批判的态度,我们必须把这个视角和思路打开一点。让我们的同学知道,譬如说我住在中关新园,一打开电视,底下全都是央视,除了央视没有别的,对,每个频道都是CCTV、CCTV,然后大概有十来个CCTV。这对美国学生来讲是个非常奇特的现象,怎么可以成这个样子。为什么要这么做,这么做利弊在什么地方。我觉得这个问题应该谈,结果是都讳莫如深。只要一碰到当代中国,都讳莫如深。另外是讲中国的人口政策,我觉得这应该是一门课,我列的这些都可以是训练中国学生的一门课,也可以是介绍中国给洋人的一门课。这个人口政策这一点是引起海外很多批评,或者一家一个孩子的松动,像这种东西应该跟洋人说明。也是一样,你可以是一个辩护的态度,比如说毛泽东和马寅初在50年代这一场辩论,当时有一个说法,打倒一个马寅初,多生了四亿人。这样的一些历史,作为这个专业的同学应该知道,因为洋人的兴趣是在这个地方。另外,我觉得中国晚近的交通发展是很值得骄傲的一件事。中国的交通发展包括航空,尤其是高铁和公路这方面,尤其是高铁,可以傲视全球,真正可以傲视全球的也没人讲,真的没人讲。高铁的发展这种有效和先进,这是美国人也觉得很佩服的。另外,我觉得应该讲的是中国的城乡差距。我想每个学生他到北京来了以后,发现你从北京到长城一个小时的距离是五十年乃至一百年的不同,在他们看来。在空间上是一小时或者是一百里,或者是五十公里到一百公里的距离,在发展上出现了五十年到一百年的不同。这个当然应该指出来。这个城乡的差距也就是这个贫富的差距。这些问题我想对洋人了解咱们中国是有帮助的。

第三,我觉得另外一个是非常值得我们骄傲的是中国女权的发展。女权的发展这一点为什么不讲?你想想看,从我母亲那一代到现在在座的诸位,这里面不到一百年,不到一百年。或者从鲁迅的妻子朱安的那一代到现代,这个不到一百年里面,中国的女人有翻天覆地的变化。所有男人做的事情没有哪一件是女人不能做的,几乎我想不出来。有一件事这么了不起的天翻地覆的一个变化,在我们给洋人的课程里面从来不提。我常常觉得非常可惜,以上就是我就课程设置的内容方面提出的一些我的观察。谢谢大家!

【朱瑞平】

各位上午好!非常荣幸有机会能参与这次对话。谢谢主持人徐老师!

昨天跟今天,包括刚才周先生的发言,讨论的都是高大上的问题。我想我再说一点实践方面的问题。我的发言题目是"汉语国际教育专业硕士研究生培养的几个关键问题"。说"关键",是为了让大家觉得很重要。是不是"关键",完全靠大家来评判。

有部电影里面有个人说过一句话——那个人形象不太好,但是他说的那句话大家都同意——他说:"21世纪最重要的是什么?人才!"昨天有很多人在讨论学科、事业发展的关系问题。我想,不管学科和事业发展的关系如何,这个事业和学科要想发展,要想成功,最重要的是人才。这个人才无论是初级人才——就是相关专业本科毕业生,或者是研究生——包括硕士跟博士,这都是我们的事业发展的未来的主力军。所以相关人才的培养应该说是特别特别关键,最关键的就在于汉语国际教育专业硕士的培养。关于这个问题,可能也有很多先生有自己的看法,但是我想有一个事实摆在那儿,就是有那么多的学校,招了那么多的学生,我们怎么培养?我觉得这是问题。汉语国际教育专业硕士从2006年开始由8所学校试点,后来增加到12所,到2008年正式招生时有24所,后来增加到49所、63所,再后来到82,再到83所,那么现在新加上25所,总共是108所培养院校。比起学术硕士培养院校还是少了,但即使是这样,我个人仍然觉得这样的培养院校太多了一点,真正具有培养资格的院校相对来说少了一点。所以我个人觉得专业硕士人才培养的状况堪忧。也许我是那个"杞人",但是我真的有点忧心忡忡。

我们可以从几个方面来看这个问题。首先是关于选才的问题,或者是招生的问题。因为,比如说北京大学本科办得最好,但如果我们都招中国的中学生里边的三流或者是不入流的,那我相信北大的老师也会对着这些学生兴叹。那么今天我们研究生的选才也存在这个问题。比如说中国的学生,他们的专业背景如何,他们的综合素质如何,对于专业硕士,我甚至有的时候会觉得他们的性格取向如何,也许都很重要。周先生刚才发言讨论的是培养"学者"还是培养"匠人"的问题。我们当然可以立足于培养"学者",可是目前的情况是,能够培养出一个合格的"匠人",我觉得我们都应该很满足了。培养学者的事业是一个理想的事业。很多学者不是培养出来的。举一个简单的例子。暑假的时候去一个国家看一看汉办的志愿者在那个国家的工作,从课堂上我们能够看得出来那些志愿者受了某些学校的教学法的培训。教学法培训时老师说了,给学生做分组活动,三到四个人一组较合适。志愿者一到那儿,发现一个班是五十个人,于是一分班分出来十几个组,都是中学生。他怎么照顾那么多的小组?可是我们也看到另外一个志愿者,他把这个班的学生分成男学生和女学生,就两个组,他那个活动就控制得很好。事实上,绝大部分的志愿者根本不知道根据教学对象、教学环境等等相关因素的变化而改变自己的教学的方法。所以我说,这样的学生举一隅不能以三隅反,甚至不能以二隅反。那我们就要反思,我们在选才的时候有没有问题呢?

另外一个就是留学生这块,我觉得问题就更大了。当然很多留学生同学方方面面功底非常好,就是汉语比较差。前些年有个极端的例子:有个同行跟我讨论一个很棘手的问题,说:"朱老师,我们招了一批留学生,汉语国际教育专业硕士,零起点,两年就要毕业,怎么办?"我说:"怎么办?凉拌!"是吧?你自己挖坑,那你自己不跳谁跳?当然那是玩笑话。但零起点的外国学生,你希望两年把他培养成汉语国际教育专业硕士,行吗?所以我觉得选才的问题是一个特别关键的问题。如果这一关没有把好,后边的很多工作做起来真正就是事倍功半。所以我想我们应该倡导的一个原则叫"宁缺毋滥"。当然这可能很让有些人心疼。有些学校好不容易争取到了一个点可以招硕士或者专业硕士,你让他不招或者少招?甚至有些学校把招生直接与经济挂钩,你让他少招点,那可能真的是有点舍不得。所以,这就有个"舍"与"得"的问题了。

第二个问题是关于培养方案的问题。从 2008 年开始,"教指委"有一个指导性的方案,很多学校都会按照这个指导性的方案去制定自己的培养方案。我特别想说的是,指导性的培养方案具有指导性,不具有强制性。昨天跟今天,尤其是昨天,有很多老师讨论到关于这个事业影响到我们的这个学科的发展的问题。最近,网上也在讨论另外一个问题,就是权力或者其他因素对于教育、对于高校发展的影响。我想,作为一般业内人士,或者作为大学里边的教师,我们自己也得争点气。很多权力是给你了,你不用嘛。比如说,我们强调办学要有自主权,给你这个权力,你充分用了没有?比如说学制的问题,到底两年能不能培养出来？现在还有人呼吁要向英联邦的国家学习，说专业硕士一年就可以了。一年可不可以培养研究生？所以，给了你一个空间以后，用不用那是咱们自己的事儿了。

　　回头继续说那个指导性的培养方案。它只是具有指导性，因为它里面毕竟有东西不一定很合理。另外，它是面向全国所有培养院校的，不一定适合您的学校。从实际的操作看，很多学校在培养方案特别是课程设置方面，存在两个方面的倾向。一个倾向叫"因人设课"，一个倾向叫"因人废课"。因人设课很简单：我们这个老师研究什么问题——比如说像周先生刚才提的，我们有研究丁玲的，开一个丁玲研究的课——我只是举一个例子。但是更重要的是，某一门课，比如跨文化交际学，或者是跨文化交际案例分析，我们没有老师，那算了，这门课取消掉，这叫因人废课。个别培养院校会因为没有相关课程的教师而把主干课程也废掉。这是问题。所以我想，关于培养方案和课程设置，我们要学会看人下菜碟儿。这个"人"是两个人——一个"人"是教学对象，一个"人"是教育者。也就是说，我们一方面看我们招进来的学生是什么样的人，他们距离我们的培养目标有多远，需要补哪些东西，需要学哪些东西。另外，我们当然要看看我们的师资团队。我们内部的人不够，我们是不是跑到外边去借点儿，临时来用一用。

　　第三个问题，我觉得是更关键的一个问题，是师资的问题。其实这个问题刚才已经涉及。师资的问题包括两种情况：一种是指导教师，也就是研究生的指导老师；另一种是指课程的教师，当然尤其是所谓的核心课程的教师。这方面的问题我想可能就更大一些。108个院校现在招生的不到100个，我相信一年后会超过100个，有大量的导师是从来没有过教留学生的经验，更没有过在国外工作的经验的。我真的很担心自己没有吃过猪肉，甚至没有见过猪跑，还得让自己的学生变成这个领域的像周先生说的"学者"，其难度可想而知。所以我想，也许把学生培养成合格的"匠"都不太容易。另外，我觉得核心课程教师的问题也很大。专业硕士培养方案里列的很多课程具有很强的专业性，但是很多学校在这个方面有比较大的问题，所以主干课程的老师应该术业有专攻。同时，因为这样一个事业发展变化特别快，这样一个学科常常面临很多新的问题需要去研究，我们研究生课程的老师在不断发展变化的形势跟事业面前，能够与时俱进，我觉得特别的重要。在师资状况不足的情况下，怎么合理利用人力资源，甚至在一定范围内人力资源共享，这是值得研究和讨论的问题。我们北师大有一些具体的做法：比如说我们自己讲不了的课请别人来讲。如果这个课是主干课程，一两个老师我们认为他可能讲不好，那三五个老师捆在一块儿，大家在一起先研究商量这个课应该上什么内容，应该怎么上，然后由这三五个人来共同执行。一般情况下，我们不太允许一个老师把持或者霸占了一门主干课，这样不利于培养工作。

第四个问题是关于培养的问题。我觉得可能需要特别提出的是严格管理的问题。我们都了解高校的现况，比如说本科，高考进来挺难的，但是毕业出门挺容易的，硕士、博士几乎也是这样——现在博士管得比较严了，出门相对难一些了，但是硕士这块——就我的了解，其实进门不一定很难，——出门基本上相对容易。作为培养单位，我们应该从进口和出口这两个方面严把这个关。当然，从学生的角度来说，无论是本科还是硕士——博士要好一些——一进学校以后，到处都是各种各样的社团活动，还有电子游戏、微信微博，分散精力的东西太多了。所以我经常和同学们说，"学生学生，不学习算什么学生？"所以学生有个身份认同确认的问题。当然从老师的角度来说，无论是作为导师，还是作为课程的老师，我们合格吗？我们尽心了吗？这也是很关键的问题。

在培养过程中还有另外一个问题，前一段有人还在讨论：我们招了一批外国学生，还有一批中国学生，这两拨学生怎么办？是"一勺烩"，还是分开培养？说起来只是一个操作的问题，但是这背后其实挺复杂，涉及太多的问题，包括成本的问题。我们主张"一勺烩"。理由很简单，两类人拿到的是同样的学位，应当具有同等的含金量。另外一个理由是，当中国人跑到美国、法国、德国或者日本这样的国家去留学的时候，有人单独给你开小灶吗？或者给你降低标准吗？所以我们坚持"一勺烩"，而且"一勺烩"对于留学生方方面面水平的提高也非常有帮助。

第五个问题是关于实习的问题。专业学位研究生的实习我觉得可能比其他学生的实习来得更重要一些。因为培养方案是强调培养一些应用型、操作型的人才，就是周老师所批评的"教书匠"——说实话，这还真是我们专业硕士培养的目标。那个目标是不是要修订是另外一回事，目前有一个目标在那儿，我们还得先按照那个目标去培养人。我个人认为，海外实习特别的必要。我们的学院是规定所有的专业硕士——无论是中国学生还是外国学生，必须去国外实习一年，拿那实习的6学分，否则不能毕业。之所以强调这一点,是我觉得只有这样才能达成培养的目标。甚至更重要的,这个海外一年的工作经历和留学完全不是一回事,它对于学生未来的职业发展,对于他视野的开拓,甚至对于他的思维方式的改变至关重要。因为他是在人生发展或者说他的人定型的最重要阶段,有这样的一年在海外独立生活、独立工作、独立闯荡的经历。这对学生来说太关键、太重要了,不管他将来是不是回国,或者说回来了以后干什么。我觉得在海外实习这一点上,有和没有不一样。另外一个就是可能性的问题。现在每年专业硕士招3000多,不到4000人,汉办的志愿者现在每年派7000人左右,大概70%是本科生。换句话说,如果专业硕士培养院校愿意把自己的学生在在读期间派出,完全可能。

最后一个是关于就业的问题。这个问题我觉得我没法说。之所以没法说,一是我没有想清楚高校是不是一定要紧盯就业率。如果紧盯就业率,或者拿就业率来倒逼其他一切的一切,那高校和职业培训机构有没有区别?二是如果完全不考虑就业,是不是也有问题?我们培养的人都不能够为社会所用,是不是一种浪费?所以这个问题我正处于纠结之中。我想要说的就是最关键的问题在哪儿。我们培养那么多专业硕士,我相信从培养目标角度来说,我们是希望培养国外中小学的汉语教师,因为这一块的缺口应该至少在40万人以上,40万到120万之间吧——这个怎么测算的,我们先不管它。现在全球汉语教师的从业者大概在6万左右,缺口很大。我们培养的人需要去填补的不是周先生想象的国外大学的职位——那不是我们专业硕士能干的。但是中小学的汉语教师职位可能是最需要专业硕士去填补的。那就有很多的问题了,比如渠道在哪儿?另外一个,我说我们研究生就业的理念需要转变。今天大家都是独生子女,去国外工作生活一两年、实习一两年还可以接受,长期在那儿工作需要考虑;去美国、西欧、北欧可以,去除此以外的所谓"外国"是不是也能够考虑?不知道。就业问题不是一个简简单单的我们培养出来的学生是不是一个合格的海外汉语教师的问题,这最起码不是问题的全部,更重要的问题是准备选择读这个专业的人,你们想干什么?你们来读这个学位的目的是什么?所以我们选才的时候,要搞清楚选的人只是想混个研究生学历呢,还是想在这个行当里干下去呢?如果只是想混个研究生学历,我说得特别直白,"那你就去别的专业混!"因为我们投入了大量的精力,我们不希望培养出来的人一毕业就完全从这个领域流失掉了。

谢谢大家!

【吴应辉】

各位专家,各位同学,大家好!我今天演讲的题目是"国际汉语师资需求的动态发展性与层次递进性——兼谈超本土汉语教师对国际汉语师资培养的新超越"。刚才周老师谈到了,中国培养的博士没有一个在美国拿到助理教授这样一个职位,还谈到了汉语教师人才不是很适应国外的需要,讲了一些现象。但是我今天可能从理论角度来部分地讲,同时我今天讲的不仅仅局限于周老师所说的一些问题,我提出对未来汉语师资培养具有一些指导意义的思考。大家看我用了一个副标题"兼谈超本土汉语教师对国际汉语师资培养的新超越",我想这个可能是我提出来的一个新概念,就是说我们的汉语师资的培养,可能是谁都没有想过这样一个概念,但是今天我推崇这样一个新概念——超本土汉语教师,具体的就是下面报告的内容。

我今天大概先做一个铺垫,国际汉语师资需求问题极大不均;第二是,国际汉语教师动态发展性与层次递进性,及其对汉语国际师资培养的指导意义;第三是,超本土教师是国际汉语师资培养的理想目标。

第一个问题,国际汉语师资需求问题非常严重。三教问题当中最核心的问题就是教师问题,三教问题和三教问题的核心是师资问题这一观点已被学界广泛接受。而且师资问题也已成为一个热点,今天这样一个专题我觉得已充分说明大家现在非常重视国际汉语师资的培养问题。但是关于师资需求到底是一个什么状况,很少有人研究,大家现在都在谈现象、缺多少,但是缺多少是怎样算出来的,很少有人做这方面的调查研究。我觉得今天给大家说一点这个方面的理论思考。另外,现在的汉语师资培养与需求之间存在很多问题,我列了一下,主要有这几个方面:首先一个是总体供不应求的现状掩盖了少数国家供过于求的现实。大家想一想,美国、韩国、日本这样的国家是不是供过于求?第二,统一化的规格要求与多元化的需求失配。我们现在培养出来的汉语教师都是一个指导性方案培养出来的,指导性培养方案不具有强制性。但是很多培养单位把它当做一种强制性的规范,培养方案使之绝对化,所以很多学校照着模板开课,我们培养出来的人才不就是一个模式吗?所以没有体现出多元化这样一个需求的实用性。我们大学算是做了一些探索,有些课程也都改了。第三,整体上量的短缺掩盖了质的需求。一说汉语教师需求,夸张的数字就说全球需要500万教师;一个国家的需求就说到印尼缺1万教师。我们都谈到缺多少量,但是很少有人提到质。刚刚周老师也说到,其实他们需要的教师的质量还没有得到满足。第四,盲目扩张性与需求有限性。本科现在是有三百多所学校培养,硕士今年差不多超过一百,培养汉语国际教育硕士,我认为确实有点盲目。虽然说汉语教师志愿者一年派出好几千,还是说不够,七八年大概培养了三四千。但不是所有的都可以派出去做教师的,需要真正出境去工作的机会其实不是那么多,志愿者只是临时性的需求。好多志愿者很快就回来了,父母等着养老,自己的男/女朋友在国内等着呢,他不去。我们的招生扩招不是越多就越能满足需求,现在确实比较多,但是我们招的数量跟国外真正的需求有很大的差距。第五,师资需求的动态发展性、层次递进性与培养目标的滞后性。全球汉语师资的需求是在不断变化的,同样一个国家的需求也是在不断变化、不断发展的,而我们培养的规格、目标基本上是不会怎么变化的,这也是存在的一个问题。还有,同一个国家在不同的阶段,对汉语师资的需求也存在一个层次递进性。在初期它的要求低一些,本科毕业就可以。但是随着汉语教学水平发展到一定的程度,他可能要求硕士,再往后可能要博士。美国这样的国家,它可能对高校还需要学者型的汉语教师。所以这就是一个层次递进性的问题。既体现在整体上世界各地存在层次递进性,也体现在同一个国家局部地区存在层次递进性,同时一个学校也可能存在。

总体来说是相对单一的供给与绝对多元的需求形成了一个鲜明的反差,培养出来的人才不能很好地满足各国的需求。所以要研究国际汉语师资需求,既要研究总体状况,还要研究国别状况。要做到我们的底层设计,作为中国来说,作为汉语的母语国,对全球的汉语师资需求要有一个总体的把握。要把握它的动态发展性、层次递进性,然后来做出全球汉语师资需求的一个总体的规划和布局,不要所有的学校都培养一样的。

第二个问题,国际汉语师资的动态发展性和层次递进性。刚才谈到了质和量的问题,现在我们跳过,直接进入下面吧。我觉得层次递进性和动态发展性,还要加上一个跟所在国家的经济社会发展的相关性。这三个相关性我觉得应该体现到整个国际汉语师资培养的始终。另外一个是外语师资发展。我觉得各国的师资发展普遍存在五个阶段,国际汉语师资发展也不例外,三个阶段是单一性的,两个阶段是复合性的。第一个是输入阶段,学校没有教师,所以要从国外输入;第二个阶段就是输入第二语言教师和本土对外汉语教师并存的一个阶段;第三个阶段就到了本土阶段,大概个别国家是例外,像美国;第四个阶段就是本土教师加超本土教师阶段;最后一个阶段就是超本土的第二语言教师绝对地占据教学的主流。根据上面的观察,本土国际汉语教师只是国际汉语师资发展的一个阶段性需求。基于此需求的本土汉语教师也只是国际汉语师资发展过程当中的一个阶段性的产物,因此培养全球汉语师资只是汉语国际传播过程的一个阶段性目标。我们现在都强调要大力培养本土汉语教师,但是从整个发展的历史来看,它只是一个阶段性产物。随着一个国家经济社会的不断发展,汉语师资需求将不断提升,会呈现动态发展性,并且基本上述五个阶段的发展呈现出了层次递进性,最终进入超本土汉语教师阶段。第二个观点是国际汉语师资需求的层次递进性的时空表现,主要表现在两个方面:一个是历史考察,同一个国家存在层次递进性;另外是一个共时的面貌,就从现在这一刻我们放眼全球,我们会发现,可能一些亚洲发展中国家的师资需求的要求是比较低的,但是在到中等发展中国家、再到发达国家需求都是不一样的。像美国,托福多少分以上,还要考其他的,还有面试,甚至美方要亲自面试。同时看不同国家的需求,体现出层次递进性。另外量与质都具有动态发展性,任何一个国家或地区、甚至全球汉语师资需求都是处于一个不断变化的过程当中。我们发现这一点的意义不仅在于它客观地认识汉语师资需求的状况,而且还可以预测师资培养的未来空间。所以,我们研究一个国家和地区乃至全球的汉语师资需求的时候必须要客观,不要以静止片面的观点看待,而是以动态、尤其是以超前的眼光来考察未来汉语师资的需求,做到未雨绸缪、超前培养。既要注意量的需求,同时要注意质的层次递进性需求。第四个小问题,国际汉语师资需求具有国别差距性,刚才已经说过现在就跳过了。第五,汉语师资培养需要预测未来需求。人才培养具有周期性,国际汉语师资培养,少则两三年,多则五六年,如果要培养大学的汉语教师时间更长。这就要求我们在设计国际汉语师资培养方案时不能只顾眼前、甚至停留在过去某个阶段,而应该用超前的眼光把握国际汉语师资需求的未来,以便能够培养出能满足未来需求的国际汉语师资。对于国际汉语师资培养的院校来说,我觉得应该找准定位,不要所有学校都培养一个模式的,应该培养细化到面向特定国家和地区、具有较好的针对性的这样的一个师资。比如说面向英语国家的、阿拉伯语国家的、西班牙语国家的、法语国家的、中亚地区的;或者说需求比较大的国家,比如泰国,志愿者需要三千多,那我们师资要指定若干个学校,面向泰国培养。比如说美国、韩国,这样一些稀缺大量师资的国家,应该实施学校定向培养。

下面就进入第三个阶段,超本土国际汉语教师到底是一个什么样的概念。之前我们谈到国际汉语师资培养目标,确实从来没有人提过这个问题,我是看了许多国家的师资需求,尤其是对美国的汉语师资需求的状况做了一个思考之后才提出了这样一个新概念。什么叫超本土汉语教师?超本土汉语教师是指同时具有本土教师和母语教师优势、但同时又克服了二者各自劣势的汉语教师。也就是说同时具有汉语母语者和本土汉语教师具备的语言文化优势,但是基本消除了任教中跨文化交流障碍的教师。实际上,是本土化输入型的汉语国际教师。所以我提出这个概念,基本上排除了本土汉语教师要成为超本土教师的可能性。应该是我们中国的汉语母语的一批人经过系统的专业的培养后,又进入到对象国,进行相当长时间的文化适应,甚至是接触一部分对象国师资培养的教育之后,经历一段时间的适应最后才能变成超本土汉语教师。其实周老师刚才讲的,我觉得他找不到那种中国培养的博士能到美国去担任助理教授岗位的教师,他说要找的,可能没有想到我说的概念,要找的就是超本土汉语教师。目前中国培养的确实达不到那个标准,但是我们可以努力向这个方向发展。超本土汉语教师综合素质既超越了一般输入型汉语母语教师,同时又超越了学生母语和文化背景相同的本土教师在汉语教学和中国文化传播方面展示出了上述两种教师都不具备的优势。因此超本土汉语教师是国际汉语教师的高端形态,未来成为经济社会高端水平国家的汉语师资的优先选择。我们看看今天的美国,我觉得他们聘用的老师基本属于这一类的。本土老师也有但是很少,能够达到超本土水平的老师基本没有。本土教师的优势。他熟悉学习者的语言和文化背景,完全没有跨文化交际的障碍,这是本土教师的优势。母语教师也有优势,那就是对于汉语作为母语的教师,有母语者的天然语感,标准的语音语调以及对中华文化的熟悉和了解。我认为这是本土教师很难达到的甚至是无法达到的。本土教师的劣势是什么呢?主要体现在语言能力听说读写,无法达到母语汉语教师的水平。如果大家感兴趣,我可以举美国顶级的汉语教师专家、他们的典型案例。汉语母语教师的劣势呢,主要体现在对学习者语言的熟练程度不够,对所处的社会文化背景了解得不深入,从而可能导致交际障碍。这个是可以克服的。超本土汉语教师概念的学术意义就是,突破了已有的国际汉语教师的分类:本土汉语教师、汉语母语教师,输入型汉语教师、输出型汉语教师等等。另外，超本土汉语教师概念对已有的国际汉语师资概念、理念和目标均有突破，为高素质汉语师资培养指明了方向。超本土汉语教师更能适应全球化趋势，因为全球化最重要的特点就是建立在国际比较优势上的国际专供，而超本土国际汉语教师的国际比较优势不容置疑。第五，超本土汉语教师与当前中国本土的教师队伍也不矛盾。今天教学中的许多问题正是本土教学先天不足导致的，也许当中国进入真正的世界强国，那个时候中国教师是什么面貌？做一个假设吧。另外超本土汉语教师的强烈需求已经部分地证明了我今天谈到的这些东西。第六，超本土汉语教师最佳培养方式是中外联合培养，比较长的时间在学习者的国家执教、磨炼、文化沉浸与体悟。中央民族大学的培养模式是这种理念下的超本土汉语教师的培养模式，我们通过中外联合培养，使我们的学生能在美国找到四万到五万年薪的工作。我觉得这个是一个走向。

【金利民】

各位专家、各位嘉宾、老师们、同学们，早上好！非常感谢组委会和赵杨院长对我的邀请，邀请我今天来跨界发言。我自己觉得我是跨界，因为我是英语系的毕业生，一直从事的是英语教育。那么今天来谈一些英语专业有可能会为汉语国际教育提供参考意义的经验，或者说是一些经历，我觉得我算是跨界发言。但是我个人觉得，我们还是有一定相关性的。其实，不论是英语教学、德语教学还是在中国的对外汉语教学，都隶属于一个大的学科——外语教学。对外汉语在国外的话，就是属于外语教学，所以我用了双向行车的标志。实际上我们开车都是同样的原则，只不过我们的方向和你们的方向是不一样的，一个是汉语背景的学外语，另一个是外语背景的人学汉语，既有高度相关的一致性，同时也有一些差异性。我们每一个人都要把我们的工作领域放在一个比较大的学科视野下，也许只有这样我们才能找到一个更好的发展途径。

我也想首先厘清一些概念。我觉得有两个概念需要分析一下，一个是外语语言教学，一个是外语专业教学。外语语言教学实际上以教授外国语言为目标，可以是学位课程的一个部分，比如像我们高校的大学外语课程，属于学位课程中的一个部分；同时还有一些外语培训机构，它所提供的是一个外语能力培训。美国的 MLA（Modern Language Association），也就是当代语言协会，他们 2007 年的一份报告认为，这样的培训具有一种工具性的语言观，

instrumentalist view of language，就是语言被当作一种工具。还有一种是在教授外国语言基础之上通过外国语传授语言、文学、对象国相关知识、思想和研究方法形成学位教育，报告中称之为构成性语言观，constitutive view of language。这两个观点的主要区别是：一边是语言被看成交流思想和信息的工具。大家可以想一想，比如说我们的工程、商科等专业背景的人，他们学好外语的目的就是去交流他们的专业思想。而在另一边，语言教学和对象国的思想、文化、历史等等的教学是融合在一起的，是透过这些东西学习语言，透过语言学习了解对象国，是融合式的。所以，我觉得面向未来的汉语国际教育研究生培养就有一个定位的问题：我们到底是培养一个外语培训机构或者大学外语类的汉语教师？还是外语专业的汉语教师？定位不一样，要求也是不一样的。当我们认为语言是思想的载体、是一种价值的体现的时候，语言的教育应该是超越语言技能培训的，既要是一种交际能力的提高、跨文化和跨语言交际能力的提高，同时也是一种思维能力的提高。因为语言和思想永远是并行的，很难说我先把语言学好了再去学思想，往往是在学思想的过程中提升语言的能力。

我今天主要讲四点：第一是英语专业学科定位和专业内涵，通过讲述跨界案例，来看看是不是对我们国际汉语教育有一定的借鉴意义。第二就是讲讲北外英语专业课程体系的改革，过去大概六七年时间我们都在做这个改革。第三，我们要讲相融合的专业课程体系，即 content and language integrated curriculum，这是我们英语专业改革对外语教学的要求。那么未来的汉语国际教育课程体系会不会对汉语教师提出同样的要求呢？这是我要讲的第四点。我不是这方面的专家，仅供大家参考。我讲的更多的是我的领域的东西，跨界宣讲更多的是希望老师和同学能够帮我看看是不是对你们有参考意义。

英语专业其实从新中国成立以后有一定的变化，是一个英语文学专业，还是一个英语语言文学专业，还是一个语言专业？我们现在的专业命名就叫英语专业，很多专家学者都对此提出诟病，有人说应该是英文专业，就是过去的英语文学专业。新中国成立初期的时候我们延用的是新中国成立前的课程体系，英语专业或放在外国文学系，或以英语文学系出现，专业教育偏重文学。如果大家看前几年特别流行的对西南联大的怀想，有很多对各个学科课程体系回顾性的文章，英语也是其中一个。那个时候的英语课程体系和现在的课程体系是完全不一样的,是由当时的时代背景决定的。那个时候进入英语系的人都是有英语背景的学生,在中学的时候很多像钱钟书等人都是经过教会学校学习的,英语水平已经很高了,入学后就开始学习英语文学。但是,50年代,我们的教育向工农开放,结果是英语专业招进了许多零起点的学生。当时借鉴苏联的课程体系,形成了分类的外语技能教学为主的课程体系。这个体系到了80年代发生变化,因为改革开放以后,许多应用型学科需要英语人才。最早开始的是新闻方向,于是就有一个单独的新闻班。再发展就开始有经贸班、法律班、外交班。这些专业都是在英语专业里孵化,到了羽翼丰满的时候,飞出巢穴,这时英语专业发现一夜之间回到貌似没有方向的专业。21世纪初,大家开始质疑单纯语言技能训练不能满足人才培养需求。专家提出一个观点,就是要挖掘英语专业的学科内涵,恢复英语专业人文教育的本质,但是专家没有提出具体的解决方案。在这样的主导思想下,我们英语专业在过去这几年进行了课程体系的改革。

那么,到底英语专业的内涵是什么?英语专业隶属于外国语言文学学科,包括文学、语言学、国别和区域研究三大研究方向。其中,国别和区域研究借用政治学、社会学、经济学、文化研究和历史等领域的研究方法进行对象国相关领域的研究。外语专业的语言技能学习是学科基础,有基础才去学文学、语言学、国别和区域研究相关的内容。但是改革前,英语专业的本科课程体系并没有很好地体现这些学科内涵。在对2006年前的培养方案的分析中可以看出,听说读写译的课程占专业课的76.4%,比英语专业大纲建议的65%还多。结果是,英语专业的学生语言能力非常强,但在思想的深刻性和知识结构的宽广上都有一定的问题。随着学生入学英语水平逐年提高,以语言技能训练为主的课程体系已经不能满足人才培养的需求。目前,汉语国际教育面临的多是基础的语言训练,这个问题还不明显。但是,许多国家已经开始在中学阶段开设汉语课程,当学习者已经有比较高的语言水平了,对外汉语专业就面临类似的培养问题。

2008年我们进行了新生入学英语水平测试。发现学生的差异比较大,听说读写和词汇测试结果都显示出两个不同群体——外语学校毕业生和非外语学校毕业生。外语学校的毕业生已经接受了至少6年的外语专业教育,而非外语学校的学生的水平也大大高于上个世纪80年代和90年代的学生。这样,以技能训练为主的课程体系便对学生的才智挑战不够,一定程度上阻碍了学生认知能力和思维水平的提高。黄源深教授在 1998 年就提出了"思辨缺席症"的概念。在 2010 年,他重提"思辨缺席症",发现这个问题并没有完全解决。在我们的专业领域里也有很多专家关注这个问题,比如文秋芳老师做了外语专业学生思辨能力的调查。课程体系的第二个问题是阶段性目标不是很明确,学生收获感不强。过去,我们的课程都是精读 1、精读 2、精读 3、精读 4、口语 1、口语 2、口语 3、口语 4、听力 1……这样的课程体系,学生知道课程难度是递进的,但并不知道每个阶段的目标是什么。阶段性目标不强的时候,学生就没有特别强的收获感。第三个问题是我们的课程体系不够灵活,不能够满足水平不同的学生的需求。

我们做的改革是突出学科特点,加强人文教育。我们不再从英语专业之外寻找一些应用性学科来进行复合,而是在我们自己的内部,在文学、语言学、国别和区域研究,在内部进行学科发展和人才培养。改革背后的理念是:第一,学科训练很重要。学科是人类自我探究的成果。一个学科有自己的研究对象,比如社会学的研究对象就是人类社会,历史学的研究对象是人类的历史,或者是国别史、断代史等等,还有自己的理论体系和探究方法。学科训练实际上是人类自我认知的一个延续过程。第二,学术英语很重要。教学过程中,以前我们强调通用英语教学,后来我们发现学术英语也是非常重要的。加拿大学者 Cummins 提出了"基本人际交流技能"和"认知学业水平"的区别。基本人际交流技能叫 BICS(basic interpersonal communication skills),认知学业水平叫 CALP(cognitive academic language proficiency)。实证研究显示人际交流技能在对象国生存平均两年就能掌握,但是认知学业语言水平却要学习大概五到七年才能接近母语水平,因为这是一个思想和语言共同提高的过程,难度会更大。第三是输出假设的重要性。Swain 分析了加拿大的沉浸式教学项目的问题以后,提出只有在输出的过程学生才能关注词汇和语法的层面;如果只是输入的时候,他关注更多的是语义层次的东西。第四就是欧盟已经提出来有二十年多年的内容与语言相融合的外语教学方法,就是探索如何在教授其他课程当中教英语。

在这些理念的指导下,我们对 2007 年培养方案进行了调整。首先是改造传统技能课程,实现外语技能训练和能力培养的有机结合。以口语系列课程为例,变成了英语交际口语、人际交流、英语演讲、英语辩论四门课组成。此外,我们还确定了每一个层次口语课训练的能力和教学内容。其次,我们建立了研讨型专业课程,小班授课,使语言技能的训练在专业学习中得到延续。也就是说,语言学习到了高层次就变成了隐性学习,而显性的是某一学科领域的知识。

英语专业教学改革对国际汉语教育专业研究生人才培养的启示是:国际汉语教师应该是外语教学加研究方向的老师——理解外语教学的目标,掌握语言教学方法,在文学、语言学和应用语言学或者中国政治、经济、文化等方面有一定的研究;同时能够讲述中国文化的思维方式和价值体系,这样才能在语言教学的同时帮助学习者了解中国、理解中国。

【赵杨】

我的报告主要是对前几位老师的一个呼应。我个人感觉是,我们在汉语教师培训过程中有一个误区,就是过分注重技能性,好像技能就是一切,这一点非常突出。记得红印老师还是其他什么人说过,只懂技能成为不了优秀的老师,技能还是属于"术"的方面。但是我们目前有这种趋势,我认为是一个误区,就是过分强调技能性。这样做的结果是矮化对外汉语学科,某种意义上甚至可以说是一种庸俗化。给人的印象是,教汉语没什么难的,只要你有点技能就可以了。

我们目前的技能培训注重实用性、操作性和有效性。但是总的来说,我们标准中的这种技能,并不是活的技能而是有关技能的知识,也就是说教的技能未见得能用,更不用说好用,这样就会出现一个情况——"上不着天、下不着地"。我特别赞赏一句话就是"上天落地"。理论"上天",就是要有高度,有抽象性和概括力;应用性与技能性的东西"落地",就是能用、好用。我们现在培训的这种技能"上不着天、下不着地",属于一个中间层,未见得能用,更不用说好用。前一段时间参加中山大学的国际汉语学院建院十周年活动,有学者报告了对出国汉语教师志愿者的调查。得出的结论是这种培训的有效性令人怀疑,培训的东西用不上或者不好用。比如说,针对英国中小学的培训,我们的老师去了以后第一节课就蒙了。为什么蒙了?比如北大附中的老师,好学生、好学校,中国学生循规蹈矩。到了英国一个普通中学,进课堂一看,学生不是在地上跑而是在桌子上跑,完全没有秩序,如何开展教学就是一个问题。学生上完课后投诉,投诉老师的课堂用语,这是教学中的第一关。这一关过不了,往往会引发师生之间的矛盾。但是课堂管理、课堂用语使用这些技能,我们在培训中是没有的。即使有一点儿,也没有多少针对性,要用的东西培训不够,花时间培训的东西不能扎扎实实用上。这里边也有一个矛盾,比如我们培训有一个不太好的口号,让人感觉不舒服:洗脑——让你的脑子换成外国学生或者老师的脑子。这种提法不妥。我们的老师或者志愿者出国是去教汉语、传播中国文化的。出去之前先自我洗脑,你到底是妄自尊大还是妄自菲薄?这里面是有矛盾的。"洗脑"说缺少一种平和的心态。无论是教汉语还是传播中国文化,都是平等交流。我们不能气势逼人地让人接受,也不能自我矮化只赔笑脸。

我们目前的培训还是一种以知识为基础的教师教育,它强调这几方面内容:就是第二语言教师知道什么、第二语言教师如何教语言、第二语言教师如何去教学。后来的社会文化视角教师教育把学习者引进来,内容包括了解教师、认知与社会的关系,教师如何认识自我、如何认识学生、如何认识教学。还提出教师教育是一个动态过程,要能够对当前的教学实践进行重构和改革,使之适应当地和学生需求,既重视内容,也重视过程。到了后方法理论,前年库玛教授在北大连续做了八场讲座,提出二语或外语教师应具备的知识,包括内容知识、专业知识、学科知识、实践知识、个体实践知识、学科内容知识、教学法内容知识,还有课程知识等等,内容比较丰富。

做一个外语或二语教师应该具有什么样的能力呢?早期研究认为外语或二语教师要完成的任务是教授学生语言能力。但是这个语言能力包括的范围比较广,英文是 language competence,既包括乔姆斯基的 competence,即"语言能力",也包括交际能力,即海姆斯的 communicative competence。要教授这种能力,教师本人要具备的,一是教学能力,一是语言能力。首先要具备全方位的语言能力,然后要知道怎么把这种能力教给学生。我们现在强调技能是强调教学能力,但是教学能力没有语言能力的支撑,实际上是不能够完成教学任务的。语感是语言能力的集中体现,培养语感,是培养教师语言能力的重要一环,语感是语言能力的集中体现。语感对于外语或二语教师来说有多重要呢?我认为它是成为优秀语言教师的必要条件。我个人感觉目前我们这方面训练不够,不是说我们研究生阶段训练不够,我们中小学阶段已经有欠缺了。中小学、特别是小学,语文课最重要的一个目的是培养语感。由于这方面做得不够,我觉得现在很多人的语感没有那么敏锐。有时去听课,比如说有些同学代课,举的例子觉得怪怪的。有些时候你觉得这句话不应该这么说,但他意识不到这个问题。留学生这样说的时候,他又强化说

"好""对""做得好"。缺乏敏锐的语感对于一名语言教师来说是致命的,所以我认为汉语教师的知识结构,第一是语言知识,然后是教学法知识,还有一个实践知识。

实践知识很重要。实践知识只有用到之后才有,有群体实践知识和个体实践知识之分。群体的就是作为外语教师群体的知识。怎么获得呢?比如说我们听课,在课堂上获得的体验和知识,是在书本知识的教学法中没有的。这样的知识不是你自己的,它属于作为教师群体的一个个个体,是群体知识。还有就是个体的实践知识。你去试讲也好,上一节课也好,感觉肯定不一样,因为你必须独自面对学生,由此生成你本人对教学的认识。现在为什么提倡做教学日志和叙事研究?因为从教学日志中可以发现你有哪些反思。一个优秀教师应该是一个反思型教师,每上一节课要发现教学上的难点在哪里,重点在哪里。但是在教学中、特别是在外语教学中经常有盲点,这个盲点是参考书没有告诉你的——当然如果告诉你了也就不是盲点了。比如说我在教高级口语的时候,有一个表达对中国人来说没有任何问题:"每隔一段时间"。我那个班 11 个同学分成 4 个组,每个组都提出这个问题:"每隔一段时间"到底是多长时间?我们听到这个短语,觉得它是个问题吗?不是。"每隔一段时间","一段时间"可以是两天、三天,也可以是两周、三周,但是留学生就觉得这很难理解。为什么呢?因为在很多其他语言中,类似表达中的"一段时间"是固定的。比如英语说 every other week 是"每隔一周",是"定期"的。你跟学生解释说可以这样、可以那样,他就会纳闷:怎么到了汉语里定期的变成了活期了?我知道他们的困惑后,跟他们说,从英语的角度理解 every 什么什么是定期;从另外一个角度你也可以理解为 once for a while,这就变成活期的了。也就是在汉语母语者根本不是问题、在教学中可能就是问题。所以一个有经验的老师会记下这样的盲点,在下一次上课时注意做一些解释。

我认为一个语言教师、二语教师、外语教师,非常非常重要的就是语感,也就是语法敏感性。除此之外,作为一个老师很重要的品质就是亲和力。学生喜欢你,这一点非常重要。你往教室一站,学生都不喜欢你,你怎么成为优秀老师?作为一个语言老师,要有语法敏感性。当学生问你问题时,你没有准备,或者备课中没有发现教学盲点的时候,你能用最小配对,把大致区别说出来。除了语感,另一点很重要的就是文化知识,比如文化常识。还有一些汉外对比研究,在初级阶段一些基本的常识就足够了,但是到了高级阶段需要非常丰富的文史知识。而且即使是文化常识,也要特别关注与语言紧密相关的文化。比如汉语中的许多禁忌,不管是好的还是不好的,大多跟语言有关。主要是语音,要有这方面的常识。但是并不要求一开始就上通天文、下通地理,那样做有时反而让教学异化,这是不对的。其实语言使用中的得体性很多都和文化相关,所以要把文化和语言完全剥离开是不可能的,得体性其实就是涉及文化。

刚才周老师也提到一点,文化切忌庸俗化,不要让文化庸俗化。比如公派汉语教师和志愿者面试,每个申请人进来都拿着一个剪纸进来,你就觉得挺可笑的。难道中国文化博大精深就剩下这个东西了吗?关键是我自己也不会,我怎么评判呢?这个东西有没有用?当然说教小孩可能会有用,但是如果问什么是中国文化技能,中国文化技能就是剪纸、中国结等等,我觉得这就有点庸俗化,也是一种矮化。我和金老师都是学英语的,没有感觉外教过复活节时送我们复活节彩蛋、教我们做西餐,好像没有这些东西。所以说语言教学的核心就是语言,如果这点做不好,仅有剪纸、中国结是不行的。刚才周老师说少一些二语习得和教学法的课。很不幸,我就是做二语习得研究的。二语习得研究有一个结论——当然对这个结论有争议,就是教学的作用是有限的。不过这个结论并没有否定教学是有用的,只是说并不是什么都能教会的。大白话就是说,教育不是万能的。这么一说,大家就能接受了。

教育不是万能的,教学的作用是有限的。为什么呢?有几个方面原因:第一,语言学习是一个机制,是一个 mechanism,不管你怎么教,它有自己的发展规律。第二就是语言形式的复杂性,有些东西还真不是教就能教会的。你比方说英语冠词,只要一学英语,第一天起就跟冠词打交道。但是谁能说最后能把这冠词用好?汉语"了"也是这样,它有自身的复杂性。两种语言不同,有一些不同的方面,根据习得的难度等级,有些东西就是比较难学的。在母语中有一种形式,到了目的语中有两种形式,这对于学习者来说就很难,属于分化。当然了,两种语言中,一一对应的东西是最容易学的。但这样的太难找了,即使是专有名词,它的联想义也是不同的。比方说"毛泽东"是个专有名词,这不一样吗?那不一样,联想义肯定不一样,难道说"毛泽东"这个词对中国人的联想义就相同吗?也不同。也不是说不同文化对于某些东西的理解就不一样。相同文化,一种文化之内,差别会更大。还有一点就是,教师的知识与技能,必须通过学习者来发挥作用。我们现在过分强调技能,实际上抛开了学生,抛开了学习者。你的技能要得再好,就像一个演员一样,演技非常高超,就是没打动观众,那有什么用?过分强调技能,我实际上把它看做是语言教学中的对比分析。对比分析客观比较两种语言的差别,然后决定哪些难、哪些容易。技能教学也是客观地看待教学技能,只要有了技能就能教好,否则就教不好。这两种做法实际上都忽略了一方——学习者。对比分析中说两种语言,不同的地方就是难点;现在的研究恰恰是似是而非的地方是难点,不是那些不同的地方。如果两种语言有一个现象完全不同的话,学习没什么障碍。因为有学习者的心理感知,抛开这些东西,客观谈相同和不同是不妥当的。所以呢,教学的作用是有限的。

除了知识和技能之外,我们还需要超越知识与技能的东西。你比方说,教师的责任感与激情,我认为特别重要。责任感体现在什么地方呢?说远点就是为学生身心健康全面发展做贡献。这是一种责任感,让语言教学成为培养学生素质的途径。它不仅仅是语言教学,往前一步说是培养学生综合能力素质的重要方面、一个途径。因为语言之中有多少逻辑啊!语言逻辑,语言与思维……我上节课跟我们研究生说的,语言与高贵。什么是高贵?第一关就是语言。什么是文明?第一关就是语言。语言里有太多太多东西,你把这些东西挖掘出来以后,你真的把这语言教好,就真能够促进学生身心健康全面发展,能够培养学生素质。第二个就是教师要有启发和激励学生的能力,这是特别特别重要的能力。启发与激励学生,这样教师就成了动机源,这一点也就是我们说的一俊遮百丑。这一点好,可能其他地方弱一点,问题也不大。所以这就是一个教师的知识结构。以知识为中心,最高境界是启发和激励学生。

做一个小结。提出这个观点有一个内在逻辑联系——教学的作用是有限的,隐含的意思是教学法、教学技能的作用是有限的;它背后的意思是,没有绝对有效的客观的方法。所以任何教学法和教学活动都必须通过学生发挥作用。除教学法知识与能力外,教师还要具备语言知识、文化知识和激励学生的能力,充分发挥好教学技能。教师教育既要重视教学法知识、实践知识,也要重视语言知识和文化知识,更要注重培养激励学生的能力,成为动机源。我觉得这一点非常非常重要。

我的报告结束,谢谢大家!

第二部分:现场讨论

【主持人徐晶凝】

好,谢谢赵杨老师的发言,谢谢五位专家的发言!刚刚专家发言时间虽然很简短,但涉及的问题已经非常全面了。我自己总结了一下,老师们讨论的比较多的问题集中在研究生培养目标的定位问题。这个定位,老师们的观点也很鲜明,有不同的看法。另外,第二个大家谈得比较多的问题就是我们研究生的课程设置和我们所培养出来的研究生的知识结构和能力结构的问题。老师们也特别强调了有个共识,就是加强人文教育。面临这些问题的解决途径,老师们也比较一致地谈到了一个观点,就是我们要预测我们未来的学习者学习状况的问题来设置我们的课程、培养我们的研究生和人才等等,还谈到了研究生招生入口问题和就业出口的问题等等。研究生整个培养过程中的几个方面都谈到了。下面同学们请抓紧时间,向老师们请教。江新老师!

【江新】

首先是周老师的讲座内容。我特别赞同周老师说的多介绍当代中国的文化,其实这一点很重要。我有个例子,就是我在上博士的时候,接触过一个美国来的本科生,他问我一个问题,涉及独生子女政策。他问我,独生子女政策,一个家庭只有一个孩子,如果生了双胞胎,是不是其中另外一个就要杀死,他说他以前听到过是这样一个情况,你们怎么办?我说没有过,没有这样的事情,不是一个孩子,是一胎。他们就有这样的误解,当然那是90年代初,现在他们是不是能够了解得多一些。但是我不赞同周老师对二语习得研究的看法。因为,当然我的专业,跟赵杨老师都有相似的研究方向,都是第二语言习得,我自己的背景是心理学,在这里边我觉得第二语言习得研究不等同于教学法。我觉得很多时候您把两者并列起来了,会不会您认为它们是一样的东西,还有可能等同于教学技巧那个一招一式的东西。我想这里边有不同层次。我觉得在教师培养当中,赵杨老师讲到的关于教师的知识结构,当然有各种各样的分类,分得有粗有细,实际上讲到有三个方面,一般是学科知识。学科知识对语言教师来说,可能是语言本身的知识、语言学的知识,可能会包括文学文化的知识,就看怎么理解。如果是教中小学,也许有的老师会觉得中国结也许重要。这是一个方面的内容。然后就是教与学的知识。教与学的知识不能靠语言学的课程、文学文化课程来教给学生,需要有二语习得的研究,需要有教育心理学的研究,当然还有抽象意义上的教学法和具体的一些教学技巧。在这个教育学的研究当中,有一般的教育、教育心理学的理论,还有学科教学的理论,这个对对外汉语教学来说,可能应该有针对汉语教学的理论,这些理论不等于一招一式。学生这个时候,刚才好像是朱老师讲到,不能举一反三。问题就在于,当然可能跟学生的素质有关系,但是跟学生在课程学习当中没有掌握教学的理论,只掌握一招一式有关系,所以不能举一反三。不能进行反思的老师,也是因为他反思的基础是从经验到经验,没有以理论作为反思的基础,所以一不会反思,二不知道反思的依据来自哪里,我们的课程没有教给他们。所以我不赞同"二语习得课程太多了"。不是太多了,而是相关的教育学的知识太少了。还有周老师提到第三点,国内培养的博士,现在没有人能够拿到美国的助理教授职位。我想,其实有很多很多因素,我不去分析这些因素。但是我可以跟大家分享我的这个教学当中的经验就是,我们在国内培养的,至少是我们培养的二语习得方向的硕士,可以申请到美国去读二语习得——当然最多的是汉语第二语言习得和汉语教学方面的博士课程,最后他们在美国拿到了助理教授的职位。我想,在美国助理教授的职位,一定要有学科研究的方向和研究能力,不是一个教书匠就可以。所以我们需要有更多的关于第二语言习得的研究。好,谢谢!

【周质平】

  回答问题最突出的方式呢,是要面面俱到。面面俱到当然很好,可是呢,在实际的人生里头啊,往往是"两害相权取其轻",不是"两利相权取其重",在你有限的学习时间和你的精力逐步配合起来。在我看来,二语习得对一个对外汉语老师,这个知识是很重要的。可是对一个对外汉语教学的老师来讲,这部分的知识,在实际运用时是非常有限的。你的受众,即你的学生,所最需要知道的是关于中国,不是关于二语习得的知识。二语习得知识不是咱们的关心所在咱们的关心所在是中国和中文是怎么回事。所以结果,我们的老师,在中国和中文是怎么一回事这方向非常的缺乏;而在那地方——我昨天说的,二语习得基本上是"西学"。你要一个对外汉语教学的老师把他(她)主要的时间花在"西学"上而不是"中学",他对自己应该知道的部分知道得很少,对这部分不是那么直接的需要就花了大量的时间,这个是很不值得的。

【主持人徐晶凝】

不是不要，是要多少的问题。

【金利民】

我理解刚才周老师的观点，因为我们最近也在研究国外的外语院系到底是干什么的，这里面有个教什么和怎么教的问题。国外的外语院系关注的是语文学，有些侧重现当代中国研究。所以，他们关注的是到底中国是怎么回事。我们培训的外语教师，二语习得实际上是给我们一个背景，让我们理解二语习得的过程是什么，这样我们可以知道怎么教授语言。但是，我们学的二语习得，如果作为一个学科方向，它常常不是放在国外的外语院系，而是放在语言学系，所以这样背景的人在外语系里可能比较难拿到教职。

【周质平】

我再加一句话，就是说，对对外汉语老师来说，你不知道 Noam Chomsky、布龙菲尔德，对你是一个好的教师影响很少。从来没听过谁是 Chomsky，没什么关系，真没什么关系，一样可以是很好的对外汉语教师。不知道 Chomsky，影响微乎其微；不知道赵元任，不知道王力，不知道五四运动有胡适、有鲁迅，影响很大！

【江新】

说两句。有可能，一位老师不管他是对外汉语教师还是别的物理、化学、数学教师，如果他教的是中小学生——当然现在不一定是限定在大学了，他作为教师，不懂得人的心理发展规律，不知道皮亚杰，不知道人的智力多元理论，不知道科尔伯格的人格发展阶段理论，效果就不会特别好。我特别赞同赵老师关于动机源的结论。我记得有一段，不是那么清楚了，回忆了一下，就是有这样的一个对教师的描述：普通的教师照本宣科，也就是很差了，说是普通；好的教师会解释得很清楚；那么优秀的教师以身作则，言传身教；卓越的老师激励学生。如果不懂得激励学生的方法，只懂得文化、文学和当代中国的知识，可能不知道让那些在桌子上跑的学生怎么安静下来学习。

【王海峰】

我说两句啊。实际上周老师和江老师，讨论的没在一个层次上，就是一个"教"和"学"的问题；还有像赵杨老师说的，"知"和"用"的问题。周老师可能更注重在教学生中，学生需求什么，我们需要教给学生什么，学生的兴趣点是什么，学生想了解中国的什么，这些是非常实际的一些问题。江老师她的观点呢，实际上就是说在智力层面上的，我们怎么去培养将来的汉语老师。我们培养我们的汉语老师，实际上有些知识，比如说二语习得啊，还有语言学啊，还有教育学等等，这些有一些可能跟我们的实际教学在课堂上没有直接的关系，但它是我们培养学生的基础。如果没有这些基础知识、基础能力，可能就没有动力，或者说没有基本的潜力，将来做汉语教师，他可能动力不足。可能这是两个层面的问题。所以我个人认为体和用、知和用、教和学，这两个方面应该兼顾。如果说，只是一个方面，那可能学生实际教学中用不上。我们只是教给他一些技能，游戏啊、剪纸啊等等，可能学生将来做老师的潜力也不足。我觉得可能兼顾一点更好。

【潘先军】

真理越辩越明。我不希望今天辩论完以后像今天的天气一样，昨天还挺好，辩完以后雾霾又起来了。我的发言不是针对刚才的几位专家的具体问题，我其实也是有像雾霾天一样的困惑。昨天我们讨论了两个方面的事情，一个是说学科——到底归属于哪个学科。后来我私下里跟郭熙老师交流说，你说焦虑啊，不是说归属于哪个学科、属于什么学科，而是你是不是学科——是这么一个焦虑。比如说原来我们叫对外汉语教学，现在改为汉语国际教育，名字都不是了。现在我们是说形而上的培养，还是形而下用的问题。我想起微信上有一句笑话，山东蓝翔说的。如果我们不教学生技能的话，我们跟北大、清华有什么区别？所以过去我们说培养技能，是对外汉语教学理论上说的针对性。崔永华老师昨天说的针对性是指国内的高校学生，但是也不能说你对外汉语研究生来了不能教书，对不对？我想说的是这个意思。现在我们说汉语国际教育硕士，它就是应用型专业，很多高校是来抢这个专业的，抢的部门是谁呢？传统的中文系或者文学院。这是一个方面。第二个方面是外语专业，有的学校把汉语国际教育硕士放在英语专业（部门），那么还属不属于我们这个学科呢？我们培养的人才是能文能武，又能形而上、又能形而下，过去我们对这个学科的认识，到今天这个情况，我们自己要反思。这是我想说的第一个意思，我们的培养跟我们学科的困惑可能有关系。

第二个，我想说的是培养的理想状态和我们现实的差距情况，因为刚才赵杨老师说到培训志愿者。我来北京才一年，马上要满一年。从 2009 年开始，我当时在大连外国语大学承担过这样大量的志愿者培训。现在的问题是什么呢？我们的培养包括那么多理想化的要求，知识结构、训练技巧，各种各样的。但是我们的情况是，汉硕就读两年，一年上课，所以像一些知名院校，像北大、北师大等都把学制改成了三年，但是教指委他们是不太满意这种改法的。汉硕，包括我们的志愿者是一个什么样的结构？我感觉是乱七八糟的，专业背景甚至有学信息技术的，居然还有学财会的，在座的同学我不知道有没有学这个专业的。学外语的还是最靠谱的，就是他们的知识结构能达到什么样。我举一个例子：我在培训过程中认识了一个小孩，是老家一个朋友的孩子，他是云南某高校学法语专业的。因为我们派到每个赴任国的志愿者要跟外语挂钩，而汉硕、中文类的，科班出身，却没有这个语言能力，所以他就被派到法国去了。我还加了他微信，他微信上的内容发的全是在那儿吃什么、玩儿什么，怎么从来就不发他在干什么呢？他能承担起我们赋予的志愿者的工作？培训，我们不能说培训的方案不对。我有一次培训，到了后期上课就是两件事：一件是玩手机，一件是睡觉。你说他能承担起这个教学工作吗？起码的教学都不能承担。吴老师提出的那个培养超本土教师，尤其是那个殖民殖语给我的印象很深。那个超本土呢，后来我想可能就是周老师那样的，还有像我们认识的刘乐宁老师。那么这样的是美国现象，在欧洲也有。我在法国教过汉语，知道有人去的时候只是想出去留学，最后专业选错了。为什么呢？"我"选了法语了，"我"在法国找工作人家都不要我。"我"要学语言，二语习得或者语言教育啊，可能比较之下，专业是谋生的手段。白乐桑先生说，在法国，很多考特级、高级教师证的都是入籍的华人，他们都不是学生。所以按照理想的方式培养，达到目标需要多长时间。像赵杨老师说的，我觉得大家都是理想化的研究，都非常对。但是他们能做到这样吗？就像刚才我说的在法国那小孩儿，他反思吗？还有金老师说的这个情况呢？因为我们本来是隔着这个行当，英语专业你们培养人这样教育。比如说二外，都有小语种，就是除英语之外的，入学的时候是零，学了四年，你要求他怎么样。比如说阿拉伯语，他能说清楚几个音就不错了。因为英语不一样，英语基础比较好，所以培养标准的理想化与现实之间是怎样的关系，这是我的一些困惑。谢谢！

【主持人徐晶凝】

    好，那各位老师有没有回应呢？

【周质平】

我刚才那番话啊，着眼点是在我们培养的硕士、博士、学士。我觉得我们要把他们的方向拓宽，而不是把它收窄。收窄的过程里面，窄的未必深。我们有个错觉，好像窄了就一定深。窄的方向如果不对，会对他以后的职业、要找的工作造成很大的困难。刚才说到不能在美国找到助理教授的，当然这个并不合理。我觉得这个现象存在，合不合理是另外一回事儿。原因主要出在什么地方呢？就是美国的助理教授，没有一个，很少有一个学校可以找教中文的助理教授，没有，这样的工作不存在。你要找一个助理教授的工作，它必须说你要有一个专业的训练。他们不把教中文看作是一种专业训练，而这种专业训练往往是文学或者历史，主要是文学。

【江新】

还有第二语言习得？

【周质平】

很少很少，几乎没有。因为请这个老师都是东亚系，不是语言学系。语言学不会找教中文的，这个工作的缺口都是在东亚系，或者是东亚语言文学系，没有一个这样的缺是在语言学系。

【主持人徐晶凝】

可能现在有，或者它就是叫 modern language department。

【周质平】

那他还是教中文，不是教二语习得。几乎没有，我在那边 40 年，我没有看过这样的缺——我只是就实际情况而言。

【吴应辉】

我回应一下潘先军教授谈的话题，我特别理解他的困惑。我想谈一点看法：就是汉语国际教育硕士培养过程中，包括其他专业的知识和技能。我看大家都比较强调知识——知识和学习，我也是想要谈一下理想和现实的问题。理想很丰满，现实很骨感，两年的时间，要把汉语国际教育硕士培养成为技能很好、同时知识又非常渊博的这样的学者型的教师，我觉得是不可能的。我们只能够做出适当的选择，在兼顾的基础上做出适当的选择。知识要不要学？要学。但是我觉得知识的学习，学生可以通过自己的努力，可以在学习阶段的学习,也可以终身学习,不断训练,不断完善,使自己成为一个非常渊博的学者,可以这样。但是技能是要通过训练才能训练出来的,所以我还特别强调汉语国际教育硕士在有限的两年的学习期间,学校培养他们,应该把技能训练搞好,把他们训练成走上讲台就能够一板一拍的,能够把课上好。周老师所说的匠人,最后要成为专家。我觉得应该是要终身努力,不断学习。

【金利民】

大家提到的问题在外语教学界有很多探讨。刚才潘老师讲的小语种从零开始,课程体系确实不是很一样。但是我隆重推荐北京外国语大学德语系获得国家级教学成果奖二等奖的一个项目,叫做多元动态课程体系,因为德语系也是零起点。贾文键老师,也就是团队的带头人,写了一篇介绍文章,在《中国大学教学》上发表了。德语系也是一个零起点的语种,但他们在高年级的时候融入了学科训练,在学科训练的同时提升外语能力。我觉得周老师可能呼唤的是一种宽口径,因为只有宽口径的人才,才有可能更长足地发展。刚才有个老师讲到了多元人才的需求。既然市场有多元人才的需求,我们有没有可能设计一个课程体系,让理想照进现实,让这个课程体系既满足学生现实的需求,又使他们有进行长足发展的可能呢?比如说,我自己学过英语教学的硕士,在爱丁堡那边学的,就是一年的课程,不单纯是教学法的内容,也有二语习得和课程论的。母语人士和语言水平高的外国人一年就可以完成汉语国际教育方法论学习,那么有没有可能在二年级的时候,让学生修读中国历史、中国文学等等,同时探索如何把文学、历史教学和语言能力的提高结合在一起。我只是在猜想,我觉得要给学生更多元的发展路径。

【魏红】

今天的讨论依然很激烈,其实围绕着今天专家们的发言和刚才的提问,我觉得今天的话题更多的是围绕着我们的专业的专业性问题,就知识和能力的探讨就是专业化的一个话题延伸。我们在座的研究生可能更关注,我们这个专业培养出来的人才今后的出路在哪里。最近我们做过一个调研,是关于我们汉教硕士——其中包括少部分本科学生,对我们汉语国际教育专业认同的一个调查。让我们强烈感受到——可能也是大家意料之中的,同学们十分关注教师职业发展方面的问题。为数较多的同学对就业情况不乐观,也就是说刚进大学来的时候是充满着希望和期待的。刚才潘先军老师说到,他说学生杂七杂八的。但是我们现在招进来的学生中文和对外汉语专业的学生越来越多，占了多数，他们是抱着对这个专业或是一个事业的憧憬选择来的。在学习过程当中，我不知道在座的老师在上课的时候有没有注意到，三分之一的学生可能在想着我要报考公务员或者联系其他一些非对口专业，因为机会多或是工作稳定。三分之一的学生目标不清，可能有个别考博的，这个机会是非常少。有三分之一的同学真正是非常热爱这个专业的，积极地准备志愿者的报考、选拔；但是选拔完，哪怕入选了，三年以后，这个路子可能又会中断，又将面临新的选择或选拔。汉语教师的职业发展情况不容乐观，一定程度上影响了专业化发展。在实际教学中，我们更多地考虑了学生专业方面如知识和能力的打造；但如果学生在就业或职业发展方面，也就是专业人才培养的出口问题遇到了障碍，一定会对专业的发展产生不良影响。所以这方面我想请教几位专家的就是，像周老师在美国，教师的职业化发展情况如何呢？您觉得他们在哪些方面做得好，其中有没有我们目前汉语教师培养中可以借鉴的呢？包括与会嘉宾们了解的其他国家的情况，也希望能介绍一些给我们在座的研究生同学们，让他们看到今后发展的前景。第二个问题，想针对吴应辉老师的"超本土"汉语教师的提法。我跟潘老师一样，马上想到了周质平老师，周老师是不是就是您所认为的"超本土"教师的理想典范呢？还有您讲到"1＋2＋X"模式的实质或内涵跟我们现有一般的做法的差别在哪里？怎样实现您的这样一个目标？谢谢！

【主持人徐晶凝】

好，谢谢魏老师！朱老师请！

【朱瑞平】

我觉得观战很兴奋，参战很刺激。今天，昨天我们讨论的问题特别复杂，出路的问题我觉得确实是一个大的问题。我刚才谈就业理念，吴老师也提到他们跟美国合作1＋2＋X。我们从2007年开始，给美国的两个学校做专业学位2＋1的联合培养。学生在我们这儿读两年，去美国读一年，拿两个学校的硕士学位，拿美国某一个州的教师资格证书，毕业后在美国的中学或者小学正式就业。我们2007年第一次做这样的项目，形势不是很好。2006级的专业硕士去了6个人，这6个人现在都在美国工作。到现在我们每年有25个名额，但去年报名的只有两个，最后成行的也是两个。我想说的是，即使是去美国的中小学就业,也不是我们的学生愿意的,更不用说博士。所以我说,是不是让学生去美国当总统他才会考虑?国外有没有这样的需求?像美国,据我的了解,在中小学还是缺汉语教师的,泰国就缺得更多了。如果专业硕士愿意去泰国就业,难度没有那么大——没有我们想象的那么大。比如说,在座的同学,谁愿意去泰国请举手示意我。还真有!你将来有问题,我可以帮助你啊。

另外,从培养的角度来说,确确实实存在吴老师说的这个问题,就是全球不同的国家、不同的地区处于汉语教育发展的不同阶段,所面临的问题不一样,对老师的需求也不一样。包括周先生特别强调的那些东西,我特别同意。因为我觉得语言教师应该是一个背景知识非常丰厚的教师,否则的话没有办法应付。所以当学生问我这个东西有没有用、那个东西有没有用的时候,我说,作为语言教师,什么东西都有用,没有什么东西是没有用的东西。可是如果在短时间之内,像我们学校一直坚持是三年学制——不同意两年,因为两年我没有办法完成培养目标。那么三年,我们能不能把文学的、哲学的、历史的、文化的、中国当代社会的所有的东西都放进课程里去?有困难。另外,如果这个学生是去国外的中小学就业,我想可能他最急需的,或者说我们最急需给他的就像吴老师刚才提的,可能有一些是属于技能性的东西。当然,我也始终认为研究生的培养不仅仅是技能培训,其实包括刚才潘老师提到的志愿者的培训,也是这样。这里面确实很复杂,理想是一回事儿,现实是另外一回事儿。所以我一直觉得,我在这个位置,作为一个老师,我做好我的事。比如我们培养赴美国和赴英国的志愿者,我们会从美国搬一堆老师来——中小学的老师,很有经验,从课程设置到课堂管理,都有经验。我花钱,因为我们的老师做不了。所以很多时候,我觉得可能有很多问题都存在,但是我们要努力解决我们自己的问题。比如说,很多学校都说,两年专业硕士时间太短了,那你为什么要两年?最早只有我们跟华师大等几个学校坚持三年,现在我很高兴看到越来越多的学校改成三年了。因为三年可能会稍微好一点儿,比如像周老师那个理想的教师必须具备的很多东西,我们就才有可能加进课程里来,否则的话真的没有办法。

【吴应辉】

我先接着朱教授的话题补充一句,然后我再回应一下魏红教授的问题。周老师谈到了对教师的要求,我觉得和培养汉语师资是一个层次。我们不能够把我们大学对汉语教师的要求拿来放在对汉语国际教育硕士身上。我举个例子，我跟美国在北京的项目主任交往比较多，其中有一位项目主任跟我抱怨，现在汉语国际教育硕士怎么质量这么低呀？让他们上课都不行。我说你让他们上什么课？他说，让他们讲一讲哲学中的冯友兰，讲一讲文学当中的张爱玲。后来我说，这不怪人家，因为要讲那些内容，至少应该是博士生。我说，你愿意花大价钱聘博士生去给你上这样的课吗？你说的我还真想起来钱付得不够，因为他聘的人就是汉教硕士，其实就是搞语言训练的，甚至就是简单的操练；而他要求学生上知识素养要求比较高的课程，这个就是小马拉大车。

　　我回应一下刚才的话题。我理想当中的"超本土"汉语教师模范，可能周老师这样的一批，原本是中国人，到了美国以后，通过多元的学习，获得美国籍，成为美国公民的这样一批人。但这不是全部，因为，超本土汉语教师也存在层次性，他们是大学这个层次的超本土教师的代表；我们还有好多中小学的，甚至幼儿园也存在超本土的汉语教师。我们的汉语国际教育硕士，如果能够去美国教中小学，你也可以成为超本土汉语教师，所以我觉得我们在座的汉语国际教育硕士也可以向"超本土"迈进。第二个问题就是我的1＋2＋X模式，我简单说两句。我刚才不敢讲，怕有做广告的嫌疑。但是好在大家都已经是硕士了，没关系。我们1＋2＋X模式是这样的：完整的第一年在我们学院学习，该学的课程都学了，该修的课程都修完了。还有2，就是两个暑假——一般的汉教硕士都是9月份入学，我们的汉教硕士是7月份就入学了，利用暑假，是一个小学期，学习一些课程，主要是请美国的汉语教学专家，还有教育学专家，来给他们上课。第一学年结束了的第二个暑假，主要是美国在北京的一些著名的项目实习，包括周老师的项目里面也有不少学生。到了8月下旬的时候就到了那个"1＋2＋X"的X。这个X可能是一年，可能是一年半，可能还有更长时间，他们到美国我们合作培养的学校去。在第一年当中，他们要考托福、申请所有的手续，在第二个暑假，实习完以后就去美国、到美国学习，继续攻读第二个硕士学位，应该是同时再拿某一个州的教师资格证。我们联合培养的美方学校承认我们12至11个学分不等，这样我们的学生最快1年、最慢1年半拿到中央民族大学的硕士学位和美国某个大学的硕士学位，加美国某个州的教师资格证——主要是中小学的教师资格证，因为大学不需要。这样就便于他们在美国、按照美国的法律在美国公立的中小学当老师。教师资格证满足了这个条件,所以就给他们创造了一个在美国、受美方雇佣的工作机会,而不是说仅仅是志愿者。

【魏红】

你的 X 是已经毕业了的呢,还是没有毕业?

【吴应辉】

没有,这个 X 是它出国学习的时间,可能是 1 年——是 1 年半,甚至还有读博士的。

【魏红】

如果没有取得硕士学位,在国外可以读博吗?

【吴应辉】

一般是联合培养的第三年开始读博,不是在这期间。因为申请读博士也不容易,一般都在拿到学位以后开始。在美国读博士,本科就可以,成绩很优异、材料很扎实,可以直接申请读博士。

【主持人徐晶凝】

好,非常感谢吴老师的分享!我们的时间已经拖后了十分钟了,老师如果有问题,我们会后再跟专家讨论,好吧?那就最后一个问题。

【刘元满】

其实我不是问题。今天这个主题是非常重要的,在座的下面140多位学生都很关心这个问题。刚才也听到各位专家的见解,我觉得培养是一个很实际的问题。就从北京大学对外汉语教育学院来说,过去汉教硕士两年。但是发现两年不行,一年学课程很紧张,七八门课,然后第二年就派出去了,他什么都学不到,写的论文都是很差的。后来我们干脆就做三年,三年可以给学生一个很好的基础,如果说我们能够把他们派到国外——比如说拿到一个资格的话,那可能就业就比较好。但是还是有很多的人是不愿意到国外去的,那他怎么办?我们会发现,很多学生找到了合适的工作——比如说今年我的四个学生,一个去做了建行,一个去做了中国移动,一个去做了税务的公务员,还有一个考了博士。大家可能会觉得,怎么都干得这么乱?但是他们都是通过自己的实力去考试的。所以我想说的是,我们的培养应该给学生一个基本的解决问题的能力、协调合作的能力,还有他们的学习能力,他们毕业后还可以进一步去择业。他有学习能力了,可以和周围的社会很好地融合了,那还怕什么到时找不到好工作?所以我觉得这个是我们培养的一个方向。

【主持人徐晶凝】

刘老师提了下对研究生培养目标的一个看法,谢谢刘老师!好,我们这段讨论就到这儿。我们这段讨论的关键词是现实和理想。我们的现实是这样的。是屈服于现实还是积极地应对现实,怎么样来达到我们理想的目标?这也需要我们的专家去进一步地论辩。也希望在座的各位研究生能够通过今天的这样一场对话能够很好地规划自己的学习计划,知道可以怎样去选修哪些课程。

(录音整理、转写人:陈晨、杜丹萍。经主要发言专家审校。)

日本学习者汉语普通话复合元音的偏误分析

邓 丹

提 要 本文运用实验语音学的研究方法,对初级水平日本学习者所发的13个汉语普通话复合元音与普通话母语者的发音进行了声学对比,考察了日本学习者输出普通话复合元音时的偏误情况。研究发现初级水平日本学习者在汉语复合元音方面的偏误主要表现为音值偏误,比例偏误只是在普通话 ai[ai] 上表现得比较明显。音值偏误主要受到母语负迁移、目的语标记性、对目的语结构认识不清以及《汉语拼音方案》省写形式的影响。比例偏误主要是受到母语负迁移的影响。

关键词 复合元音 日本学习者 习得

复合元音根据其组成的音段数目可以分为二合元音和三合元音。通常二合元音的两个元音性成分中有一个比较突出,有一个不太突出。这就表明单元音与二合元音在音质表现上是不同的,前者的音质单纯、稳定,后者的音质处于动态变化之中(特拉斯克.R.L.,2000)。汉语普通话共有13个复合元音,根据韵腹所在的位置的不同又分为,前响复合元音 ai[ai]、ei[ei]、ao[au]、ou[ou],后响复合元音 ia[ia]、ie[iɛ]、ua[ua]、uo[uo]、üe[yɛ],中响复合元音 iao[iau]、iu[iou]、uai[uai]、ui[uei]。其中前响和后响都属于二合元音,中响则是三合元音。

汉语普通话的复合元音有两个特点:1)舌头的运动是滑动的,音质的变化是连续不断的。2)各元音的音长和音强不相等,其中韵腹最为响亮清晰(林焘、王理嘉,1991:97—99)。杨顺安、曹剑芬(1984:15—22)研究了普通话复合元音的声学特征,研究表明,汉语普通话的介音发音比较到位,有时甚至比相应的单元音还更到位。最后的元音只代表元音滑动的方向或最大目标值,而不是实际的终点。通过合成听辨实验发现,汉语普通话前响复合元音的最佳时长比例为6:4,后响为4:6,中响为4:4:2。

日语只有连续元音,不存在真正意义上的复合元音(李怀塘,1996)。一些研究者(余维,1995;朱川,1981)通过对比汉语和日语的音系,指出了日本学习者学习汉语复合元音时的难点。他们认为日本学习者学习汉语的复合元音并不是很困难,主要的难点在前响二合元音上,受到母语发音的影响,学习者容易将汉语的前响二合元音发成两个等值的元音音段的组合。在后响复合元音中,学习者有时会用日语的拗音来代替。以上研究均是以研究者的听感或少量例证性的实验分析为基础进行的,运用实验手段对日本学习者汉语复合元音习得情况的全面考查的研究还比较少。本文拟对日本学习者对汉语普通话 13 个复合元音的习得情况进行实验研究,分析其偏误类型及产生的原因,以便在教学中采取相应的对策。

1. 实验过程

本文的发音人共 12 名,其中普通话母语者和日本学习者各 6 名,均为 3 男 3 女。普通话母语者均为北京人,平均年龄 20 岁,普通话水平一级乙等。日本学习者平均年龄 22 岁,学习汉语时间平均 10 个月,在中国居住时间 3 个月。

我们选择普通话 13 个复合元音在所有清音声母条件下的 110 个音节组合作为发音的语料,音节尽量选择阴平调,在该音节不与阴平调相配时,取常见搭配调类。在发音材料中所有项目均随机排列,同时以拼音和汉字两种形式呈现给被试。录音在安静的教室进行,用 Cooledit 软件进行录音。

由于头三个共振峰是描写元音的重要声学参数,因此我们首先利用 Praat 软件提取了各个复合元音的前三个共振峰的值,然后对其时长进行了归一,分别对每个复合元音等间距选取了 11 个点的共振峰值。

我们通过对比学习者和母语者的声学空间图和共振峰轨迹图,来对学习者的复合元音的习得情况进行分析。声学空间图是通过提取复合元音中每个音段稳定段的共振峰数据绘制的,由此可以直观地反映学习者的音值偏误。共振峰轨迹图通过提取时长归一后的共振峰数据绘制的。通过共振峰轨迹图既可以直观地反映复合元音各音段的比例问题,也可以通过分析 F1、F2 的高低来考察各音段的音值,但是它对音值的考察没有声学空间图更直观。因此本文主要通过声学空间图分析学习者的音值偏误,通过共振峰轨迹图分析学习者的比例偏误。

2. 实验结果

元音的 F1(第一共振峰)与舌位高低相关,舌位越低,则 F1 越高。元音的 F2(第二共振峰)与舌位前后相关,舌位越后,则 F2 越低;同时,F2 还与圆唇有关,唇越圆,F2 也越低。F3(第三共振峰)与元音的卷舌化有关,舌尖越上翘,F3越低;同时,F3也与软腭下降有关,软腭降得越低。F3也越低。由于本文没有涉及卷舌元音,在讨论时主要针对前两个共振峰进行分析。男女性别的差异,导致其共振峰频率也存在差异。本文的研究发现男性和女性发音人的实验结果类似,为节省篇幅,下文仅列出男性发音人的实验结果。其中普通话母语者(Chinese Male Speakers)简称 CMS,日本学习者(Japanese Male Speakers)简称 JMS。

2.1 前响复合元音

首先对日本学习者和普通话发音人发的 4 个前响复合元音的 F1 和 F2 分别作了一元方差分析,结果见表 1。从表中可以看出,除了 ao[au]的韵尾[u]外,学习者与母语者的其他前响复合元音的发音在舌位的高低或/和前后维上均存在差异。图 1 是日本学习者和普通话发音人发的 4 个前响复合元音的声学空间图。图 2—图 5 分别是各元音的共振峰轨迹图。

表 1　JMS 与 CMS 前响复合元音的方差分析结果

	ai 韵腹	ai 韵尾	ei 韵腹	ei 韵尾	ao 韵腹	ao 韵尾	ou 韵腹	ou 韵尾
F1	3.50	81.31**	26.09**	27.13**	33.21**	2.40	22.79**	43.57**
F2	18.78**	28.79**	18.40	5.37*	39.98**	3.88	4.54*	5.75*

(**表示在0.01水平上显著,*表示在0.05水平上显著)

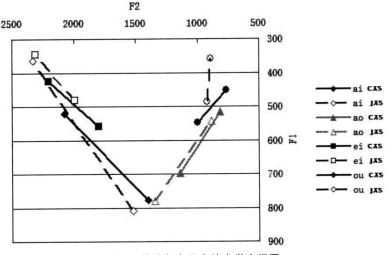

图 1　前响复合元音的声学空间图

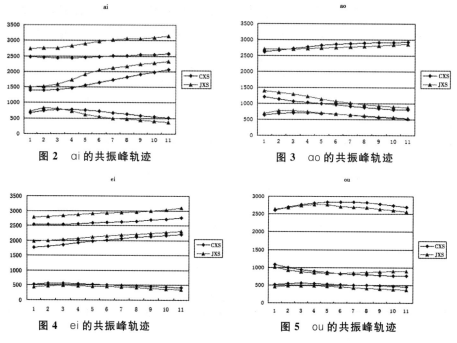

图 2　ai 的共振峰轨迹　　　　图 3　ao 的共振峰轨迹

图 4　ei 的共振峰轨迹　　　　图 5　ou 的共振峰轨迹

方差分析的结果表明，日本学习者和普通话母语者 4 个前响复合元音的音值差异比较显著。对比图 1 我们发现，学习者的发音中，ai[ai]的韵腹[a]比母语者略前，韵尾[i]比母语者前且高。ao[au]的差异主要表现在韵腹[a]上，学习者比母语者偏前偏低。学习者 ei[ei]的韵腹[e]偏高，韵尾[i]偏高、偏前。学习者 ou[ou]的韵腹[o]比母语者略偏高、偏后，韵尾[u]则明显比母语者偏高、偏前。由于 F2 既与舌位的前后有关又和圆唇有关，普通话[u]是个圆唇元音，日本学习者在单元音[u]的习得中存在圆唇度不够的问题（王韫佳、邓丹，2009），因此我们认为学习者发的 ou[ou]的韵尾[u]比母语者偏高、偏前且圆唇度不够。

通过分析各复合元音的共振峰轨迹图可以看出：日本学习者 ei[ei]的共振峰轨迹和母语者基本接近。对比 ai[ai]的共振峰轨迹（图 2）可以看出，学习者从[a]到[i]的转折点比普通话发音人早。这说明日本学习者对普通话复合元音 ai 中[a]和[i]两个音段的比例关系掌握不好，学习者发的韵腹[a]的稳定段较短，从[a]到[i]的转折点开始较早。ao[au]的共振峰轨迹图显示，学习者和母语者 F1 基本重合，F2 均表现为由高到低的滑动，只是前半段学习者的共振峰值高于母语者。由于轨迹图中 F1、F2 的高低主要反映的是音值的大小，因此我们认为学习者和母语者 ao[au]的差异主要表现在音值上而不是比例上。学习者和母语者 ou[ou]的共振峰轨迹的差异主要表现在，母语者的 F1、F2 均表现出从[o]到[u]逐渐下降的趋势,而日本学习者的共振峰则表现出前窄后宽的变化。这说明从音值上看学习者和母语者[o]和[u]两个元音音段均存在差异。

2.2 后响复合元音

表2是日本学习者和普通话母语者后响复合元音F1和F2的一元方差分析结果。统计结果显示,学习者与母语者的发音除了在uo[uo]的韵腹[o]上的差异不显著外,其他后响复合元音各音段上的差异均是显著的。图6是学习者和母语者后响复合元音的声学空间图。图7—图11分别是各元音的共振峰轨迹图。

表2 JMS 和 CMS 后响复合元音的方差分析结果

	ia		ie		ua		uo		üe	
	介音	韵腹	介音	韵腹	介音	韵腹	介音	韵腹	介音	韵腹
F1	5.54*	0.29	10.70**	0.44	7.31*	0.87	14.70**	0.12	3.75	1.51
F2	2.48	12.49**	6.44*	5.93*	4.83*	10.30**	8.01**	1.87	8.22*	38.55**

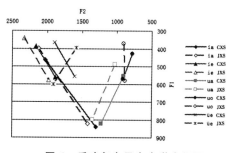

图6 后响复合元音声学空间图

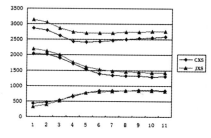

图7 ia 的共振峰轨迹

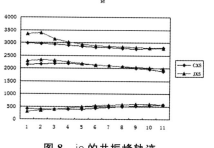

图8 ie 的共振峰轨迹

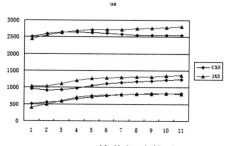

图9 ua 的共振峰轨迹

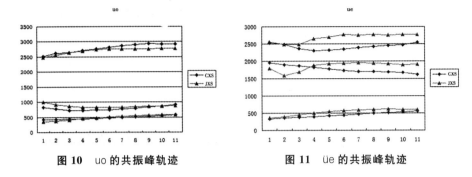

图 10　uo 的共振峰轨迹　　　　　图 11　üe 的共振峰轨迹

方差分析的结果表明,日本学习者和普通话母语者的 5 个后响复合元音的音值差异均比较显著。对比各元音的声学空间图我们发现,学习者的发音中,iɑ[ia]的介音[i]略偏高,韵腹[a]偏前。ie[iɛ]的介音[i]比母语者偏高、略偏前,韵腹[ɛ]也略偏前。学习者 uɑ[ua]的介音[u]偏前其圆唇度较低,[a]比母语者略前。uo[uo]的介音[u]的发音比母语者略高、前且圆唇不够。üe[yɛ]的介音[y]的圆唇不够,韵腹[ɛ]比母语者偏前。

通过分析各复合元音的共振峰轨迹图可以看出:日本学习者 iɑ[ia]、ie[iɛ]的共振峰轨迹和母语者基本接近。学习者和母语者 uɑ[ua]的差异主要表现在,除第一个点之外,学习者的 F2 都高于母语者,尤其是介音[u]的部分,这种差异更明显。这说明日本学习者 ua 的偏误主要是音值偏误。母语者 uo[uo]的 F1、F2 均呈现从[u]到[o]逐渐上升的趋势,而日本学习者则表现为前宽后窄的形状,这说明学习者和母语者两个音段均存在音值差异。学习者和母语者 üe[yɛ]的共振峰轨迹上的差异主要表现 F2 上,学习者的 F2 的开始的部分出现了一个向下的弯曲。二合元音都是由两个音段组成的,在共振峰上一个音段向另一个音段的滑动只会出现倾斜的直线形轨迹,有明显的弯曲出现说明此处应该是三合元音。这说明日本学习者对 üe[yɛ]音值掌握不准确,介音[y]的发音不稳定,发音类似于复合元音。由于 F2 主要和舌位的前后有关,这也表明学习者的此处的舌位出现了从前向后然后又由后向前的滑动。

2.3　中响复合元音

表 3　JMS 和 CMS 中响复合元音的方差分析结果

	iao			iu			uai			ui		
	介音	韵腹	韵尾	介音	韵腹	韵尾	介音	韵腹	韵尾	介音	韵腹	韵尾
F1	0.1	3.5	0.04	1.5	3.1	1.4	0.5	0.01	18.9**	9.6**	38.2**	26.5**
F2	2.6	3.3	1.8	0.8	8.0*	1.6	17.8**	6.8*	17.4**	84.8**	58.4**	10.4**

表 3 是日本学习者和普通话母语者 4 个中响复合元音 F1 和 F2 的一元方差分析结果。统计结果表明,学习者与母语者的 iao 的发音差异不显著,iu 的韵腹的发音差异显著,而 uai 和 ui 的介音、韵腹和韵尾各个音段的发音均存在显著差异。图 12 是学习者和母语者中响复合元音的声学空间图。图 13—图 16 分别是各元音的共振峰轨迹图。

方差分析的结果表明,学习者和母语者 iao 和 iu 各音段的差异基本不显著,但是 uai 和 ui 的差异则比较明显。结合图 12 和图 13—16 我们可以看出日本学习者 iao[iau]的共振峰和声学空间都与母语者的基本接近,说明日本学习者较好地掌握了 iao 的发音。其他三个复合元音 iu,uai,ui,学习者和母语者的差异较大。

日本学习者 iu[iou]的发音和普通话母语者的差异为:学习者的 F2 的下降程度比普通话发音人小。图 12 显示普通话发音人发 iu 时舌位会出现先从高到低然后再从低到高的变化,而学习者的舌位只表现出了从高到低的滑动,转折的程度不明显。这说明日本学习者三合元音[iou]的发音中,韵腹[o]的发音不明显,发音类似于二合元音。

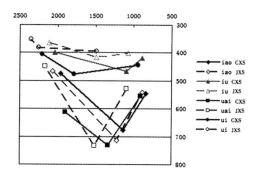

图 12 中响复合元音的声学空间图

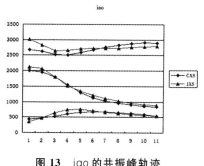

图 13 iao 的共振峰轨迹

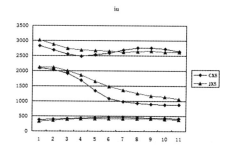

图 14 iu 的共振峰轨迹

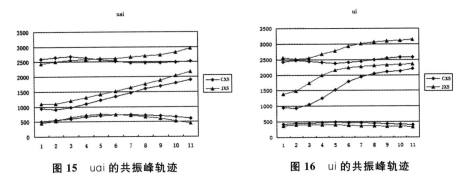

图 15　uai 的共振峰轨迹　　　　图 16　ui 的共振峰轨迹

日本学习者 uai[uai]的共振峰走势和普通话发音人基本一致,这说明日本学习者对 uai 的各音段间的动程和比例关系掌握得比较好。但是图 12 显示学习者 uai 的各音段的发音均比普通话发音人偏前,介音[u]的圆唇不够,而且韵尾[i]还明显偏高。

日本学习者 ui[uei]的共振峰和普通话发音人的差异为:学习者 F2 上升的程度没有普通话发音人高。图 12 显示普通话发音人发 ui[uei]时舌位会出现先从高到低然后再从低到高的变化,而学习者的舌位只表现出了从高到低的滑动,转折的程度不明显。这说明学习者三合元音[uei]的发音中韵腹[e]不明显,发音类似于二合元音,介音[u]偏高、偏前且圆唇不够,韵尾[i]也偏高、偏前。

总之,在四个中响复合元音中,学习者 iao 和 uai 各音段的比例关系基本和母语者一致,但是在 iu 和 ui 中,学习者普遍都把它们当成二合元音来对待导致比例偏误。另外在 iu,uai,ui 还存在音值偏误。

3. 讨论

本文主要考察了初级水平日本学习者产出汉语普通话 13 个复合元音时的偏误的情况,研究发现日本学习者发的普通话复合元音的偏误主要表现在两个方面,即音值偏误和比例偏误。音值偏误比较普遍,在各类复合元音中均有所表现,比例偏误主要出现在 ai[ai]中。本文实验分析的结果和前人(余维,1995;朱川,1981)的研究有所不同。前人指出的"在普通话前响复合元音中日本学习者容易受到母语的影响,发成两个等值音段的组合",这种现象在我们的实验中,只在 ai[ai]上有所表现,在其他复合元音上的表现不明显。另外,本文的研究也表明,和单元音相比,初级水平日本学习者在复合元音上的偏误并没有减少,音值偏误仍然普遍存在于各个复合元音之中,这说明汉语普通话的复合元音仍然是日本学习者尤其是初级阶段学习者学习的难点。

3.1 复合元音中的比例偏误

邓丹(2011)对美国学习者学习普通话复合元的偏误进行了分析。研究发现,美国学习者对复合元音中各音段之间的比例关系掌握不好,由此造成的比例偏误在普通话后响和中响复合元音中广泛存在。而本研究对日本学习者的研究发现,日本学习者在普通话复合元音中比例偏误出现较少,主要是出现在前响二合元音[ai]中。不同母语背景的学习者在普通话复合元音上的比例偏误表现不同,究其原因主要是受到母语语音系统的影响。

日语中虽然不存在真正的复合元音,但是日语有半元音和元音组合成的ヤ行音[ja]、[jɯ]、[jo]和ワ行音[wa],而且ヤ行还可以在前面加辅音构成拗音,这和汉语的后响复合元音的音系特征相似。从历史上看日语的拗音起源于带有介音 i 的汉字音读(李怀墉,1996)。由此我们认为虽然在日语中并不存在类似汉语的带有介音的后响复合元音,但是日语ヤ行音、ワ行音的发音特点和语音表现和汉语的后响复合元音相似。而英语中的双元音发音时两个音段之间在音值饱满和时长上的区分非常明显,韵腹发音饱满、时长较长,而韵尾发音不到位,时长较短。英语双元音的发音特点和汉语的前响复合元音类似。英语和日语两种语言的音段组合时发音特点的不同,造成了母语背景不同的学习者在学习汉语复合元音时偏误表现的不同。日本学习者的比例偏误主要体现在前响复合元音上,而美国学习者的比例偏误则主要集中在带有介音的后响和中响复合元音上。

本研究的结果也表明,日本学习者的比例偏误并不是像前人(余维,1995;朱川,1981)预测的那样在所有前响复合元音中都存在,而是只出现在普通话 ɑi[ai]上。李怀墉(1996)指出,日语中没有真正意义上的复合元音,只有连续元音。他把日语中的连元音分为两类:第一类是两个元音之间有弱的声门清塞音[ʔ]或浊擦音[ɦ]作为音渡。这类连元音中各元音的音色比较鲜明,复元音的倾向不明显。第二类是两个元音之间没有音渡,发音动作连贯,舌头由前面的元音滑动到后面的元音,这类元音发音时复元音倾向明显。前面的元音比较紧张,音色比较响亮,后面的元音比较松弛,音色不太响亮。音势表现为前强后弱。但是在日语中有复合元音倾向的第二类连元音仅限于第一个音段为 ɑ 或 o,第二个音段为 i 时的元音组合,即日语中只有[ai]和[oi]的组合有复合元音的倾向,而其他元音相连时与复合元音有着明显的不同。但是和汉语的前响复合元音相比,日语的连元音是两个元音的暂时性结合,而汉语的则是一个整体,从各元音音段的时长分配来看,汉语中作为韵尾的 i 比日语中的元音 i 要短(李怀墉,1996)。正是因为日语中有复合元音倾向的只有[ai]和汉语的复合元音[ai]相似,所以日本学习者的发音中只有[ai]容易受到自己母语的影响出现比例偏误。本文通过实验研究发现,日本学习者在汉语普通话前响复合元音的发音中,只有 ɑi 受到其母语相似发音的影响出现比例偏误,而这种比例偏误并没有扩展到其他前响复合元音上。这也从另一个侧面表明日语中的连续元音虽然有复合元音的倾向,但是日语母语者更倾向于把它当作音段和音段的组合而不是整体的结构来存储,这也表明日语的连续元音和真正的复合元音是不同的。

　　Flege(1987)的语音学习模型(SLM)指出,二语学习者的发音主要受到母语迁移的影响,和母语相似的音素比陌生的音素更难习得。SLM 的研究主要是基于单音素习得的研究。本研究主要关注音段组合在二语语音习得中的表现。通过比较美国学习者和日本学习者对汉语复合元音的习得表明:二语学习者对音段组合模式的习得与单音素的习得不同。对于音段与音段的组合来说,母语和目的语中相似的音段组合模式比陌生的音段组合模式更容易习得。而对于母语和目的语不同的音段组合模式来说,两种语言中都存在的相似音段组合比相异音段组合更难习得。

3.2 复合元音中的音值偏误

　　本文的结果表明,日本学习者在普通话复合元音中的偏误主要集中在音值偏误上。这说明单元音音段的发音是复合元音的基础,单元音掌握不好,同样会影响复合元音的发音。学习者复合元音中的音值偏误归纳起来主要有:

　　1)[u]、[y]作韵头时容易出现偏误,表现为[u]的圆唇度不够,[y]的舌位不稳定。

　　2)二合元音中[a]、[e]作韵腹时容易出现偏误,主要表现为[a]偏前、偏低,[e]偏高。三合元音中的韵腹[o]、[e]容易省略,发音不清楚。

　　3)[i]作韵尾时容易出现偏误,表现为[i]偏高、偏前。

　　日本学习者在复合元音中出现音值偏误的原因,可以从以下几个方面加以分析:

　　一是来自于学习者母语的影响。学习者发音中的音值偏误出现较多的是普通话[u]音段。这主要是由于日语中存在一个和汉语相似但又有明显不同的音段[ɯ],学习者容易用母语的发音来代替。日语[ɯ]和汉语u[u]相比,舌位偏央圆唇度较低。日本学习者在汉语复合元音中u[u]音段的偏误主要是受到了母语[ɯ]的影响。

二是受到语言标记性的影响。对于初级阶段的学习者来说目的语音素的标记性越强,习得难度越大(Eckman,1977)。汉语普通话的ü[y]是一个标记性强的音素,日语中没有与之相似的对应物,学习者较难掌握它的发音。初学者发单元音ü[y]常见的偏误是发成类似的复合元音[iu](王韫佳、邓丹,2009)。本研究中的被试都是初级水平,所以韵头[y]的发音和单元音[y]一样,存在发音不稳定的现象。

三是对目的语的语言结构认识不清。在学习者的音值偏误中还有一个比较常见的就是学习者的韵尾[i]往往较普通话发音人偏高、偏前。汉语普通话复合元音由介音(韵头)、韵腹和韵尾构成。韵腹是一个音节的核心,发音一定要到位。介音和韵尾虽然都不是音节的核心,但二者的音系地位不同,介音和声母的关系更为密切,发音要求一定要到位,而韵尾则和韵腹的关系更为密切,韵尾只是代表了元音滑动的方向,不是发音的终点(王洪君,1999;杨顺安、曹剑芬,1984)。日语中没有真正意义上的复合元音,日语中的一个音段就是一个发音目标。因此学习者发音时如果对汉语的音节结构认识不清,就容易套用其母语的结构来发音,以致造成了他们发的普通话的韵尾过于到位,对于[i]来说就表现为比普通话发音人偏高、偏前。在普通话中同样可以做韵尾的另一个元音是[u],虽然学习者发的普通话的[u]容易受到母语中相似元音[ɯ]的影响存在音值偏误,但是学习者韵尾发音过于到位的现象有的时候在[u]上也有所表现。这主要表现在从单元音的音值来看日语[ɯ]比汉语[u]偏低、偏前、圆唇度低,但是在复合元音尤其是ou[ou]中,作为韵尾的[u],学习者的偏误则表现为偏高、偏前、圆唇度低。在单元音和复合元音的发音中,学习者在舌位前后和圆唇度上的偏误一致,但在舌位高低上则不同。学习者在复合元音ou中[u]的发音比母语者舌位还高的现象更加表明学习者对普通话复合元音的结构认识不清,导致出现韵尾的发音过于到位的偏误。

四是《汉语拼音方案》的影响。日本学习者在iu和ui中的偏误主要是受到《汉语拼音方案》的影响。《汉语拼音方案》中把[iou]、[uei]标写成iu,ui,学习者在发音时容易受到字母标音的影响丢掉了中间的韵腹。普通话[iou], [uei]在发音时舌位都要经历先由高到低,然后再由低到高的曲折过程。虽然中间的韵腹受声调的影响比较大,阴平和阳平中韵腹的发音较短,只有在上声和去声中韵腹的发音比较明显,但他们和真正的二合元音[iu],[ui]的发音还是有区别的。真正的二合元音[iu],[ui]在发音时舌位的高低保持不变,只是在前后进行滑动,也就是说不必出现普通话三个元音中的[o]/[ə],[e]这样的过渡音。所以拼音方案将[iou],[uei]省略成 iu,ui,不容易使学习者认识到普通话这两个音的发音特点,从而出现韵腹丢失的偏误。

参考文献

邓　丹(2011)美国学习者汉语复合元音的偏误分析,《汉语教学学刊》(第7辑)15—26。
李怀埔(1996)《日语语音答问》,商务印书馆。
林　焘、王理嘉(1991)《语音学教程》。北京:北京大学出版社。
特拉斯克. R. L. (2000)语音学和音系学词典。北京:语文出版社。
王洪君(1999)《汉语非线性音系学》。北京:北京大学出版社。
王韫佳、邓　丹(2009)日本学习者对汉语普通话"相似元音"和"陌生元音"的习得。《世界汉语教学》,第2期,262—279。
杨顺安、曹剑芬(1984)普通话二合元音的动态特性。《语言研究》第1期,15—22。
余　维(1995)日汉语音对比分析与汉语语音教学,《语言教学与研究》,第4期,123—141。
朱　川(1981)汉日语音对比实验研究,《语言教学与研究》,第1期,42—56。
Eckman, F. R. (1977) Markedness and the contrastive analysis hypothesis, *Language Learning*, 27, 315—330.
Flege, J. E. (1987) The production of "new" and "similar" phones in a foreign language: Evidence for the effect of equivalence classification, *Journal of Phonetics*, 15, 47—65.

邓　丹
北京大学对外汉语教育学院
dengdan@pku.edu.cn

留学生汉语语块教学:借鉴与突破

孔令跃

提　要　显性语块教学是学习者语块习得必不可少的重要途径。目前国外二语语块习得和教学研究在教什么语块和如何教这两个问题上有大量的研究成果可供借鉴,而国内相关的研究却很匮乏。本文在简述国外相关研究成果,并对留学生汉语口语语料中语块习得使用进行分析的基础上,探讨留学生汉语语块教学研究的突破点。作者认为至少应包括以下4个与语块教学紧密相关的方面:留学生各类汉语语块习得状况研究、《汉语水平词汇与汉字等级大纲》收"语"存在的问题研究、汉语语块教学干预实验研究、汉语语块教学法或模式研究。

关键词　语块教学　语块习得　借鉴　突破点

目前,在国外语言学、一语与二语习得、心理语言学和语料库语言学等多个研究领域内,语块都已是一个前沿研究热点。这些领域的语块研究大大推动了人们对语言本质、语言习得发展和语言加工的深入认识。比如,基于语料库的统计分析发现,自然语言中大量存在着语块这类语言单位,它们不是语言的边缘成分,而是语言习得和创造性规则建构过程的基础,也是二语水平的标示(Ellis,2012;Forsberg,2010;Tomasello,2003)。语块研究与认识的深化自然也影响了二语教学。一个显著的变化趋势就是当前出版者在词典和二语教材编写上都越来越重视真实性,而真实语料中自然包含大量程式化语块。在教学过程中,教师和学生也都会有意识地使用很多有助于接触语言程式性的手段方法来提高学生对语块的接触和掌握(Meunier,2012)。尤其在最近10年间,在国外二语教学领域内产生了大量语块教学干预研究,进一步推动了语块的有效教学。

与此相反,在国内对外汉语教学领域,汉语语块的研究总体进展缓慢,明显滞后于国外语块研究。基本上还处于介绍性研究阶段,侧重理论讨论,缺少实证研究。研究范围主要限于语块理论介绍,汉语语块分类,语块在对外汉语教学中的价值与作用、应用的探讨等方面(如亓文香,2008;钱旭菁,2008;吴勇毅、何所思、吴卸耀,2010;薛小芳、施春宏,2013;周健,2007)。汉语语块的习得和教学研究却极其有限(孔令跃,2012;孔令跃,2013;孔令跃、史静儿,2013;李慧,2013;苏丹洁、陆俭明,2010;杨金华、李恒敏,2011)。仅有语块理论探讨或简单的语块分类研究远远不够,无法为开展有效汉语语块教学提供必需的研究支撑。为了更好地借鉴国外该领域的研究成果,推动留学生汉语语块教学实践和研究,接下来我们首先简要概述国外语块习得和教学两方面的主要研究发现,然后对13万多字的留学生口语语料中的语块使用情况进行分析,最后结合这两部分的研究探讨留学生汉语语块教学对国外研究的借鉴和目前可能的突破口。

一 二语语块的习得研究发现

大量研究都已证实,语块能减少语言获得、生成和理解过程中的记忆负担,增加说话者语言的输出速度和流利性,使表达地道自然,对语言交际与习得起着重要作用(Pawley & Syder,1983;Wray,2002)。但是对于二语学习者来说,习得和掌握语块很有挑战性。例如,个案研究发现学习者随着目的语的长时浸入,也能在语块习得上有明显进步,但进度非常缓慢(Li & Schmitt,2009)。而教学环境下的研究也发现,大多数情况下二语者语块的掌握很差,表现在两个方面(Granger,1998;Howarth,1998;Laufer & Waldman,2011;Nesselhauf,2003;Pawley & Syder,1983;孔令跃、史静儿,2013)。第一,高级二语学习者一般已掌握不少语块,但语块知识总体上差于他们掌握的词汇知识(甚至生僻词),也落后于他们的总体语言流利度;而且他们的语块感知意识很差,语块辨识能力远远满后于母语者。第二,与母语者相比,高级二语学习者在语块多样性及数量上的掌握存在着明显差距。高水平二语学习者往往过度使用一小部分他们经常使用的语块,尤其是高频语块。学习者在目的语的词汇搭配使用上存在的问题尤为明显。他们确实使用很多高频搭配,但常常不能正确使用,不知道什么情况下该使用;他们不使用很多低频但联结性强的搭配。他们的目的语中最主要的问题是存在着大量不合适的词汇搭配。

二 二语语块教学研究发现

1. 是否需要显性的语块教学?

很明显,面对学习者,甚至是高级阶段学习者的语块习得表现,研究已经表明显性的语块教学必不可少。至少包括以下三个原因。首先,大量二语习得研究已经表明"教学"至少能改变二语习得,那么,教学中也应该教语块,这至少是有用的。其次,从语言习得的过程来看,成功的语言习得都离不开大量有效语言输入。大量输入自然目标语是提高语块习得的前提,而课堂教学是一个有效输入途径。最后,如下文内容所述,目前也已有大量的语块教学干预实验证明语块教学能够促进学习者语块的掌握。

2. 语块教学干预实验研究发现

这里只重点介绍一些关于语块教学干预实验研究。Jones & Haywood(2004)做了一个专门目的英语的探索性教学实验。他们使用了读写等各种实验任务,然后对学习者进行前测和后测,发现学习者10周后对语块的意识有较大提高,能识别出大量语块。而且,一些学习者能输出更多语块。Boers等人也进行了一系列的语块教学实验(Boers & Lindstromberg, 2012)。他们的研究主要检验了三种语块教学干预手段的教学效果(分别为提升语块意识、使用词典与语料库查找语块和语块学习策略培养)。研究有以下重要发现。首先,学习者通过语言接触来学习语块需要大量重复。这一结果强调语言学习中频率的作用,即学习者需要尽可能多的识记和使用语块。其次,提升学习者的语块意识对语块识记有重要作用,结合有意学习等其他因素能产生更好的学习效果。比如告诉学习者学习的语块知识将是测验的内容能使他们更重视语块的学习,语块识记效果更好,保持时间更长,测验中正确回忆和使用的比例更高。第三,通过查词典或语料库的方式有助于培养学习者学习的自主性,但也受到学习者的学习意愿或者自身工具使用能力的影响。最后,对语块进行字体加粗或颜色标注、做词汇索引等不同的学习策略对语块学习有显著作用。

以上研究发现表明,对于语块这一重要的语言单位,不能认为学习者仅仅靠自然接触就能学会(如个案研究所表明的那样)。如果没有相应的明确教学,学习者的语块掌握会很困难很缓慢。语块应该整合到教学大纲和教学材料中,甚至在很大程度上也需要整合到语言测验中去。

3. 语块教学实践面临的问题

如果显性的语块教学成为一种必然的话,需要考虑的问题是如何进行语块教学。在实际中,语块教学中面临着许多现实难题。这些问题基本可以归结为3点,即教哪些语块？怎么教？教多少？(Granger,1998:159)。这几个问题始终贯穿整个语块教学过程。前两个问题目前有更多的研究关注。

3.1 教哪些语块？

自然语言中的语块数不胜数,挑选哪些语块进行教学是一个棘手的问题。不同的研究者有不同的看法。依据语块理论,曾提出词汇教学大纲的几位著名学者,如 Lewis(1993,1997)认为教学的重点是搭配、固定表达、句子框架之类的多词语块；Nattinger & DeCarrio(1992)则认为语言教学的最理想单位是词汇短语(lexical phrase)；而 Willis(1990)主张教高频词的常见搭配(如 way in "by the way, the best way of")。这些学者认为,学习这些类型的语块能促进学习者掌握程式语知识并培养从中分析抽取语法知识和规则的能力,所以它们是语块教学的重点。Jones & Haywood(2004)在他们的教学实验中发现,例如 the purpose of 这样的名词短语最易学习掌握,所以他们建议应设置一个有难度梯度的语块列表进行教学。另外,有的研究者认为,即使高级水平的学生也掌握不了常见的语块(尤其是搭配),所以教学应教高频常用的语块,如动名搭配短语(Nesselhauf, 2005)。Boers & Lindstromberg(2009)认为语块挑选不能只基于频率标准,还要考虑语块内部成份间的搭配联结强度(如搭配类语块),和语块的可教性。可教性是指语块本身具有的语言属性是否有利于对语块进行精细化深入加工(elaboration),如语块的语义韵(semantic prosody),意象性(imagery/Iconicity)或语音重复等都属于此,这些属性有助于语块的记忆。Boers 等研究者认为高频语块在语言材料中频繁出现并易被学习者注意到,学习者自动就会去学习,所以应把有限的教学时间应用于中等频率的语块上(Boers, Deconinck, & Lindstromberg, 2010)。总起来看,语块的功能、频率、难度、类型、易记性等都是选择语块时要考虑的因素。

3.2 如何教？

在目前的文献中,研究者所探讨的语块教学方法主要有如下这些(Meunier, 2012)。(1)促进提升语块意识,并进行有意学习。研究者使用各种方法让学习者意识到语言材料中的语块,并进行有目的语块学习。(2)采取多种促进语块识记和保持的策略。这些策略包括如下这些具体方式,如使用印刷排版技术标注(如斜体、粗体、下划线、显亮、颜色),或者使用数据库和自然语言处理技术来促进语块字体标示(如电脑自动化把大量搭配或语块标粗标亮出来)。(3)对语块进行词源学详释(etymological elaboration),应用较多的是解释习语的修辞义,促进学习者对习语的理解和识记。(4)充分利用语块的意象性(imageability,mental picture)。(5)使用语音重复法,包括头韵法(alliteration——day dream, good as gold, blind as a bat),辅音相同(my kind of guy),半押韵(rat race),尾韵(go with the flow)、音素重复(gas mask)以及节奏等语音突显性特征来帮助语块的学习。(6)使用视觉媒介物帮助,如图片。(7)背诵(verbatim text memorization)。(8)使用数字工具和语料库,通过查找学习语块。这些方法都有助于提高语块的教学效果。

4. 语块教学法探索

语块教学法是指在教学过程中,运用语块理论,对二语中的语块加大教学力度,使学生掌握其语法、语境和语篇意义,然后通过对大量语块的反复讲授和习练,充分调用学习者已有的语言知识和认知能力,把词汇学习和语法学习结合起来,从而提高学习者语言综合运用能力的一种教学方法。语块教学是在语块理论指导下的实践活动,是把语块理论应用于二语教学并能丰富应用语言学的学科理论(亓文香,2008)。

国外早在90年代已经有研究者提出实施词汇(语块)教学法并对二语教学产生了重要影响。如 Nattinger & DeCarrio(1992)提出了"词汇短语法(lexical phrase approach)",Lewis(1993,1997)则提出了以词汇为教学中心的词汇法(the lexical approach)。词汇法所持的主要观点认为,词汇是语言的基础,语言结构和词汇是一个从完全自由到完全固定的词汇组合的连续体,语言不是由传统的语法和词汇构成,而经常是由现成的多词语块(multiword prefabricated chunks)构成。词汇作为交际的基础具有重要性,词汇应当成为语言教学的中心。在语言教学中,要打破词汇和语法的界限,把词汇(包括单词和大量多词语块)作为语言教学的中心。语言教学应该侧重于语块教学而不仅仅是单词教学。其重要任务是加强学生的"块"意识和培养学生正确组块的能力。教学中的语块包括词汇短语、成语、各种强弱搭配以及固定和半固定的习惯表达法。其中搭配和习惯表达法是语块中最重要的类型,因为它们对促进语言理解起关键性作用,也是语言表达流利和地道与否的重要因素。

虽然语块教学法给二语教学带来了新的理念、方法和冲击,但是自语块教学提出到目前为止的二十多年内,它仍面临一些亟待解决的问题(徐泉,2010)。比如,需要(1)制定具有操作性的词汇法教学大纲(包括词汇语块表);(2)编制以词汇法为指导思想的教材;(3)研究词汇法的课堂教学程序、方法和策略;(4)探究词汇法教学的评价体系。这些问题的研究状况决定着语块教学法未来的发展和运用。

三　留学生汉语口语语料中的语块输出分析

在目前的语块习得研究中,研究者多以语料库研究方法(corpus-based approach)为主,通过各种手段收集高级学习者(non-native advanced-learner)的语料,分析他们在语块上的使用情况,然后借助于大型通用语料库与母语者语料进行比较,得出母语者与非母语者在语块运用上的差异(孔令跃、史静儿,2013)。在对外汉语教学领域,当前并没看到类似基于语料的研究,以及关于留学生语块习得数量的直接统计分析数据。这不利于我们对汉语语块的教学问题做深入探讨。因此,在本部分中,我们尝试对小型的共 13.5 万字的高级阶段留学生汉语口语语料进行分析,考查留学生的语块使用情况,为后文的讨论提供进一步的支撑。

留学生汉语口语语料主要收集自高级口语课堂教学中的留学生口语报告和即时辩论。我们主要分析考察留学生汉语口语语块的习得数量、类型及使用的准确性等。分析中使用自编的语块检索软件对语料进行检索,同时结合人工干预进行。最后分析结果如下:(1)语块习得数量偏少,在 13.5 万字的口语中介语料中只有 367 个不同类语块,总计使用 1613 次。全部语块见附录部分。因为目前国内并没有公开可用的大型通用汉语母语者口语语料库,所以无法通过对比方式检验留学生的语块习得数量等情况。基于这个原因,我们尝试用另外一种方法予以检验。《家有儿女》是一部流行的中国家庭情景剧,非常口语化,且每一集的对话中都出现大量的语块,比较符合我们的研究目的。我们在对电视剧台词转写的基础上统计语块。经粗略估计,每集台词数约在 3000—3500 个字左右,每一集中约出现各类语块最少 17—20 个。这样,与《家有儿女》相比,若以 40 集约 13.5 万字,每集约有各类语块 17—20 个计,高级水平的留学生口语语料中出现的语块要比汉语母语者少甚至一半以上。这个差距还是比较大的。(2)所习得的语块类型不均衡但体现口语特点,口语习用语、成语和框架式语块较多且数量接近(分别为 101、100 和 98 个),三字惯用语有 30 个,谚语 24 个,其他常见固定搭配或专有词汇有 14 个。(3)语块使用的准确性比较高,总计 1613 次使用中,正确使用次数为 1550 次,正确率为 96.1%。在使用有误的语块中,成语的错误程度最高,总体正确率为 85.2%。其中占总数 25%(25 个)的成语使用出现错误,其正确率只有 57%。此外,口语习用语的正确率也较高,达到 98.7%,其中只有 5 个口语习用语的使用出现少数错误。对于框架式语块,正确率达到 96.4%,其中只有 9 个出现误用,但其正确率仍达到 90.5%。

这些结果一方面表明留学生虽然语块的掌握数量不足,但类型多样且能正确使用已学会的口语语块。其中,成语是留学生学习的难点。需要指出的是,这一语料中分析得出的高正确率需要结合其他研究结果来进一步看待。使用认知实验范式进行的高级水平留学生口语习用语块使用研究发现他们的正确率在45%—58%之间(孔令跃、史静儿,2013)。比较合理的推测是,本口语语料显示出的高正确率可能更多反映的是留学生口语表达中的一种倾向,即他们更倾向于使用他们有把握的那些语块,所以使总体的正确率显得比较高。

四 留学生汉语语块教学:借鉴与突破

从前文可以看出,与国外研究相比,国内汉语语块的习得和教学研究虽非空白一片,但也只是刚刚迈出第一步,在研究广度和深度方面都还存在着很大差距。国外的语块研究范围广泛,辐射到包括语言学、习得、认知、语料库和教学等多个领域。研究者探索具体的语块问题但视野又不局限于此,而是把语块研究置于更高层面的语言研究背景中,尝试深入探讨语块与语言能力、语言使用、语言改变或语言模型建构的关系等问题,所以各个领域的研究互相影响,互为促进,能形成合力而推动语块研究的快速深入发展(参考 Pawley, A. 2007.)。反观国内,目前有少量的汉语语块分类本体研究较为深入,但这对于汉语语块的教学来说远远不够。还需要更多包括习得、认知和教学领域的关注和更多研究的开展。因此,充分借鉴国外研究的思路、方法和成果,开展和推动汉语语块教学与研究势在必行。在借鉴的基础上,我们认为目前留学生的汉语语块教学研究可以优先选择以下几个方面作为突破口。这些方面都与汉语语块教学实践紧密相关,而且也符合国外语块研究的总体进展趋势。具体如下所述。

第一,进一步开展留学生汉语语块习得研究,了解汉语学习者各类语块的掌握情况及存在的问题,以使语块教学有的放矢。国外二语语块习得研究使用多种方法(如语料库对比方法、个案法、语料偏误分析法等)对各类语块(如搭配、习语、交际套语等)进行研究,较深入地揭示了学习者英语语块习得的过程、规律和面临的困难,这有助于了解学习者不同阶段语块习得的认知特点,确定语块教学的重点类型,使语块教学的实施更具有针对性。目前对外汉语教学领域的语块习得研究非常匮乏,不同水平的留学生和不同类型的汉语语块的习得情况还不清楚,留学生汉语语块的习得过程、特点、规律更是无从谈起。若有这些基础性的研究成果作为支撑,汉语语块的教学实施将会更容易和有针对性。本文中基于语料的分析研究表明高级阶段留学生口语语块的习得数量的确远少于母语者,其中成语是留学生学习的难点。这意味着有必要开展汉语语块教学,使用合适的方法针对性地加大该语块的输入量等。但这些只是初步的探讨,未来研究应进一步探讨各类语块的习得情况。

第二,进一步深入探讨《汉语水平词汇与汉字等级大纲》(下称《大纲》)收"语"存在的问题,确定大纲收"语"的标准和可供选择的教学语块列表,为语块教学提供大纲层面的依据和指导。

国外研究者已尝试制定词汇教学大纲,突显语块在教学中的重要性。即使目前还面临大纲操作性方面的问题,但这种尝试已对语块教学产生了显著的影响(Willis, 1990; Nattinger & DeCarrio, 1992; Lewis, 1993, 1997; Boers & Lindstromberg, 2009)。对于汉语语块教学来说,同样也需要这样的大纲来进一步明确留学生教学中语块的重要性和地位,推动语块的教学与研究。目前,国内汉语词汇和汉字等级系列的规范性水平大纲是《汉语水平词汇与汉字等级大纲》,它是对外汉语教学总体设计、教材编写、课堂教学和教学测试的重要依据,也确实收录了一部分的语块。但是《大纲》收语明显存在一些问题。如有研究指出《大纲》收"语"的类型和成语的收录标准都不太清楚(李红印,2005)。从对外汉语教学的实践需求来看,还需要更深入探讨。比如,《大纲》所收录的语块数量是否足够,收录的类型是否全面,每一类型下的收录标准是否清楚,收录的各类语块有无代表性,是否适用于对外汉语教学等等都还有待查考。未来的研究应该进一步借助各类口笔语语料,考查《大纲》收"语"的数量、类型设置和收录的量化标准,为教什么和教多少语块提供《大纲》层面的标准和依据。

第三,开展语块教学干预实验,探讨汉语语块教学的有效方法和策略。如前文所述,国外已有大量相关研究用实验手段验证了多种语块教学方法的有效性。这些方法是否适用于汉语语块教学还不得而知。我们目前只检索到一篇关于汉语多词组配语块教学的实验研究论文,但该研究中没有提及任何国外相关研究背景或做任何结合性的探讨(杨金华、李恒敏,2011)。从推动和深化汉语语块教学研究的目的出发,未来的研究若能立足于当前语块教学研究的大背景并把国内外同类研究结合起来探讨将更有价值。在目前阶段,至少可以考虑直接借鉴国外相关干预研究中的方法与思路,开展汉语语块教学干预实验来检验这些方法的教学效果,以探讨汉语语块教学有效方法。

第四,进行汉语语块教学法或模式的研究。国外自90年代产生的语块教学法已为二语教学和语块教学带来了深远影响。最近几年,国内对外汉语教学界开始有研究者提出用于语法教学的构式语块教学法,并予以实验证明(苏丹洁,2011)。此外,基于对外汉语语块教学理论构想,我们也初步提出对外汉语高级口语课的语块教学法尝试(孔令跃,2013;亓文香,2008)。但整体上来说,即使教学法或教学模式的研究对汉语教学质量的提升和整个学科的发展都具有重要的意义,目前国内的研究重视程度仍远远不够(马箭飞,2004)。一个完整的教学模式至少应该包含理论基础、教学目标、操作程序、实现条件和评价五个要素。对于汉语语块教学法或模式的研究来说,这五个因素中的每一个都有待进一步深入探讨。比如,汉语语块教学法的重要环节(如操作程序、实现条件和评价)就是重要的研究课题,而作为实现教学目标的重要条件的语块教学内容(包括大纲)目前的研究还只是刚刚起步。汉语语块教学法或模式的深入研究既需要上述几方面的研究成果做基础,也将能系统整合这些方面的研究并推动其更加深入,因此着眼于教学法的研究具有重要价值。

我们认为这 4 个方面的研究对进行有效汉语语块教学来说必不可少,也与当前国外语块研究的总体趋势一致。在国外已有大量研究成果可供借鉴的前提下,应该充分利用这些研究所体现出的思路方法来推动汉语语块研究与教学。

参考文献

孔令跃(2012)留学生汉语口语语块理解的个案研究《汉语教学学刊》第 8 辑。

孔令跃(2013)高级汉语口语教学:问题、研究与对策,《汉语学习》第 5 期。

孔令跃、史静儿(2013)高级汉语学习者汉语口语语块提取运用研究,《云南师范大学学报(对外汉语教学与研究版)》第 3 期。

李红印(2005)《汉语水平词汇与汉字等级大纲》收"语"分析,《语言文字应用》第 4 期。

李　慧(2013)对外汉语教材中语块的呈现方式及其改进建议,《云南师范大学学报(对外汉语教学与研究版)》第 2 期。

马箭飞(2004)汉语教学的模式化研究初探,《语言教学与研究》第 1 期。

亓文香(2008)语块理论在对外汉语教学中的应用,《语言教学与研究》第 4 期。

钱旭菁(2008)汉语语块研究初探,《北京大学学报(哲学社会科学版)》第 5 期。

苏丹洁(2011)构式语法教学法的实质——以兼语句教学及实验为例[J]《语言教学与研究》第 2 期。

苏丹洁、陆俭明(2010)"构式—语块"句法分析法和教学法,《世界汉语教学》第 3 期。

吴勇毅、何所思、吴卸耀(2010)汉语语块的分类、语块化程度及其教学思考,《第九届世界华语文教学研讨会论文集第二册语言分析(2)》台北:世界华文出版社。

徐　泉（2010）外语教学研究视角下的语块：发展与问题，《中国外语》第 2 期。

薛小芳、施春宏（2013）语块的性质及汉语语块系统的层级关系，《当代修辞学》第 3 期。

杨金华、李恒敏（2011）语块及其在对外汉语教学中的应用——关于中级口语课进行语块教学实验的报告，《海外华文教育》第 2 期。

周健（2007）语块在对外汉语教学中的价值与作用，《暨南学报（哲学社会科学版）》第 1 期。

Arnaud, Piere J. L. & Sandra Savignon. (1997) Rare words, complex lexical units and the advanced learner. In J. Coady & T. Huckin (Eds), *Second language vocabulary acquisition* (pp. 157—173). Cambridge: CUP.

Adoplphs, Svenja & Valerie Durow. (2004) Social cultural integration and the development of formulaic sequences. In N. Schmitt (Ed.). Formulaic sequences. Acquistion processing and use [*Language Learning & Language Teaching* 9] (pp. 107—126). Amsterdam: John Benjamins.

Boers, F. & Lindstromberg, S. (2009) *Optimizing a lexical approach to instructed second language acquisition*. Palgrave Macmillan.

Boers, F., J. Deconinck & S. Lindstromberg (2010) Choosing motivated chunks for teaching. In: S. De Knop, F. Boers and T. De Rycker (eds.), *Fostering Language Teaching Efficiency through Cognitive Linguistics*, 239—256 Berlin/New York: Mouton de Gruyter.

Boers, F. & Lindstromberg, S (2012). Experimental and Intervention Studies on Formulaic Sequences in a Second Language, *Annual Review of Applied Linguistics*, 32, 83—110.

Ellis, N. C. (2012). Formulaic language and second language acquisition: Zipf and the phrasal teddy bear. *Annual Review of Applied Linguistics*, 32, 17—44.

Forsberg, F. (2010). Using conventional sequences in L2 French. *IRAL*, 48, 25—51.

Foster, P. (2001). Rules and routines: a consideration of their role in the task-based language production of native and non-native speakers. In M. Bygate, P. Skehan, & M. Swain (Eds.), *Researching pedagogic tasks: Second language learning teaching and testing* (pp. 75—93). London: Longman.

Granger, S. (1998). Prefabricated patterns in advanced EFL writing: Collocations and formulae. In A. P. Cowie (Ed.) *Phraseology: Theory, analysis, and applications* (pp. 79—100). Oxford: Oxford University Press.

Howarth, P. (1998). The phraseology of learners' academic writing'. In A. P. Cowie (Ed.), *Phraseology: Theory, analysis, and applications* (pp. 161—86). Oxford: Oxford University Press.

Jones, Martha A. & Sandra Haywood. (2004). Facilitating the acquisition of formulaic sequences: An exploratory study in an EAP context. In N. Schmitt (Ed.). *Formulaic sequences. Acquisition*, processing and use. (pp. 269—300). Amsterdam: John Benjamins.

Laufer, B., & Waldman, T. (2011). Verb-noun collocations in second language writing: A corpus analysis of learners' English. *Language Learning*, 61, 647—672.

Lewis, M. (1993). *The lexical approach: The state of ELT and the way forward*. Hove, England: Language Teaching.

Lewis, M. (1997) *Implementing the Lexical Approach: Putting Theory into Practice*. Hove, England: Language Teaching Publication.

Li, J. & Schmitt, N. (2009) The acquisition of lexical phrases in academic writing: A longitudinal case study. *Journal of Second Language Writing* 18: 85—102.

Lorenz, G. (1999). *Adjective intensification-learners versus native speakers: A corpus study of argumentative writing*. Amsterdam and Atlanta: Rodopi.

Meunier, F. (2012). Formulaic Language and Language Teaching. *Annual Review of Applied Linguistics*, 32, 111—129.

Nattinger, J. R., & DeCarrico, J. (1992) *Lexical phrases and language teaching*. Oxford: Oxford University Press.

Nesselhauf, N. (2003). The use of collocations by advanced learners of English and some implications for teaching. *Applied Linguistics*, 24: 223—242.

Pawley, A., & Syder, F. H. (1983). Two puzzles for linguistic theory: native like selection and native like fluency. In J. C. Richards & R. W. Schmidt (Eds.), *Language and Communication* (pp. 191—226). New York: Longman.

Pawley, A. (2007) Developments in the study of formulaic language since 1970: a personal view. In P. Skandera (Ed.), *Phraseology and Culture in English* (pp. 3 — 34). Berlin: Mouton de Gruyter.

Tomasello, M. (2003) *Constructing a Language: A Usage-Based Theory of Language Acquisition*. Harvard University Press.

Willis, D. (1990) *The lexical syllabus*. London: Harper Collins.

Wray, A. (2002) *Formulaic language and the lexicon*. Cambridge: Cambridge University Press.

孔令跃

北京大学对外汉语教育学院

lingyue@pku.edu.cn

英语母语学习者汉语成语理解策略研究

马乃强

提　要　汉语成语的理解是对外汉语教学的重要环节;尤其在中高级阶段,正确地理解汉语成语是学习者掌握真实、地道汉语的关键。在对外汉语教学领域,以实验为基础的汉语成语理解实证分析还比较少,还缺乏对学习者汉语成语理解策略的调查研究。本文借鉴以往英语成语理解的研究思路,以中高级英语母语学习者为研究对象,以语境中的汉语成语为实验材料,采用有声思维的实验方法,重点考察学习者汉语成语理解过程,分析学习者汉语成语理解的基本策略,进而提出为对外汉语成语教学带来的启示。

关键词　汉语成语　英语母语学习者　有声思维　理解策略

　　近年来,成语的理解与加工一直是心理语言学家和认知语言学家重点研究的领域(Gibbs 1992,1997;Titone & Connine 1994,1999;Libben & Titone 2008;王文斌、姚俊 2003;徐盛桓 2006a,2006b;张辉 2003 等),主要围绕成语的分解性和隐喻性等中心问题,探索成语理解的影响因素和基本策略,既有对母语者成语理解模式的假设,也有对学习者成语加工模式的调查。Cooper(1999)研究证明,在第二语言教学环境下,英语学习者采用母语者成语理解模式的特征并不明显;英语学习者在理解英语成语过程中采用的理解模式是一种启发探索法(a heuristic approach),运用多种理解策略逐步推断出成语的内在意义。国内英语教学界以中国英语学习者为对象进行英语成语理解的实证研究,探讨成语理解过程中的加工策略(林维燕 2006;唐玲 2009),也证实 Cooper(1999)理解策略的有效性。在对外汉语教学领域,以实验为基础的汉语成语理解实证分析还比较少,还缺乏汉语成语理解策略与理解模式的调查研究。我们借鉴以往英语成语理解的研究思路,以英语母语学习者为研究对象,以语境中各种结构类型的汉语成语为实验材料,设计有声思维实验,考察对外汉语教学中学习者汉语成语理解的基本策略。

一 研究问题

无论是英语母语者还是汉语母语者,他们在面对成语时都可以几乎不假思索就给出成语的意义,而学习者则因为语言能力的差距在遇到不认识的成语时会表现出较为明显的劣势。为了获取相对可靠的成语意义阐释,学习者必须想象出一系列可能的成语意义,仔细思考成语任何可能的含义,同时需要考虑成语的上下文语境、成语的字面意义以及学习者在目标文化中的亲身体验。正是因为学习者理解成语的思考过程不是瞬时的而是可以跟踪的,我们才可以运用有声思维的方法跟踪学习者面对成语时的思维过程,从而得以考察学习者理解成语的基本策略,进而描述学习者的成语理解模式。

我们借鉴 Cooper(1999)的研究思路,运用有声思维的研究方法,对英语母语学习者理解汉语成语的策略进行分析,调查语言水平、结构类型和语境效应等影响汉语成语理解的因素,以期探寻学习者理解汉语成语的基本模式。综合以往研究结果,我们提出以下研究问题:

(1) 英语母语学习者理解汉语成语主要采用哪些策略?
(2) 英语母语学习者成功地理解汉语成语主要采用哪些策略?
(3) 第二语言教学中的英语成语理解模式适用于汉语成语理解吗?

二 实验设计

2.1 实验材料

实验主要探讨英语母语学习者理解汉语成语的基本策略,因此我们不考虑出现频率太高的成语,也尽量排除太过生僻的成语。实验测试采用的 20 条汉语成语全部选自《商务馆学成语词典》(杨寄洲、贾永芬 2010),包含汉语成语的各种结构类型(对称性成语和非对称性成语各 10 条),在 CCL 现代汉语语料库中出现的频率大于 100 次小于 1000 次,在 HSK 动态作文语料库中出现的频率大于 1 次小于 10 次。

表 1　实验选用的汉语成语

序号	成语	结构类型	CCL 现代汉语语料库例句	HSK 动态作文语料库例句
1	悲欢离合	动+动	286	1
2	赤手空拳	定中+定中	225	2
3	愁眉苦脸	定中+定中	358	4
4	东张西望	状动+状动	365	2
5	耳闻目睹	主谓+主谓	343	2
6	发人深省	兼语结构	397	4
7	高瞻远瞩	状动+状动	531	4
8	刮目相看	状动结构	884	2
9	刻骨铭心	动宾+动宾	422	7
10	扣人心弦	动宾结构	257	3
11	目中无人	主谓宾结构	123	5
12	燃眉之急	定中结构	453	1
13	手忙脚乱	主谓+主谓	358	6
14	首屈一指	动宾结构	449	3
15	提心吊胆	动宾+动宾	543	5
16	五体投地	主谓结构	240	4
17	喜怒哀乐	形+形	420	6
18	袖手旁观	状动结构	343	9
19	易如反掌	形补结构	157	3
20	捉襟见肘	连动结构	330	1

2.2　被试

实验被试是以英语为母语的中高级成年汉语学习者,共有 13 人(其中男 11 人,女 2 人);他们在本国都有两年左右的汉语学习经历,来自美国、澳大利亚等英语国家(其中 1 人为华裔),现在中国大学学习汉语。在日常生活中被试能够用汉语跟周围的朋友、同学进行交流,属于中高级水平的汉语学习者。

表 2　被试的基本信息

被试	年龄	性别	国籍	学习汉语年限	级别
1	22	男	美国	二年半	高级
2	23	男	美国	二年半	高级
3	23	男	美国	二年	高级
4	22	男	美国	二年	高级
5	20	女	澳大利亚	二年	高级
6	23	男	美国	一年半	中级
7	24	男	美国	一年半	中级
8	24	男	美国	二年半	高级
9	22	男	美国	二年	高级
10	24	男	美国	一年半	中级
11	22	女	美国(华裔)	二年	高级
12	21	男	美国	二年	高级
13	23	男	美国	二年半	高级

2.3　实验方法

实验采用有声思维的方式,测试成语(包含成语出现的上下文语境,例句均选自《商务馆学成语词典》(2010))以卡片的形式展现给被试,考察母语为英语的汉语学习者识别汉语成语的理解加工策略。有声思维是一种成熟的普遍采用的进行质化研究的方法,Olson,Duffy & Mack(1984)指出其关键是"让被试汇报他们的即时反应,而不是对自己的行为进行解释;应该让被试说出他们正在想什么,而不是之前如何想"(转引自 Cooper 1999)。我们采用有声思维的方法,通过被试理解汉语成语过程中即时的有声思维报告观察被试理解汉语成语的思维活动,分析被试理解汉语成语的基本策略,由此推测被试对汉语成语的理解加工过程。

根据 Cooper(1999)的研究,有声思维实验共分三个阶段进行:(1)训练阶段;(2)热身阶段;(3)有声思维任务。在训练阶段,我们用汉语向被试说明实验的目的、要求和做法,说明成语理解成功与否和实验结果无关,我们所关注的只是他们理解汉语成语的过程。在热身阶段,被试尝试识别两个用于预测的汉语成语的意思,在此过程中我们观察被试是否真正地理解有声思维任务的要求,同时也让被试身心放松,为有声思维任务的顺利进行做好准备。在有声思维的任务中,我们向被试随机出示 20 张写有汉语成语及其上下文语境的卡片,要求被试用汉语说出汉语成语的意义。

实验过程持续 30—50 分钟,我们采用单独测试取样的方法,使用录音笔记录被试的有声思维报告。

实验数据收集说明详见附录。

三 数据转写与处理

实验共收录到有声思维材料 13 段,以 MP3 格式保存,总时长约为 8 小时 20 分钟。我们首先将有声思维录音材料转录为文字材料,形成有声思维言语报告,总共约 23000 字。借鉴 Cooper(1999)的研究方法,我们使用 T 单位(T-UNIT,即语法意义上最短的句子结构)处理文字材料,23000 字共划分为 1249 个 T 单位。我们对数据的分析与考察分为两个阶段:先根据 1—3 分三个等级为被试对每个成语的理解进行整体评分;然后再以 T 单位为基础分析被试在成语理解过程中采用的基本策略并进行整理分类。

为了增加数据分析与考察的信度,我们邀请另外一位经验丰富的对外汉语教师作为第二分析员。两位分析员独立评分并分析理解策略;统计结果显示两位分析员之间整体评分的一致性达 97%(相同项/所有项×100%),理解策略分析的一致性达 88.7%(相同项/所有项×100%);最后两位分析员对意见有分歧的部分进行讨论以达到 100% 的一致性。

3.1 成语理解评分

以有声思维报告为基础,我们为被试对每个成语的理解进行整体评分,分为 1—3 分三个等级:3 分为完全正确;2 分为部分正确;1 分为错误/不知道。

表 3 成语理解整体评分

序号	成语	结构类型	平均得分	标准偏差
1	悲欢离合	动+动	1.77	0.60
2	赤手空拳	定中+定中	2.15	0.55
3	愁眉苦脸	定中+定中	2.54	0.52

续表

序号	成语	结构类型	平均得分	标准偏差
4	东张西望	状动+状动	2.69	0.48
5	耳闻目睹	主谓+主谓	2.46	0.78
6	发人深省	兼语结构	1.92	0.76
7	高瞻远瞩	状动+状动	2.15	0.69
8	刮目相看	状动结构	1.77	0.73
9	刻骨铭心	动宾+动宾	2.77	0.60
10	扣人心弦	动宾结构	2.31	0.75
11	目中无人	主谓宾结构	2.08	0.76
12	燃眉之急	定中结构	1.85	0.80
13	手忙脚乱	主谓+主谓	2.38	0.77
14	首屈一指	动宾结构	2.08	0.76
15	提心吊胆	动宾+动宾	2.92	0.28
16	五体投地	主谓结构	2.38	0.65
17	喜怒哀乐	形+形	2.31	0.63
18	袖手旁观	状动结构	2.46	0.78
19	易如反掌	形补结构	2.77	0.44
20	捉襟见肘	连动结构	1.92	0.64
平均得分			2.28	

3.2 成语理解策略

成语理解策略的命名和分析方法参考英语成语理解的有声思维研究,同时兼顾汉语成语的自身特点,具体包括:

(1)准备性策略

RP(低声重复或重述),如"燃眉之急":燃,但是不知道,知道那个"然";急,着急,焦急的"急"。(被试8:T1)

DA(讨论和分析成语),如"五体投地":我觉得五体是很多体,so excessive,在游泳?(被试5:T8)

RI(询问字词意思),如"发人深省":深是什么意思?(被试13:T1);再如"高瞻远瞩":高什么远什么?(被试8:T1)

(2) 猜测性策略

GC(根据上下文猜测),如"发人深省":意思是他从这么好的大学毕业,但是他又这么地位不太高的工作,所以让一个人觉得…(被试1:T3);再如"提心吊胆":妻子非常焦急,妻子不喜欢飞机,每次坐飞机,妻子觉得,哎呀,很危险。(被试5:T4/T5)

LM(根据成语字面意义猜测),如"目中无人":目中无人,没有人在我的眼睛。(被试8:T1);再如"手忙脚乱":Literally, the hand is busy, the foot is reckless, random.(被试8:T1)

BK(利用背景知识猜测),如"捉襟见肘":我知道在西方,如果一个人在捉他的襟,就是让他这点看得到,他在准备要做很难的事情。但是不知道是这个意思还是别的?(被试2:T4)

LI(利用相关母语成语猜测),如"提心吊胆":Your heart is in your throat.(被试13:T5);再如"易如反掌":In America, you say easy as pie.(被试9:T6)

(3) 其他策略

CK(利用常识猜测),如"愁眉苦脸":——如果你丢了护照,你会怎么样?——**我会告诉政府。**——那你高兴吗?——**不高兴。**——这就是愁眉苦脸。(被试4:T3/T4)

TA(翻译尝试),如"扣人心弦":从一个人的口到一个人的心,哦,like a music gets into your heart。(被试8:T5);再如"五体投地":Admire him so much that you worship,不知道中文怎么说?(被试8:T7)

MS(根据成语隐喻概念猜测),如"刻骨铭心":Like cutting into the bone, like eating my heart, very painful.(被试8:T7)

MI(利用成语意象猜测),如"东张西望":It's kind of 骑驴找马,可是我不知道,还有骑驴找驴。(被试3:T3)

PCP(根据成语的个别字词猜测),如"刮目相看":这个成语也有"目"?刮"目"相看?(被试4:T2);再如"目中无人":所以那个人好像没了,因为好久没看过他。(被试2:T2)

GA(成语句法分析),如"东张西望":所以他在院子已经,保安见他一进院子做什么,所以这是动词。(被试5:T6)

有声思维数据分析的具体实例如下:

被试1:悲欢离合(2分)

这个电视剧演的是一对夫妻几十年**悲欢离合**的故事。这里"**悲欢离合**"是什么意思?

RI1.电视剧?

——TV,soap opera。

RP2.哦,京剧的剧。

LM3.悲有不好的意思;

LM4.欢就是欢迎的意思;

LM5.离就是分手是离婚;

LM6.但是合在这里是在一起;

GC7.所以你们有一件坏事,然后…

8.以后他们就离婚了,是吗?

这份有声思维报告共包括8个T单位,4种成语理解策略:T1(RI);T2(RP);T3、T4、T5和T6(LM);T7(GC)。被试的理解策略主要是根据成语的字面意义辅以上下文语境以及请求附加的信息猜测成语的意义。

四 结果与分析

4.1 英语母语学习者理解汉语成语主要采用哪些策略?

根据实验统计结果,所有被试的有声思维言语报告共划分为1249个T单位,被试在理解汉语成语时采用的策略总数是997次。我们为被试对每个成语的理解策略进行整理归类,总结出3类13种理解策略。被试在理解识别某一个具体的汉语成语时可能使用多个种类的理解策略,我们对各个成语与不同理解策略的对应情况进行统计分析。

表4 汉语成语理解策略

成语	RP	DA	RI	GC	LM	BK	L1	CK	TA	MS	MI	PCP	GA	总数
1	16	2	28	3	8	0	0	0	0	0	0	0	0	57
2	16	1	38	6	0	1	0	1	8	0	0	1	0	72
3	6	4	8	10	0	0	0	2	3	0	0	2	0	35
4	13	4	11	5	0	1	0	0	3	0	1	0	1	39

续表

成语	RP	DA	RI	GC	LM	BK	L1	CK	TA	MS	MI	PCP	GA	总数
5	3	5	10	4	0	0	2	0	10	0	0	1	0	36
6	12	5	29	12	0	0	0	1	2	0	0	0	0	60
7	9	1	23	4	0	6	1	0	1	0	0	0	1	46
8	6	4	30	9	0	0	0	1	2	0	0	1	1	52
9	9	5	27	8	0	0	1	1	2	1	0	0	0	56
10	3	1	46	5	0	1	0	1	2	0	0	0	0	59
11	6	2	13	12	3	0	0	0	2	0	0	0	1	39
12	11	5	25	15	0	0	0	0	2	0	0	0	0	58
13	18	5	8	9	2	0	0	2	3	0	0	0	0	36
14	12	2	19	18	0	1	0	0	0	0	0	4	0	57
15	6	4	13	7	0	0	2	0	2	1	0	0	0	34
16	7	2	32	6	0	2	0	2	0	0	0	0	0	54
17	5	3	5	7	4	0	0	0	3	0	0	0	0	27
18	11	3	25	15	0	1	0	3	2	0	0	0	0	60
19	24	1	14	7	0	1	2	0	2	0	0	0	0	52
20	4	9	27	24	0	1	2	1	0	0	0	0	0	68
总计	187	71	431	183	17	15	10	14	51	2	1	11	4	997
%	18.76	7.12	43.23	18.36	1.71	1.59	1.00	1.40	5.12	0.20	0.10	1.10	0.40	100

根据我们的统计结果,各种理解策略占所有被试采用策略总数的百分比分布如下(由高到低排列):RI(询问字词意思):431次,占43.23%;RP(低声重复或重述):187次,占18.76%;GC(根据上下文猜测):183次,占18.36%;DA(讨论和分析成语):71次,占7.12%;TA(翻译尝试):51次,占5.12%;LM(根据成语字面意义猜测):17次,占1.71%;BK(利用背景知识猜测):15次,占1.59%;CK(利用常识猜测):14次,占1.40%;PCP(根据成语的个别字词猜测):11次,占1.10%;L1(利用相关母语成语猜测):10次,占1.00%;GA(成语句法分析):4次,占0.40%;MS(根据成语隐喻概念猜测):2次,占0.20%;MI(利用成语意象猜测):1次,占0.10%。我们从中可以看出,3种准备性策略所占的比重最大,达到69.11%,4种猜测性策略的比重则是

22.66%,而其他6种理解策略的比重则只有8.32%。其中,RI(询问字词意思)是所有被试在识别汉语成语时最常使用的理解策略,高达43.23%,这主要是因为我们的测试实验提供汉语成语使用的上下文语境,如果被试碰到词汇障碍,无法识别成语或其语境中个别字词的意义,就会频繁地采用RI(询问字词意思)理解策略,向我们请求附加信息,询问这些字词的意思。下面是较为极端的具体实例:

被试13:赤手空拳(2分)
女子特警队的姑娘们武艺高强,一个人**赤手空拳**也能收拾几个坏蛋。这里"**赤手空拳**"是什么意思?

RI1. 特警?

——special police.

RI2. 姑娘们?

——girls.

RI3. 武艺?

——martial arts,功夫。

RI4. 收拾?

——beat, defeat.

RI5. 坏蛋? bad eggs?

——bad people,坏人。

RI6. 手?

——hand.

RI7. 空? free?

——empty.

RI8. 拳,summer?

——fist.

RI9. 赤?

——literally, red.

10. They don't need weapons, no guns, no knives.

——Your hands are empty, your fist is empty, literally.

4.2 英语母语学习者成功地理解汉语成语主要采用哪些策略?

以上我们只是从整体上讨论被试理解汉语成语时所采用的各种策略,但并没有考虑哪些理解策略能够帮助被试成功地猜测成语的意义。在有声思维过程中,被试可能同时运用多种策略进行猜测,但是只有帮助被试正确猜测出成语意义的策略才算作成功的理解策略。现在我们来考察那些可以让被试成功地理解成语意义的基本策略;在所有260条成语理解的猜测尝试(13名被试×20条成语)中,成功获取成语意义的为115条(即整体评分为3分),成功率为44.23%。被试成功地理解成语的意义也可能采用多种策略,但我们在此只考虑直接导致被试成功获取成语意义的理解策略。

表5 成功使用的策略

成语	被试1	被试2	被试3	被试4	被试5	被试6	被试7	被试8	被试9	被试10	被试11	被试12	被试13	总数
1												RI		1
2	DA						TA		GC					3
3	GC	DA	LM		GC			GC		RP			GC	7
4	DA	GC		GC	DA		RI	RP	RI		DA		GC	9
5		RI			RI		GC	TA	L1	TA	TA		DA	8
6	GC	RP	RP											3
7		RI						L1	GC				RI	4
8											GC		GC	2
9	DA	RI		GC	DA		GC	MS	RP	GC	GC	RI	GC	11
10	GC			GC			RI	TA			RI		GC	6
11	DA				RI			LM				GC		4
12					RI			GC					GC	3
13	LM	DA			RP		DA	GC		GC		GC		7
14	GC								GC	GC		GC		4
15	MS	DA	DA	DA	GC	RI	GC	GC	GC	GC	GC		L1	12
16	DA	RI		DA			TA				RI	RI		6
17	GC	DA					GC	GC				GC		5
18		GC		DA	DA	GC	GC	GC	GC	GC				8
19	DA	RI	RP	TA		TA	GC	GC	L1		RP		GC	10
20							GC					L1		2
总数	13	12	4	5	11	2	7	15	8	7	10	7	14	115

根据我们的统计结果,能够直接导致被试成功地理解汉语成语的策略共有8种,按照占所有成功策略的比重由高到低排列如下:GC(根据上下文猜测):51次,占44.35%;DA(讨论和分析成语):20次,占17.39%;RI(询问字

词意思):18次,占15.65%;RP(低声重复或重述):8次,占6.96%;TA(翻译尝试):8次,占6.96%;L1(利用相关母语成语猜测):5次,占4.35%;LM(根据成语字面意义猜测):3次,占2.61%;MS(根据成语隐喻概念猜测):2次,占1.74%。我们从中可以看出,3种猜测性策略所占的比重最大,达到51.30%,3种准备性策略的比重则是40%,而其他2种理解策略的比重则只有8.70%。其中,GC(根据上下文猜测)是所有被试在成功猜测汉语成语的意义时最常使用的理解策略,高达44.35%,接近半数。由此可见,上下文语境是英语母语学习者理解汉语成语的重要影响因素,语境效应对学习者汉语成语的理解有显著性影响。根据我们的统计,被试不借助上下文语境而成功地理解汉语成语只有极少数的案例,具体实例如下:

被试8:手忙脚乱(3分)

电脑一出问题,她就**手忙脚乱**的,简直不知道怎么办才好。这里"**手忙脚乱**"是什么意思?

LM1. Literally, the hand is busy, the foot is reckless, random.

DA2. 没看 context,可能是一个人很忙,太忙了。

——很接近。

3. 很紧张,因为她不知道怎么办,她的手做什么,她的脚做什么。

4.3 第二语言教学中的英语成语理解模式适用于汉语成语理解吗?

Cooper(1999)研究证明,在第二语言教学环境下,学习者采用母语者成语理解模式的特征并不明显;虽然大多数母语者成语理解模式都能够部分地描述英语成语的理解策略和现象,但任何一种母语者成语理解模式都不能充分解释被试在理解英语成语过程中使用的大量策略。英语学习者在理解英语成语的过程中采用的理解模式是一种启发探索法,即运用多种理解策略反复试验、推敲直至发现、理解或解决问题的方法,逐步推断出成语的内在意义。同时,实验也证明对成语字面意义的分析是学习者理解英语成语时难以避免的过程,被试频繁采用根据成语字面意义理解成语的策略,这也从理解策略的角度证实了Cieslicka(2006)的字面意义突显模式。

我们研究发现,英语母语学习者在理解汉语成语时也是采用启发探索的方法,同样优先处理成语的字面意义。我们的实验中,被试在理解汉语成语过程中共采用3类13种理解策略,其中RI(询问字词意思)、RP(低声重复或重述)和 GC(根据上下文猜测)是使用最频繁的 3 种策略;而能够直接导致被试成功地理解汉语成语的策略共有 8 种,其中 GC(根据上下文猜测)是所有被试在成功猜测汉语成语的意义时最常使用的理解策略,其次就是注重成语字面意义的 DA(讨论和分析成语)与 RI(询问字词意思)。因此,第二语言教学中的英语成语理解模式基本适用于学习者汉语成语的理解,即英语成语理解模式在成语理解和学习过程中具有一定的普适性。

但是汉语成语毕竟不同于英语成语,具有格式统一、音韵整齐、均衡对称等独特的规律,而对称性成语在理解过程中又表现出双源域结构极为突出的特点。汉语成语难以按照英语成语的分类方式划分成正式成语、非正式成语和俚语,但可以按照内在的结构特点划分成对称性成语和非对称性成语等类型。根据我们的统计和调查,被试面对对称性和非对称性成语采用的理解策略并没有太大的区别,但被试理解对称性成语采用的策略要普遍少于理解非对称性成语采用的策略,且更多地运用高层次的理解策略,如 MS(根据成语隐喻概念猜测)和 MI(利用成语意象猜测)等;而理解成功的比例也有较大的差异,不论是平均整体得分还是正确理解的成语数量,对称性成语都要高于非对称性成语。因此,我们可以说结构对称的汉语成语比非对称性结构的汉语成语更为容易理解和识别。第二语言教学中的英语成语理解模式难以解释汉语成语的均衡对称性特点和双源域突显特征,因此,我们需要以汉语学习者的理解策略为基础构建对外汉语教学中的汉语成语理解加工模式。

五 讨论

5.1 语言水平对汉语成语理解的影响

总体来说,所有被试成语理解的平均得分为 2.28,超出 2 分的中间分值,测试成绩较为不错。我们对被试有声思维报告的评分进行详细分析,结果表明正确理解的比例接近半数:44.23%为完全正确,40%为部分正确,错误/不知道只有 15.77%。在所有被试中,平均得分最高为被试 8 的 2.75 分(成功猜测出 15 条汉语成语的意义),平均得分最低则是被试 6 的 1.5 分(只成功猜测出 2 条汉语成语的意义),而这跟被试学习汉语的年限相一致(被试 8 学习汉语二年半,被试 6 学习汉语一年半),跟被试结业考试的成绩也相吻合(被试 8 口头和笔头表达能力在班内都是最突出的,属于高级水平的学习者)。根据我们的实验结果分析,无论是基本理解策略还是成功的理解策略,高等水平的被试都比中等水平的被试采用的策略类型更多,而且也更有效。在成语理解过程中,中等水平的被试更关注汉语成语语言形式和字面意义的分析;而高等水平的被试更善于利用上下文语境、母语知识、成语字面意义和隐喻意义之间的联系。由于更少受到语言词汇问题的干扰,高等水平的被试比中等水平的被试更频繁、更熟练地运用更高层次的理解策略。这表明语言水平对英语母语学习者汉语成语的理解策略有显著性影响,语言水平越高,对汉语成语理解的正确度也就越高。

5.2 成语类型对汉语成语理解的影响

均衡对称性是汉语成语最为突出的结构特点,而对称性成语在理解认知过程中表现出双源域突显特征。对汉语母语者的实证研究发现(黄希庭等 1999;陈传锋等 2000;刘振前、刑梅萍 2000),成语理解与识别有显著的结构对称效应,结构对称性成语的识别明显快于非对称性成语,而语义结构对称的成语显然比非对称的成语易于理解。根据我们的实验研究,在所有成语中,平均得分最高为 2.92 分(提心吊胆),平均得分最低则是 1.77 分(悲欢离合、刮目相看)。在平均得分最高的前 5 个成语中(2.54—2.92 分),有 4 个是对称性的联合结构,分别是提心吊胆(动宾+动宾)、刻骨铭心(动宾+动宾)、东张西望(状动+状动)、愁眉苦脸(定中+定中),只有 1 个是非对称性结构,即易如反掌(形补结构);而在平均得分最低的后 5 个成语中(1.92—1.77 分),有 4 个是非对称性结构,分别是发人深省(兼语结构)、捉襟见肘(连动结构)、燃眉之急(定中结构)、刮目相看(状动结构),只有 1 个是对称性的联合结构,即悲欢离合(动+动)。在正确理解的 115 条(即整体评分为 3 分)成语中,对称性结构的成语达到 67 条,占 58.26%;而在正确理解的成语总数排名中,前 10 条中有 7 条是对称性结构的成语。这表明成语类型对英语母语学习者理解汉语成语也有显著性影响,虽然学习者理解两种结构类型成语的总体策略和成功策略差异不大,但具有对称性结构的汉语成语比非对称性结构的汉语成语更为容易理解和识别。

5.3 上下文语境对汉语成语理解的影响

上下文语境同样是英语母语学习者理解汉语成语的重要影响因素,语境效应非常明显。从我们的实验统计可以看出,英语母语学习者在识别汉语成语时大都遵循共通的理解模式,即结合上下文语境和成语的构成成分来分析猜测成语的意义。被试首先对成语的构成成分进行识别再结合具体语境做出猜测，或者先从语境出发再结合成语具体组成字词的分析进行合理地猜测。RI（询问字词意思）正是所有被试在识别汉语成语时最常使用的理解策略，而 GC（根据上下文猜测）是所有被试在成功地猜测汉语成语的意义时最常使用的理解策略，比例均超过 40%，而不借助上下文语境而成功地理解汉语成语只有极少数的案例。这表明上下文语境是学习者理解汉语成语的重要影响因素，语境效应对学习者汉语成语的理解和加工有显著性影响。

六 教学启示

根据被试有声思维实验报告，我们共统计出 3 类 13 种英语母语学习者理解汉语成语的基本策略，我们也发现学习者的语言水平、成语的结构类型以及成语的上下文语境对汉语成语的理解具有显著性影响，而学习者基本采用启发探索法来识别和理解汉语成语，即运用多种理解策略反复试验、推敲直至发现、理解以至获取成语的意义。这对我们对外汉语教学中的成语教学有如下启示：

（1）被试面对不同结构类型的汉语成语采用基本类似的理解策略，但对结构对称的汉语成语理解和识别的成功率普遍高于非对称性成语，说明对称性结构的汉语成语比非对称性结构的汉语成语更为容易理解和学习。因此，在对外汉语成语教学中我们应该对成语的语义结构进行分类，分析说明成语具体的结构类型，以有效利用汉语成语的均衡对称性特点和双源域突显特征。

（2）大多数被试都采用多种理解策略来猜测汉语成语的意义，其中 RI（询问字词意思）是被试在识别汉语成语时最常使用的理解策略；学习者面对不熟悉的汉语成语，会着重分析成语的字面意义或其组成字词，而 RI（询问字词意思）可以帮助学习者理解成语字面意义和隐喻意义的联系。因此，在教学中我们应该鼓励学习者进行推理和联想，合理有效地猜测成语的意义。

（3）很多被试都能正确地理解汉语成语的意义，其中 GC（根据上下文猜测）是被试在成功猜测汉语成语的意义时最常使用的理解策略；学习者面对陌生的汉语成语，往往会使用 GC（根据上下文猜测）策略，借助语境成功地理解识别成语的意义。因此，上下文语境的作用对汉语成语的理解不容忽视，我们在成语教学中，应该尽可能为成语提供丰富意义的语境。

（4）在我们的实验中，被试总共采用 3 类 13 种理解汉语成语的基本策略，其中成功的理解策略也有 8 种，但是被试在实验过程中本身并没有意识到他们采取的各种加工策略。因此，我们在教学中应注意总结整理一系列切实有效的成语理解策略，培养学习者的策略观念，使其在理解成语过程中有意识、有目的地使用各种加工策略，从而提高汉语成语学习的效率和成果。

参考文献

陈传锋、黄希庭、余 华（2000）词素的结构对称效应：结构对称汉语成语认知特点的进一步研究，《心理科学》第 3 期，265—268 页。

黄希庭、陈传锋、余 华、王卫红（1999）结构对称性汉语成语的认知研究，《心理科学》第 3 期，193—196 页。

林维燕（2006）中国学生英语短语成语在线理解过程研究，《国外外语教学》第 2 期，6—11 页。

刘振前、刑梅萍（2000）汉语四字格成语语义结构的对称性与认知，《世界汉语教学》第 1 期，77—81 页。

唐 玲（2009）中国大学生英语习语理解策略研究，《外语教学理论与实践》第 2 期，10—16 页。

王文斌、姚 俊（2003）汉英隐喻习语 ICM 和 CB 的认知对比考察——以汉语的四字格隐喻习语为基点，《外国语言文学研究》第 2 期，43—49 页。

徐盛桓（2006a）相邻与补足——成语形成的认知研究之一，《四川外语学院学报》第 2 期，107—111 页。

徐盛桓（2006b）相邻和相似——汉语成语形成的认知研究之二，《暨南大学华文学院学报》第 3 期，33—41 页。

杨寄洲、贾永芬（2010）《商务馆学成语词典》，北京：商务印书馆。

张辉（2003）《熟语及其理解的认知语义学研究》，北京：军事谊文出版社。

Cieslicka, A. (2006) Literal salience in on-line processing of idiomatic expressions by second language learners. *Second Language Research*, 22, pp. 115—144.

Cooper, T. C. (1999) Processing of idioms by L2 learners of English. *TESOL Quarterly*, 33, pp. 233—262.

Gibbs, R. W. (1992) What do idioms really mean? *Journal of Memory and Language*, 31, pp. 485—506.

Gibbs, R. W., et. al. (1997) Metaphor in idiom comprehension. *Journal of Memory and Language*, 37, pp. 141—154.

Libben, M. R. & D. A. Titone. (2008) The multi-determined nature of idiom processing. *Memory and Cognition*, 36, pp. 1103—1121.

Titone, D. A. & C. M. Connine. (1994) Descriptive norms for 171 idiomatic expressions: Familiarity, compositionality, predictability, and literality. *Metaphor and Symbolic Activity*, 9, pp. 247—270.

Titone, D. A. & C. M. Connine. (1999) On the compositional and non-compositional nature of idiomatic expression. *Journal of Pragmatic*, 31, pp. 1655—1674.

附录：实验数据收集说明

本实验旨在考察各位学习者如何理解 20 条汉语成语的意义。我们会提供 20 张包含成语及其语境的卡片，要求大家在理解成语意义时进行有声思维。有声思维是指不假思索立即告诉我们从看到成语到理解其意义的过程中出现的任何想法。大家在此过程中可能会想到以下问题：

（1）是否经常使用或见到这个成语？
（2）成语的字面意义和隐喻意义有没有关联？
（3）有没有某个字可以透露成语的意义？
（4）成语的对称性是否有助于理解成语的意义？
（5）上下文语境如何帮助解释成语的意义？
（6）在英语中有没有类似的表达？
（7）成语是否让你回想起别人说过的什么话？

我们希望大家从看到卡片上的成语一直到给出最后的答案都要不停地说。请不要事先计划好说什么，就像自己一个人在屋里自言自语一样说话就可以。大家也可以向我们提问，最重要的是要不停地说话，如果大家有任何停顿，我们会让大家开口。

下面是两个例子，请大家告诉我们在理解这个成语时的一切想法：

这已经是**家喻户晓**的消息了，你怎么还不知道？这里"**家喻户晓**"是什么意思？

孩子**狼吞虎咽**地吃，老人细嚼慢咽地品，男人们爽朗开怀地笑，女人们细声慢语地聊，营造了这个"四代同堂"大家庭的和睦和节日的喜庆。这里"**狼吞虎咽**"是什么意思？

现在实验正式开始，我们来看第一个：

（1）悲欢离合

这个电视剧演的是一对夫妻几十年**悲欢离合**的故事。这里"**悲欢离合**"是什么意思？

(2) 赤手空拳

　　女子特警队的姑娘们武艺高强，一个人**赤手空拳**也能收拾几个坏蛋。这里"**赤手空拳**"是什么意思？

(3) 愁眉苦脸

　　看她**愁眉苦脸**的样子，一问才知道，她把护照给丢了。这里"**愁眉苦脸**"是什么意思？

(4) 东张西望

　　保安见他一进院子就**东张西望**，就赶忙过去问他要找谁。这里"**东张西望**"是什么意思？

(5) 耳闻目睹

　　老师希望我们把来中国以后**耳闻目睹**的事情写出来，练习写作能力。这里"**耳闻目睹**"是什么意思？

(6) 发人深省

　　一个名牌大学的毕业生去菜市场卖菜，是赞成还是反对？这样的讨论很**发人深省**。这里"**发人深省**"是什么意思？

(7) 高瞻远瞩

　　邓小平**高瞻远瞩**地为中国绘制了实现现代化的宏伟蓝图。这里"**高瞻远瞩**"是什么意思？

(8) 刮目相看

　　近年来，他独自导演的两部长篇电视剧都引起轰动，让人对他**刮目相看**。这里"**刮目相看**"是什么意思？

(9) 刻骨铭心

　　这场失败的婚姻，在我心中留下了**刻骨铭心**的伤痛。这里"**刻骨铭心**"是什么意思？

(10) 扣人心弦

　　小提琴协奏曲《梁祝》那**扣人心弦**的旋律，使人百听不厌。这里"**扣人心弦**"是什么意思？

(11) 目中无人

　　我俩是老同学，但自从他当上了局长就变得**目中无人**，再也没有跟我联系过。这里"**目中无人**"是什么意思？

(12) 燃眉之急

我母亲住院，需要一万块钱以解**燃眉之急**，能不能帮我想想办法？这里"**燃眉之急**"是什么意思？

(13) 手忙脚乱

电脑一出问题，她就**手忙脚乱**的，简直不知道怎么办才好。这里"**手忙脚乱**"是什么意思？

(14) 首屈一指

他的学习成绩不要说在我们班，即使在全年级也**首屈一指**。这里"**首屈一指**"是什么意思？

(15) 提心吊胆

他每次坐飞机出差，妻子都是**提心吊胆**，生怕他出事。这里"**提心吊胆**"是什么意思？

(16) 五体投地

我对这位作家的确很佩服，但是还没有到**五体投地**的份上。这里"**五体投地**"是什么意思？

(17) 喜怒哀乐

作为一个对外汉语教师，除了上课，还要了解学生的**喜怒哀乐**，关心他们的身心健康。这里"**喜怒哀乐**"是什么意思？

(18) 袖手旁观

那些看到有人出了车祸还**袖手旁观**看热闹的人，不仅可气，而且可恨。这里"**袖手旁观**"是什么意思？

(19) 易如反掌

会的不难，难的不会，用这个软件制作动画，对他来说**易如反掌**。这里"**易如反掌**"是什么意思？

(20) 捉襟见肘

不知道他是怎么混的，四十多岁了，还过着**捉襟见肘**的日子。这里"**捉襟见肘**"是什么意思？

马乃强

北京大学外国语学院

manaiqiang@pku.edu.cn

浅析现代越南语双音节汉越词对越南学生学习现代汉语词汇的影响

廖灵专

提 要 对第二语言学习者来说,母语的词汇会在一定程度上帮助他们理解第二语言的词汇。两种语言若有相同之处,可以给学习者提供方便;两种语言之间若存在细微的差别则容易使学习者产生混淆,从而对其学习形成障碍。越南语里的"汉越词"既跟汉语词有相同、相近的特征,又跟汉语词有一定的差别。对学习汉语的越南学生来说,汉越词的存在虽然具有很大的优势,但有时也会产生障碍。通过具体的调查,掌握每类词对越南学生会有哪些影响,就一定能找到一些有效的教学方法,提高汉语教学的效率。

关键词 汉越词 形式完全对应汉越词 形式不完全对应汉越词 正迁移 负迁移

现代越南语有60%-70%词汇借用于汉语。这部分借词,经过十分复杂的演变,有的词汇的意义、用法与现代汉语相同,有的相近,也有的不同。大部分研究都是通过汉语词和汉越词词义的对比研究,认为越南语中的汉越词与汉语词的意义相同的所占的比例相当高,这些研究多认为汉越词对越南学生学习汉语起到了正迁移作用。但二者之间的关系比较复杂,词义相同的,用法不一定相同,词素也不完全对应。经过漫长时间的演化,很多汉越词虽然还保留汉语词的原意,但词素已有所改变(有的更换语素;有的调换语素的顺序;有的添加语素等)。因此,在两者词义相同的情况下,细分哪类汉越词能起到比较大的正迁移作用,哪类汉越词要注意其用法、语素义等,就能让学生掌握得更快。

语言是不断地发展、变化的。汉语词进入越南语后,成了越南语词汇系统中的一个组成部分,并在越南语的语音、语义、语法规律的作用下发生了很大的变化,形成了一个独特的词汇体系"汉越词"。随着越南社会的需要,在越南语内部规律的作用下,与现代汉语中相对应的汉语词相比,许多汉越词在形式或意义上都有一定的变化。有些词的词义在现代汉语里已经不再使用或很少使用,但借入越南语后却一直保留原义,沿用至今。

对学习汉语的越南学生来说,现代越南语里的"汉越词",虽然是进行汉语词汇学习的便利条件,但有时也会造成障碍。为了进一步了解"汉越词"对越南学生学习汉语词汇时究竟会有哪些影响,本文首先对《词汇大纲》中的6147个双音节词进行了统计分析,并确定了与"汉越词"相对应的汉语词2504个(其中有2386个是形式完全对应的,118个是形式不完全对应或有两种对应形式的)作为本文研究的范围。"形式跟汉语完全对应的汉越词"是指在现代汉语里能找到对应词的"汉越词"。此类汉越词的语素和结构形式跟汉语词完全一致,在读音上跟汉语词相似或有一定的差别,如:公安(công an)、办法(biện pháp)、练习(luyện tập)等。"形式跟汉语不完全对应的汉越词"是指在现代汉语里找不到在语素和结构形式上完全对应的词,在这种不完全对应的形式中有的是结构形式不对应,有的是语素不对应,有的是整体形式的不对应,等等。根据各自的特点,可以分成以下几类:与汉语词语素顺序颠倒的汉越词,如:"成长"thành trưởng→ trưởng thành(长成)、"内科"nội khoa→ khoa nội(科内);与汉语词语素部分不同的汉越词,如:"菜单"(thái đơn)→ thực đơn(食单),这里"菜单"中的"菜"被改为"食";与汉语词语素完全不同的汉越词,如:"khứ hồi"(去回),表示"往返"的意思;"bác sỹ"(博士),指的是"医生"一词;"bình minh"(平明),表示的是"黎明"的意思。

在汉语词与其对应的"汉越词"比较的基础上,本文以年龄在18到25岁之间的初级(大学二年级第一学期)、中级(大学三年级第一学期)、高级(大学四年级第二学期)汉语水平的越南学生为调查对象。调查对象都是来自越南中部,且是以英语为第一外语的在校大学生。我们从每个年级中各抽取了42人作为调查对象进行了四项调查,具体如下:

调查1:让学生听汉语词,写出相对应的汉越词

本项调查的目的在于了解越南学生在感知汉语词的读音时汉越音所起到的作用。

汉越词与汉语词的形式对应关系虽然有两种:形式完全对应与形式不完全对应。但由于汉越词的读音是在中国的中古音的基础上形成的,因此有的汉越词的读音与汉语词的读音非常相近。与汉越词形式完全对应的汉语词不一定在读音上相似,但有的双音节汉语词的两个读音与汉越词的读音都非常相似,如:"公安"的汉语读音"gōng'ān"与对应汉越读音"công an";有的汉越词只有前一个或后一个读音与其对应汉越音相同或相似,例如:汉语词"上海"的读音"Shànghǎi"与汉越读音"**thượng hải**"(上海)后一个读音相似;汉语词"高兴"的读音"gāoxìng"与汉越词"**cao hứng**"(高兴)前一个读音相似;也有的汉语词的读音与汉越词的读音完全不同,如:汉语词"学习"的读音"xuéxí"与汉越读音"luyện tập"(练习)读音完全不相同。为了了解汉语词与汉越词的形式对应的每一种读音异同会给学生学习汉语带来的影响,我们从汉语词和汉越词的语音对应角度出发,选出 40 个与汉越词形式完全对应的汉语词,包括四类,具体如下:1. 与汉越词前一个音节的读音相似,后一个音节的读音不同的汉语词(10 个);2. 与汉越词前一个音节的读音不同,后一个音节的读音相似的汉语词(10 个);3. 与汉越词读音全部相似的汉语词(10 个);4. 与汉越词读音不同的汉语词(10 个)。另外还选用了 20 个与汉越词形式不完全对应的汉语词,包括两种:1. 与汉越词两个音节读音的前后顺序不同的汉语词,(10 个);2. 与汉越词两个音节的读音不相对应的汉语词(10 个),一共 60 个双音节汉语词。然后我们请一位普通话标准的中国女老师给我们读词录音。最后让学生通过录音机听汉语词,写出汉越词。例如:学生听到汉语词"suīrán"(虽然)、"yīyuàn"(医院)等,就要写出其汉越词"tuy nhiên"(虽然)、"bênh viên"(医院)等。

调查 2:看汉越词,写出汉语词

此项调查的目的是考查汉越词是否直接影响到学生对汉语词的理解或推断能力。

我们在《词汇大纲》的分类结果中选了 20 个形式完全对应汉语词的汉越词和 20 个形式不完全对应汉语词的汉越词,一共 40 个,然后都把它们排列出来,让学生在 15 分钟之内写出与汉越词相对应的汉语词。例如:表上列出"kết quả"、"thông minh"(与汉语词"结果、聪明"完全对应的汉越词)、"ân hận""ca sỹ"("恩恨""歌士",与汉语词"后悔""歌手"不完全对应的汉越词),学生就要写出相对应的汉语词"结果""聪明""后悔""歌士"。如果学生受汉越词的影响,直接按每个语素的读音写出来,就会把"ân hận"(后悔)写成"恩恨"这样的汉语词,这说明他们受汉越词的干扰比较严重而导致翻译错误。

调查 3：选择正确答案

此项调查是想了解越南学生看到一个汉语词时，是否也会受汉越词的影响而掌握不准汉语词词义，哪类汉越词容易对学生掌握汉语词义起到干扰作用。

此项调查的问卷会有同样的问题，那就是在第一次调查的问卷中，每一个"与汉越词词义、用法相同的汉语词"与第二次的"由另外一个汉越词来表示其本身意义的汉语词"（与汉越词整个形式不同的汉语词）都有两个正确的答案。虽然有的汉语词的对应形式只是汉越词，也就是说，汉越词是一种唯一表达方式，但我们选这两类汉语词时，故意选上有两个正确答案的，一个是汉越词，另一个是纯越语词。我们的目的是想了解学生看到两个正确答案时，他们会不会因受汉越词的影响而选择汉越词答案。其他种类的汉语词因其对应的汉越词意义、用法不同或同中有异，因此问卷中的汉越词答案都是错的。

因为此项调查是想了解越南学生看到一个汉语词时是否也会受汉越词的影响而掌握不准汉语词词义，并选择汉越词的答案，所以我们只通过统计学生所选的汉越词答案的结果来分析他们学汉语词时所受干扰的情况。

调查 4：把越南语翻译成汉语

由于两种语言的词语意义的细微差别最容易让学生混淆，此项调查想了解在一个具体的语境中，越南学生会不会受汉越词的干扰；汉越词的意义、用法等对越南学生使用汉语词语有何影响。

给学生 45 个越南语的句子，在每一个句子里都有一个汉越词（形式完全对应于汉语词或形式不完全对应于汉语词）。这些句子中的汉越词与汉语词之间存在着各种不同的对应关系，一共有六类，每一类为 5 个。对于与汉语词形式不对应的汉越词，我们只根据其三种不同的词形每种选 5 个，因为在《词汇大纲》的统计结果中这类词不多，无法像与汉语词形式完全对应的汉越词一样根据词义、用法去选择每种不同的词语进行调查。在 45 个句子中，我们会对每个汉越词设计不同的语境，让学生通过具体的语境把整个越语句子，尤其是句子里的汉越词翻译成汉语词。

例如：Bưu điện cách đây không xa, gửi thư rất **thuận tiện**.

（"thuận tiện"是"顺便"对应的汉越词）

学生：邮局离这儿不远，寄信很**方便**。（正确答案）

邮局离这儿不远，寄信很**顺便**。（受汉越词干扰）

从四项调查结果，我们可以看出现代越南语双音节汉越词对越南学生学习汉语词汇的一些影响。

一 受汉越词读音（汉越音）的直接影响

汉越音既是越南语音系统的有机组成部分，同时又自成系统，运用这套读音系统，能够读出全部汉字，包括未进入越南语里的汉字。在古代，越南实行汉语教育，《四书》《五经》等儒家经典成为学生的必修课程，教师和学生都用这种独特的发音方法——汉越音来阅读汉文经典。直至今日，越南人仍沿用这套读音来读汉文古籍。寺庙里的汉文佛经也都采用汉越音为读音。此外，越南的名胜古迹如顺化皇宫，各代皇帝陵寝的匾额、楹联、牌位等一般都用汉越音书写或用以给汉字注音。因而，越南人，特别是越南中部的顺化人经常会接触到汉越音。最重要的是，越南语里70%的汉越词读音就是汉越音。这些汉越音虽然历经了上千年的变化，但仍与中古汉语音系保持着整齐的对应。从整套汉语语音和汉越音的对应规则来看，它们之间的关系对学习汉语的越南学生并不是毫无影响的。汉越音给越南学生学习汉语所带来的影响比较多。其影响体现在正迁移与负迁移的两个方面：

1.1 正迁移

1.1.1 汉越词的读音有利于越南学生掌握汉语词汇的读音

越南语中的汉越词是从唐代时进入越南语，其读音与中古汉语有关系。尽管经过了很长的时间，但汉越词读音的声母、韵母和声调还是跟现代汉语着比较系统、规律的关系。由于汉越音与汉语拼音有很多有规则的对应关系，有的汉语读音读起来特别像汉越音，如：汉语拼音"gōng'ān""gōnggòng""shīfu"与其对应的汉越音"công an""công cộng""sư phụ"的读音非常相似，因此越南学生对这些汉语词的读音掌握特别快。同时，汉语拼音的书写形式与汉越音的书写形式都是用拉丁文字的，因此越南学生学习汉语词汇时常借助汉越音来记住汉语词的读音。在学习汉语词汇时，一般来说，学生在记住每个汉语词的意义、用法之前已先学了汉越音。对与汉越词完全对应的汉语词来说，其汉越音的拼音形式就是越南语中正在使用的汉越词的书写形式，汉语词的汉越读音就是其所对应的汉越词的读音,所以他们很快就能记住那些与母语对应的汉语词。可见,利用汉越读音来掌握汉语词读音是越南学生经常使用的方法。

1.1.2 汉越词的读音有利于越南学生掌握汉语词与理解新词语

汉越词的读音有利于越南学生掌握汉语词。因为汉越音是越南人用来读汉字的一套语音,所以每个汉字都有汉越读音。学生可以通过这些读音来掌握汉语词的相关意义。此外,在学习汉语词汇的过程中,如果碰到一些新词,学生可以通过新词的汉越读音来理解其意义。比如学生没学过"利用"这个词,但已学过单音节词"利"和"用",碰到"利用"时,学生可以通过汉越读音"lợi"(利)和"dụng"(用)来理解"利用"所表达的意义。有的汉语词与汉越词的读音相近,意义又相同,学生只要听到那些词语就能马上理解。从调查1与调查2的结果所示,越南学生对汉语词的汉越读音掌握得非常好。不管与汉越音相同的汉语音在前还是在后(例如:shàng**hǎi**-thượng **hải**;guān**xīn**-quan **tâm**),他们都能准确地写出整个词的汉越音。初级汉语水平的学生的正确率最低,但已达到了86.19%,是相当高的一个数字。对于听"两个音节的读音前后顺序不同"的汉语词后写出汉越词,学生的反应比前四种慢一些,初、中级汉语水平的学生写出来的准确率差不多一样。高级水平的学生对这种词联想得比较快,准确率达到94.28%。因此,汉越读音对越南学生的汉语听力方面有很大的帮助。在他们听到一个句子里有某些没学过的词语时,可以通过其读音来联想、猜测,并可以将所猜测到的词用口语形式表达出来。在阅读和把汉语翻译成越南语时,每碰到一些难以理解的或新的词语,学生都可以通过其相对应的汉越读音去理解它们。

1.2 负迁移

1.2.1 越南学生学汉语词时因受汉越词的读音的干扰而造成理解错误

汉字在越南语中消失之后,进入越南的汉语词的书写形式被汉越音所代替。也就是说,在越南语中,一个汉字所承载的意义由一个语音形式作为一种"语言符号"来代替。这种语音形式在越南语中可能会同时有几个毫不相干的意义。越南学生因受汉越音的影响,理解汉语词却不顾其与汉越音所表示的意义有异同,而只根据汉越读音的意义来理解汉语词,导致用词不当。例如:汉语词"访问"所表达的意义与汉越词"phỏng vấn"不同,汉越词"phỏng vấn"在越南语中不是"有目的地去探望人并跟他谈话",也不是指"进入计算机网络,在网站上浏览信息、查阅资料",而是表示"搜集寻访、调查访问"的意思。越南学生一看到汉越词"访问"就马上联想到汉越读音"phỏng vấn",然后理解成越南语中表达的意思,理解错误导致用词不当,学生因对汉语词"访问"的意义理解不准确而会说出这样的句子:记者来**访问**越南艺术团团长-Nhà báo đến **phỏng vấn** trưởng đoàn nghệ thuật Việt Nam(记者来采访越南艺术团团长),今天我去**访问**他- Hôm qua tôi đi **phỏng vấn** anh ta (今天我去采访他)等。从调查 3 就可以看出,汉越词的读音有时会直接影响到越南学生对汉语词汇理解的准确度。

1.2.2　越南学生因受汉越词读音的影响而创造出非汉越词

汉字在越南消失后,汉越词只剩下了"音"。由于汉语词的同音词也比较多,因此汉字不存在时,代替它们的"汉越读音"的书写形式是一样的,从文字上无法辨认同音词。在越南语中,一个书写形式的词可能会同时有几个毫不相干的意义并与不同语素结合成词,如:thỏa(妥)thỏa đáng(妥当)、thỏa ý(妥意)、thỏa hiệp(妥协)、thỏa mãn(妥满)、thỏa thuận(妥顺);mãn(满) mãn nguyên(满愿), viên mãn(圆满)、mãn ý(满意)等。越南学生学了汉语词"妥当""满意""愿意"等就会受汉语词的汉越读音的影响,把越南语正在使用的词语,以汉越音形式先组合起来,说成非汉语词,如:妥意(thỏa mãn)、妥顺(thỏa thuận)、满愿(mãn nguyên)等。从本文的调查 4 中可以看出,越南学生在把越南语翻译成汉语词时经常受汉越词的读音干扰,把越南语句子中的词语对译出来。这样不但导致了用词不当的现象,而且还导致了学生写错汉字的现象。比如:越南语的汉越音"hình"的对应汉语词有"形"与"型"。表示"形状、形体、表现"的就用"形",与"模型"有关的就用"型"。由于"形"与"型"的汉越读音越南语都写成"hình",因而学生受汉越音的影响,用他们最熟悉的汉字来写出与"hình"对应的词,如:把越南的"hình thực、hình thành"(形式、形成)写成"型式、型成",把"mô hình, loại hình"(模型、类型)写成"模形、类形"等。

二　受汉越词的词义和用法的影响

词语偏误几乎是随着学习的开始就发生了。随着词汇量的扩大,产生的词语偏误也越来越多。在外语学习者的头脑里,母语的系统已经固化,这无形中对目的语新系统的建立形成一种障碍。由于汉语词和汉越词存在着一种特殊的关系,因此它对越南学生的汉语词汇学习产生了不少影响,而且每一类汉越词给学生带来的影响是不同的。

2.1 与汉语词形式完全对应的汉越词

2.1.1 与汉语词词义、用法相同的汉越词对学生起正迁移作用比负迁移作用大

从本文的四项调查结果可以看出,"与汉语词完全对应的汉越词"的读音对学生的汉语词汇的记忆会产生正迁移的作用,这对学生的听力学习有利。此类汉越词在汉语里能找到相应形式,由于其词义、用法都完全对应,所以给学生提供了很大的方便。通过越南语中的这类汉越词,学生很快就能记住汉语词的读音、意义及用法,运用起来也没有什么问题。调查 3 的调查结果表明,越南学生理解与汉越词词义、用法相同的汉语词时比较快,选择的正确率非常高。初级汉语水平的学生选了 375 个汉越词,约占 89.28%,我们认为这是因为这类汉越词答案与其对应汉语词的意义、用法相同,所以他们选择的正确度也比较高。同理,调查 3 的结果也显示,对高级汉语水平的越南学生来说,这类汉越词一般都不会成为越南学生的学习障碍。

但调查 3 的结果也反映出另一个问题,即越南学生虽然对这类汉语词掌握得相当好,但在他们把越南语翻译成汉语时还是会有错误。这说明他们有时并没有注意到这类汉越词与汉语词之间的细微差别,所以才会犯一些本可以避免的错误。

总之,在一般的情况下,与汉语词词义、用法相同的汉越词对学生学习汉语词汇时会起正迁移作用。由于汉语词与汉越词有的意义、用法虽然对应,但还是存在着非常细微的差别。因此,对于这一些特殊情况的词语就要注意两者之间所表示的不同的感情色彩与搭配情况,不应该全靠对比、类推方式去理解、掌握其对应汉语词。

2.1.2 与汉语词词义相同、用法不完全相同的汉越词对学生同时产生正迁移及负迁移作用

从《词汇大纲》的汉语词统计结果可知,与汉语词词形、词义相同的 1441 个汉越词中有 1285 个是用法相同的,156 个是与汉语词词形、词义相同但用法不同的。词形、词义相同,用法不完全相同的汉越词会有利于学生的听力和阅读的学习。在听力或阅读时一般会有上下的语境的提示,学生虽然还没

掌握好这类汉语词的用法和与其对应的汉越词有何区别,但通过汉越词的词义,他们就能够理解汉语词所表达的意义。因此,这类汉越词对越南学生学习听力课、阅读课会起到正迁移作用。

第3与第4项调查的结果也说明,这类汉越词对学生理解汉语词时也能起正迁移作用,但在把越南语翻译成汉语时却常给学生(尤其是初级阶段的学生)造成干扰,学生因不掌握其词性而造出病句。有的汉语词的词义、词形与汉越词相同,但用法不同。初、中级汉语水平学生有时受汉越词的词义的影响,把汉语词当做汉越词去使用。从第4项调查的结果可以看出,学生虽然基本上都能理解与汉语词对应的汉越词,但由于用法有所不同,他们把越南语句子翻译成汉语时也会受汉越词用法的干扰而翻译错误(如调查中所分析的汉越词"hình thức""tình cảm"与其对应汉语词"形式""情感"的误用)。调查结果中虽然这样的错误率不是很高,但也可以看出这类汉越词还是给越南学生带来了一些负迁移作用。

2.1.3 与汉语词词义同中有异、用法基本相同或不相同的汉越词对学生产生的负迁移作用都比正迁移作用大

汉越词已经是越南语词汇系统中的一部分,并在越南语的语音、语义、语法规律的作用下发生了很大变化。很多汉越词虽然还保留着汉语词的本义,但也有不少汉越词跟汉语词的意义、用法、感情色彩等都有所不同。两种语言中的看似相对应的词语,在感情色彩、语体色彩、使用场合等方面的差别都会给学生造成影响,导致他们说出的话不得体,引起听话人的误解,甚至反感。汉越词的词义演变复杂,在学生还没全面地掌握汉语词义和用法时,他们常受汉越词的干扰而产生用词不当的问题。

通过对词语的统计与调查证明,这类汉越词在意义上与汉语词之间并不是完全不同。对于两者意义相同之处,越南学生很容易掌握。但那些与汉语词词义同中有异、用法相同的汉越词就很容易使学生产生理解错误。特别是对初、中级汉语水平的学生来说,他们经常会因受这类汉越词的词义干扰而用词不当。从调查3的结果可以看出,初级汉语水平学生选了292个与汉语词词义同中有异、用法相同的汉越词答案,约占51.66%;中级汉语水平学生选了205个,约占48.8%。这些汉越词答案说明越南学生对这些汉语词的理解还是掌握得不好,尤其是在选择与汉越词词义、用法同中有异的汉语词时,他们选择的汉越词答案比较多,这就等于选择的错误率更高。初、中级汉语

水平学生选择汉越词的错误率都超过了50%。这样也说明他们对汉语词的词义掌握不太好,还不能区别出汉语词与对应汉越词的意义、用法的差别。到了高级阶段,与汉语词词义同中有异、用法相同或同中有异的汉越词所起的负迁移作用就不太明显了。这一点就是高级汉语水平学生与初、中级汉语水平学生的不同之处。还需要指出的是,在具体的语境中这样的词语所起的负迁移作用会更少一些。调查4的结果显示,初、中级汉语水平的学生所犯的错误已经有所减少,只有41个不正确的答案,约占19.25%。词义同中有异、用法不同的汉语词仍是初、中级汉语水平学生应该解决的问题。调查3和调查4的结果一致表明:这类与汉语词词义、用法同中有异的汉越词起的负迁移作用比用法相同的多一些,也就是说,这类汉越词起的负迁移作用比较大。

汉越词的词义变化相当复杂,与汉语词相比,其词性的变化也没有一个具体的规律,所以学生同时被两种词汇的词义、词性的异同干扰。从调查3与调查4的结果得出,这类汉越词的干扰会随着学习者学习时间的增加而慢慢减少。

2.1.4 与汉语词词义不同、用法基本相同或不同的汉越词都对学生产生负迁移作用

也许会有人认为:形式完全对应,意义、用法与"汉越词"完全不同的汉语词也不会使学生产生混淆,不会引起汉语词学习上的偏误。但实际上并不是这样。从调查3与调查4中就能发现一个问题:在把越南语翻译成汉语的时候,形式完全对应,意义、用法与汉越词不同的汉语词是最容易混淆的。学生看汉语词选择意义正确的答案时,还是被汉越词干扰,选了不少与汉语词意义与用法不同的汉越词(调查3)。尤其是初级汉语水平的学生,他们对这类汉语词掌握得很不好,错误率超过65%。在初级汉语水平阶段,汉语词汇量与表达需求之间的矛盾最为突出。学生经常把母语中的词语形式、用法硬套到汉语中来使用。中级汉语水平的学生受"与汉语词词义基本不同、用法相同的汉越词"的干扰比受"与汉语词意义和用法不完全相同的汉越词"的干扰多。可见,汉语词与汉越词之间意义虽然不同,但用法相同更容易让学生理解错误,特别是对没有把握好汉语词词义的学生来说,他们会把汉语词看成汉越词一样运用。因此,学生会说出一些难以理解的句子,如:"他对我很**仔细**- Anh ta rất **tử tế** với tôi"(他对我非常好)或"经理答应员工的要求- Giám đốc đáp ứng yêu cầu của nhân viên"(经理满足员工的要求)等。

在有具体语境的情况下,学生也受这类汉越词的干扰而出现翻译上的错误,使整句话没有意义或变成别的意义(调查 4)。这是因为不管这类汉越词的词义、用法跟汉语词是否相同,在形式上却与汉语词完全对应。而学生往往简单地从自己的母语出发去理解和使用目的语的词。他们一看到汉越词就马上联想到汉语里相对应的词,而不考虑它们只是形式上的对应,在意义、用法上完全不同。

2.2 与汉语词形式不完全对应的汉越词

与汉语词形式不完全对应的汉越词在汉语里没有找到对应形式,调查 1 与调查 2 的结果表明,从汉越词与汉语词的形式来说,这类汉越词绝对会对越南学生产生负迁移作用。首先是从听力开始,学生因受汉越词的语素顺序不同或语素不对应而反应得比较慢。如果从其语音形式(词形)、词义、用法与词素异同之处同时分析的话,每类汉越词会给学生带来不同的干扰。

2.2.1 与汉语词的词序不同的汉越词同时起正迁移及负迁移作用

由于这类汉越词的语素与汉语词相同,只是顺序相反,所以虽然其会影响到越南学生对所听到的内容的辨识,但如果能掌握它们的构词特点就不容易搞混。这类汉越词的词义、用法大部分与汉语词相同,与汉语词意义、用法不相同的词特别少,因此对学生掌握它们的词义、用法方面没有什么障碍。初级阶段的学生在学习这些汉越词时虽然受了干扰,表现为选择了不正确的答案(调查 2、3),但这些汉越词的顺序在越南语中可以活用,如"nhiệt náo"(热闹)或"náo nhiệt"(闹热)、"cầu khẩn"(求恳)或"khẩn cầu"(恳求)都一样被理解,意义也没有很大的差别,因此学生选的答案虽然不准确,可是不影响他们对词义、用法的理解与掌握。反过来说,也因为越南语中有的词语的词序能那样活用,有的学生会把不能活用的汉语词也一样活用,造成偏误。

2.2.2 与汉语词的一个词素不相同或词素完全不对应的汉越词都产生负迁移作用

在中越两国两千年来的交流接触中,越南人大概接受了 5000 多个汉字,其中常用字大约为 3500 个,在越南语中使用频率最高的约有 1500 个,有较强的构词功能的汉语素为 235 个。越南人借用这些汉语语素来创造与汉语不同的汉越词,这种汉越词语在现代汉语无法找到对应形式。尽管如此,从意义关系的角度来看,这些汉越词与汉语词还是有一定的关系,只是形式不对应而已。与上面的汉越词不同,这类汉越词的语素与汉语词并不对应。这种不对应有两种，一种是只与汉语词的一个语素相对应；另一种语素全然不对应，是表示另外一个汉语词词义的汉越词。

第一类汉越词有一个与汉语词不同的语素，是由越南人在双音节汉语词的基础上改变一个词素而成的。有的词语是借用汉语语素，按照越南语的语法规律造出来的词语，因此在汉语词当中找不到其对应形式。越南学生学这类汉语词的时候是通过其所对应的汉越词来掌握词义、用法的，因而从调查2的统计结果可以看出，越南学生看到一个汉越词的时候就马上把汉语词的每一个语素对译，所以错误的答案相当多，尤其是初、中级汉语水平学生，错误率达到49.77%及48.58%。再看汉语词，选择正确答案的调查3的统计结果又再一次肯定，初、中、高级都受这类汉越词的影响而选出不正确的汉越词答案。他们选择的错误率都在35%以上。在具体的语境中，越南学生还是受到这类汉越词的干扰而用词不当。从调查4的统计结果就能看出，学生就这样被汉越词干扰而把其对译成汉语词。这类汉越词在学生翻译成越南语时一般不会有很大的影响，但从越南语翻译成汉语就经常因受汉越词的干扰而翻译错误，特别是初级汉语水平学生。他们已学了一些汉语单音节词，并且还对教材里的每个汉字后面所标的汉越音掌握得很好，因而在利用学过的词素来对译成汉语词的同时，还根据这类汉越词的构词方法创造出新的词语，如：试斗-thi tiến（比赛）、试举-thi kết quả（考试）等。

如上所述，"与汉语词的整个形式不对应的汉越词"有的是古汉语词的对应形式，如：汉语词"黎明""博士"，其汉越词不是"lê minh"（黎明）"bác sĩ"（博士），而是"bình minh"（平明）"tiến sĩ"（进士）。"博士"的对应汉越词是"bác sĩ"，但在越南语里"bác sĩ"不是表示"博士"的意义，而是"医生"的意思。表示"博士"的意思又由"进士"的对应汉越词"tiến sĩ"来表达。这样的"替换"导致有的汉语词同时有两个对应汉越词，一个与其形式对应，一个与其形式不对应。因此，不管是初、中级，还是高级汉语水平的学生学习这类汉语词时都同时受两种对应汉越词的干扰而导致翻译或用词错误。这类汉语词确实是越南学生学习汉语的难点。

总而言之，与汉语词不完全对应的汉越词的来源虽然不同，但其词素都是汉语词素。从形式上来说，学生很难分辨哪些词是越南人自造的汉越词，哪些是古代汉语中使用而在现代汉语里已不再继续使用的词。因此，学生学汉语词时，因受这类汉越词的影响而经常发生偏误。

三　结语

　　词汇学习是语言学习的基础,是第二语言学习的重要基石,是衡量语言学习能力的重要尺度。尽管语法和语音的学习在语言学习中也很重要,但如果没有词汇作为表达意义的载体及工具,交流就不可能进行。然而,掌握一个词语并不只是要求知道它的意义,还要求对词的用法有很好的掌握。如何克服母语的负迁移,利用母语的正迁移一直是外语教学领域所研究的重要课题。从以上的四项调查可以看出,不同的汉越词对越南学生的汉语词汇学习会产生不同的作用。从语音角度来看,与汉语词完全对应的汉越词对学生的汉语词汇学习有很大的帮助。从词义和用法的角度来看,意义和用法跟汉语词相同的汉越词对学生的学习产生了很大的正迁移作用;意义和用法跟汉语词不同的汉越词对学生产生的负迁移作用较大;意义和用法跟汉语词同中有异的汉越词对学生产生的负迁移作用比正迁移作用大。与汉语词的词素和构造形式不完全对应的汉越词对学生产生了很大的负迁移作用。此外,学生常因受这类"汉越词"汉越读音的直接影响而造出非汉语词,经常用词不当,对汉语词的词义和用法掌握得不好。

参考文献

中国社会科学院语言研究所词典编辑室编（2005）《现代汉语词典》,商务印书馆。

曹炜（2004）《现代汉语词汇研究》,北京大学出版社。

国家汉办（1992）《汉语水平词汇与汉字等级大纲》[M],北京语言学院出版社。

黄会健（2002）教学方法对学生英语词汇习得的影响,《浙江工业大学学报》,第 30 卷,第 3 期。

李连进（2002）状语老借词、汉越语和平话的历史源流关系,《广西师院学报》,第 23 卷,第 4 期。

王力（1980）《汉越语研究》("龙虫并调斋文集",第二册),中华书局。

赵玉兰（2002）《越南语翻译教程》,北京大学出版社。

Nguyễn Tài Cẩn（1997）*Nguồn gốc và quá trình hình thành cách đọc Hán Việt*, Hà nội: nhà xuất bản Khoa học xã hội.

Đỗ Hữu Châu（1999）*Ngữ nghĩa Tiếng Việt*, Hà Nội: nhà xuất bản Giáo dục.

Lê Đình Khẩn (2002) *Từ vựng gốc Hán trong tiếng Việt*, TP Hồ Chí Minh: Nhà xuất bản Đại học Quốc gia.

Nguyễn Thiện Giáp (1998) *Từ vựng tiếng Việt*, Hà Nội: Nhà xuất bản Giáo dục.

Nguyễn Kim Thản (2000), *Từ điển Hán Việt hiện đại*, TP Hồ Chí Minh: Nhà xuất bản thế giới.

Bùi Đức Tịnh（1968）*Từ gốc Hán*, Nghiên cứu Ngôn ngữ học, Hà Nội: nhà xuất bản Khoa học xã hội.

Bùi Minh Toán, Nguyễn Ngọc San (1999) *Tiếng Việt*, Hà Nội: Nhà xuất bản giáo dục.

Nguyễn Đức Tồn (2001) *Cách nhận diện và phân biệt từ thuần Việt với từ Hán Việt*, Hà Nội: Tạp chí Ngôn ngữ.

廖灵专

越南顺化大学所属外国语大学中文系

honsoi76@gmail.com

非言语交际在对外汉语课堂中的应用

刘海咏

提 要 外语教学的研究与实践中,非言语交际(NVC, Non-verbal Communication)一直被研究者和教师忽略。本文旨在提高汉语教师对中文 NVC 在对外汉语教学中的重视。笔者认为有意识地介绍中文的 NVC 可以提高学生的总体言语交流能力;调整教师自身的 NVC 可以更好地调动学生的学习积极性;观察、分析学生在课堂上的 NVC 可以及时得到学生对教学效果的反馈信息。针对 NVC 的多种功能,本文还介绍了一些课堂教学技巧。

关键词 非言语交际 对外汉语教学 手势 二语习得

提及人类交流沟通的手段,大家一般会首先想到有声、有文字的语言,而被 Smith(1957)称为人类沟通必不可少的第三要素,即非言语交际(NVC (Non-verbal Communication)),则往往被忽略。简单说,NVC 就是指不说话的交流(Malando, Barker & Barker 1988;Mehrabian 2009),这其中包括手势、目光、体态、声调、语气、面目表情、体距等等(Gregersen, et al., 2009;杨全良,1990;Kendon, 2004;Pike, 1967)。Abercrombie(1965)曾经形象地指出:我们用发音器官说话,但我们用整个身体交谈。有些学者把时间概念(Bogen & Lippman, 1931)、步态、着装、气质仪态、礼物交接(Kirch, 1979)[①]、话轮支配(Canale, 1983)等也包括在 NVC 之中。正如曲彦斌(2000)所描述的一样,网络语言中的身势情语符号,就像标点符号一样,用来弥补书面语言(因为缺少 NVC)所失去的信息交流功能。

虽然在外语教学课堂中,教师与学生之间的互动对教学效果起着至关重要的作用(Brown, 2007),但是在外语教学的研究当中,NVC 尚处在一个被忽视的地位(杨晓琼,2011)。笔者能找到的相关文献凤毛麟角,涉及教学法和教师培训的研究成果更是微乎其微。在对外汉语教学中,虽然很多经验丰富的教师对 NVC 的作用和应用有很强的感性认识,但在理性知识方面的系统总结还相当缺乏。

Kirch(1979)指出对 NVC 的支配和解码往往是下意识的,然而外语教师如果能够有意识地调整自己的 NVC,观察、了解学生的 NVC,则能更有效地调动学生的积极性,大大优化教学效果。本文首先介绍一些关于 NVC 的背景知识,即 NVC 和有声语言、二语习得、课堂教学之间的关系,然后选用美国对外汉语教学课堂中的一些事例说明:(1)教师应考虑把目标语的 NVC 纳入教学内容,提高学生的整体交流能力;(2)教师应自觉地调整自己的 NVC 来激发学生的学习热情;(3)教师应有意识地观察、评估学生的 NVC,从而得以及时准确地了解学生的学习态度和学习效果。

一 NVC 和有声语言、二语习得的关系

研究人员早已注意到有声语言和 NVC 之间的关系。Birdwhistell(1955)通过实验证明在人类的社会交往过程中,NVC 起的作用其实大于有声语言的作用,比如,在所有的交往类型中,65%－93% 的信息沟通是通过 NVC 来完成的。

不同语言文化下的 NVC 也表现着不同的文化特点(贾玉新,1997)。比如 Bogen & Lippman(1931)指出,一个人成长所处的文化环境可以决定其走路的姿态;在泰国文化中,二语学习者必须熟练掌握如何在不同的社交场合合中,正确使用恰当的双手合十(合掌)礼,否则会招致当地人的反感(Hudak,2009);与外国人的口音相似,迁移自己母语中的 NVC 到目标语会给当地人一种"非母语手势"洋腔洋调的感觉(von Raffler-Engel,1980;Kirch,1979)。综上所述,Canale & Swain(1980),以及 Scarcella & Oxford(1992)建议在评估语言学生的总体交流能力时,也应该考察其 NVC 的运用能力。这样的考核方法也要求教师在教学时跳出只强调语法和语音准确的圈子,全面培养学生的运用语言的综合能力。在具备一定听说读写能力之后,对 NVC 的熟练而又准确的驾驭能够帮助学生更有效地用目标语来表达自己的想法(Hymes,1972);同理,在交流过程中,不恰当地使用 NVC 也会带来负面的影响,比如没有遵守谈话礼节或者缺少应有的客套,会招致一篇原本用意良好的讲话稿的效果与预期相反(von Raffler-Engel,1980)。

在所有的 NVC 类别当中,最容易受到注意的无疑是谈话者的手势,John Benjamins 出版公司自 2001 年就开始编辑出版一份名为 Gesture(手势)的学术期刊,现在已经出版了 20 余集。笔者现在就用手势来示例说明 NVC 和二语习得和外语教学法之间的紧密联系。

手势被 Kendon(2004)定义为有着象征意义的,伴随正在进行的谈话,能表达谈话者努力意图的行为。Barbieri, et al.(2009)尤其指出,虽然表达形式不同,但由于语言和手势受控于大脑内部的同一机制,要经过同样的思维过程,二者构成了人类沟通的一个有机系统,双方要共同作用才能引起谈话对方的注意,从而取得交流彼此思想的作用。这也就解释了为什么盲人在谈话时,即使看不到自己的手势以及自己的手势在对话者身上所起的作用,也要使用手势(Iverson & Goldin-Meadow, 1998)。

研究者已经把手势归纳为:常规性手势(有时无相关对应实物,例如挥手说"再见",天主教徒在胸前划十字,多为约定俗成(Morris, et al. 1999);象征性手势(又称标记性,自主性,或者符号性手势;通常用来比划示意一个实词);直指性手势(主要用于语法意图,比如用手指指示(Capirci, Contaldo, Caselli & Volterra, 2005));还有节拍(又称指挥手势,运动手势;用来标识时长和重点(McNeil, 2005))。

从跨文化的角度来看,基于手势的任指特性,不同文化在手势习惯上也存在着不同的差异(Yelle, 2006; Gullberg, 2006)。我们现在来看看手势是如何因语言而异,在一、二语习得中又存在着哪些差别。

象征性手势的使用在不同的语言中表现不同。首先,从句法角度来说[②],Kellerman & van Hoof(2003)以 & Kita & Özyürek(2003)发现母语是附目框架语言(satellite-framed languages)的人(比如中文和除罗曼语系以外的印欧语)和母语是动词框架语言(verb-framed languages)的人(比如罗曼语系和日语)在表述一个事物的移动时,所用的手势是不同的。例如,在说"球沿着马路滚下去了"的时候,附目框架语言的人会用伴随式手势来表述运动方式,即"滚动",因为该类语言的动词不编码运动方式;但讲动词框架语言的人会用两套不同的手势表述动作的方向和方式。另外,Yoshioka & Kellerman(2006),以及 McNeil & Duncan(2000)的研究也表明,讲荷兰语(附目框架语言)和讲日语的人在比划参照物处所时,手势也不同。Stam(2006)观察到讲英语(附目框架语言)的人和讲西班牙语(动词框架语言)

的人在讲二语时,要表述"移动"时,所用手势和对讲话者手势的理解,会明显受到一语的手势迁移的影响。

  Liberman & Mattingly（1985）认为,语音和手势之间的关联是与生俱来的。以韵律为例,讲有强弱音步之分的多音节语言的人,只用节拍手势标记重读音节,掠过其间的所有弱读音节;而讲单音节语言的人,例如中文,则用节拍手势击打每一个音节,无论强弱（Hayes,1995）。英语的二语初学者为了记忆新学的词汇,会用打节拍的方式来划分音节（McCafferty,2006）。Kita（2000）解释说,这是初学者通过感应空间运动,为所学的内容建立一个运动成像,利用体态感觉帮助自己对知识的内化。而程度较高的学生则用打节拍的方法强调重音的位置,这和以英语为母语的人相似（Knapp & Hall 2006）。另外一个表明 NVC 和语音之间关系的常见例子就是初学中文的学生用抬头、低头、摇头的方式来帮助自己掌握声调的调值的现象。

  从一语获得角度来看,Guidetti（2002）;Masur（1983）;Bates, Bretherton, Snyder, Shore, & Volterra（1980）发现,常规性手势和直指性手势一般都早于儿童有声语言的出现而出现,而象征性手势和节拍要出现于有声语言之后,并随着语言流利程度的发展而发展。从接收角度来看,Mohan & Helmer（1988）的实验证明,英语为非母语的儿童和英语为母语的儿童在对英语特有手势的理解方面存在着很大的差距。

  手势运用和二语程度之间也有着密不可分的关系。比如,二语学生在讲二语时,其直指性手势的使用频率大于在一语中的使用频率,而象征性手势并不伴随二语流利程度的提高而提高（Sherman & Nicoladis,2004）。Nicoladis（2004）发现:双语儿童在运用自己较弱的语言时,会更多地在没有语言伴随的情况下使用直指性手势;双语者使用的手势要多于单语者。Gullberg（1998）的研究表明中等程度的二语学习者在用二语复述故事的时候,所用的象征性手势要多于其用母语的复述。Krauss（2000）却发现在二语中,象征性手势主要用来帮助填补、搜索谈话时所需的词汇,在一语中,则主要用来强调所谈及的词汇。

二　NVC 的功能以及其与二语习得和教学法之间的关系

  对于 NVC 和二语习得关系的研究成果在实际教学中应用尚不成熟,尤其是在对外汉语教学方面,作为一个新近才发展成熟的学科,对 NVC 的研究和应用更是亟待教师们的重视(Xing,2006)。

2.1 NVC 在二语教学课堂的功能分类

在笔者能找到的为数不多的关于 NVC 和二语教学的文献中,Sime (2006),Allen(2000),Ehrman and Domyei(1998)把 NVC 在二语教学课堂的功能归纳成三类:认知功能(用来促进学习),情感功能(用来增强师生沟通互动),还有组织功能(用来管理课堂教学秩序)。他们强调二语学习者对教师 NVC 的感应和理解对学习效果有着直接的影响。在以下的部分,我要比较一下中美文化在 NVC 上的一些区别[③],并从其在教学中所担负的功能的角度,讨论一下其在美国对外汉语教学以及教师培训中的作用。我的结论是:(1)为了培养学生的综合交流能力,对外汉语教师在教学时,应有意识地介绍中文特有的 NVC;(2)语言教师可以有意调整自己的 NVC 来更好地吸引学生注意力,调动其学习积极性;(3)教师可以注意观察学生的 NVC 以获取学生对教学效果的反馈,评估学生的进步程度,了解他们的学习需求。

Sime(2006)把 NVC 的认知功能定义为:明确语言表达的意图,寻求和给予习得线索,创造学习必须的条件背景。比如,我在教学中发现,用象征性手势比划一个"电脑"的形状,可以在不打断教师叙述连贯性的情况下,介绍一个新的词汇;在空中用手指写下"了"字,可以在做动词练习时,提醒学生如何正确描述已经完成的事件,这样要比走到黑板前再写一个"了"字省时有效;右手向斜下方滑动,可以示意学生在遇见第四声的时候,要把降调降到位。张园(2002)也指出可以利用神经语言学中的神经连接理论,帮助学生建立手势和正确发音之间的条件反射关系,从而增强学生语音学习的效果。

另外,我认为,除了利用 NVC 的认知功能辅助学生掌握教学内容以外,我们还应该把中文特有的 NVC 当作教学内容主动传授给学生(即 3.1.1),并且把学生中文 NVC 程度作为考核学生中文总体水平能力的一部分(即 3.1.2)。

2.1.1 有意识地向学生介绍中文 NVC

在以师生互动为方式、学生交流为目的的二语教学研究中,在教授语法和词汇以外,我们要培养学生在更广一个层面的语言实际应用能力(Brown,

2007)。牢固掌握目标语中的 NVC 可以提高学生二语表达、交流的综合能力(Savignon,2001)。虽然对一个母语者来说,NVC 的使用往往是下意识的,其作用也往往被低估(刘兰萍 2003),但是一名受过良好训练的二语教师应该熟知 NVC 在外语教学中的重要性,例如 Allen(2000)和 Lazaraton(2004)就注意到了手势的运用可以提高学生听力理解的能力,增强其对词汇的记忆。

毋庸置疑,中文 NVC 和美语 NVC 之间存在很多相同的地方,这些内容,教师可以视教学需要,直接引用,比如"开车"和"打电话"在两种语言中的手势相同,老师可以信手拈来作为词汇或动词变化时的提示手段,提高教学效率。但更值得注意的是中文和美语在 NVC 不同的地方,下表就列举一些这样的差别。我认为让学生熟悉中美 NVC 间的区别可以减少教学时师生间的误会,减少、避免学生用中文交流时的失礼表现。除文献所归纳的 NVC 类别以外,我还添加了"规矩礼节"一栏。我会在后文具体说明为什么忽视规矩礼节会反过来影响学生的语言能力。

中美 NVC 对比

类别		美国	中国
手势	常规性	在接交礼品时,双手或者单手都可以	在接交礼品时,尤其是对方是师长时,应用双手
		右手食指反复刮削左手食指,表示"羞!"	用一手食指刮下颔,表示"羞!""丢脸"
		用食指关节敲击桌面来祈祷避免不好的运气	没有相应的手势
		没有相应的手势	拉钩表示要遵守诺言
	象征性	合用两只手从 1 数到 10	一只手可以从 1 数到 10
		用手垂直握铲状画圈,表示"做饭"	做执铲炒菜状表示"做饭"
	指示性	用手指胸口代表"我"	用手指鼻子表示"我"
	节拍	标记重读音节,忽略弱读音节	标记每个音节
面目表情		照身份证照片时要微笑	照身份证照片时不用微笑

续表

类别	美国	中国
目光	和对话人有直接目光接触以表示尊敬和全神贯注（杨全良，1990）	和尊长谈话时，避免直接目光接触，以免显得咄咄逼人（鄂玉荣，2004）
体距	在公共场合至少12英尺（3.6m）；熟人间是1.5—4英尺（45cm—1.2m）（Legisnski & Izzett 1976）	人际间距离要比美国小得多（邓炎昌、刘润清，2006）
	拥抱用来表示亲密（杨全良，1990）	很少拥抱
姿态	起立和尊长谈话的场合不多	大多情况下要起立和尊长谈话（杨全良，1990）
	没有类似要求	和尊长谈话，上身要稍前倾
规矩礼节	去别人家做客是否脱鞋视情况而定	去别人家做客一般要脱鞋
	没有类似要求	聚餐时，不能主动夹走盘子里的最后一点食物
	做客时，要吃完饭盘中的所有的食物来表明对主人厨艺的欣赏	在碗中留下一些食物以表明自己是来做客而非来吃饭的
	客人按时或者晚些到达主人家	客人可早些到达主人家（时真妹，2005）
	葬礼着黑色服装，婚纱为白色	葬礼主色是白色，庆典着红色服装

显然，若是美国二语学生已经学会用手势数数，而且明白中国人的人际间距离要小些，就可以减少在中国旅行时不必要的烦恼和误解。同样，若是某位教师在讲故事时，未经介绍就用中国人"刮脸"的动作表示"羞耻"，学生会有些茫然。还有如果学生已经学会用中文的手势来表示"做饭"，在和中国人交流时会表现得更自然、更贴切。

刘海咏（2008）的研究表明对二语规矩礼节的理解也会影响学生的阅读理解能力。下面是一篇出现在《中文听说读写》中的小短文。文章并不复杂，大多数学生在词汇和语法结构方面也没遇见太大的问题，但是有些学生总觉得自己好像没读明白：

今天中午老张请老王到饭馆吃饭。老王吃素，不吃肉，所以点了一个家常豆腐，还点了一个凉拌黄瓜。这些菜很便宜。老张不知道老王不吃肉，所以点了一盘牛肉，还有一盘糖醋鱼。这两个菜都很贵。菜上来了，老张想让老王吃贵的菜，所以他吃了很多豆腐和黄瓜。吃完饭以后，桌子上还有很多鱼和牛肉，可是老张和老王都觉得很饿。

令学生疑惑的是老张并不吃素，可是为什么不吃"自己"的鱼和肉，因为美国人在饭馆都是各自点，各自吃。对中国人在饭馆大家一起点菜，一起吃的习惯不了解，缺少一条来自规矩礼节的理解线索，学生开始对自己的语言能力产生质疑，在阅读理解上受到了影响。

当然，我们并不期待学生对中文 NVC 的掌握能达到和中国人一样的水平，但是我们至少可以抓住些契机，趁热打铁，有意识地训练他们多留意，多模仿，多运用中文特有的 NVC，最终能够自觉敏锐地融入中国语言文化的整合体（施家炜，2000）。

同理，从中国新到美国的中文教师如果能灵活跨越中文 NVC 的樊篱，调整自己在美国课堂上的一些举止规范，也可以避免对学生意图的误解或者被学生误解。比如和学生人际距离太近，会让学生感到紧张，而期待学生起立回答问题或者因为学生单手交上作业而对学生的态度作出评价，都会给老师的工作带来不必要的干扰。

2.1.2 以学生的 NVC 为考评工具

第二部分已经提及，初学者和高年级学生会用节拍标识不同的音韵单位。Gregersen et al.（2009）也发现程度较高的学生比起初学者和中级学生来，会更多使用和言语联系紧密的手势，加强自己表达的效果。这样说来，我们可以用二语学生的 NVC 来为他们的学习程度把脉。了解学生的 NVC，也可以帮助教师判定他们在学习上的一些难点。比如基于运动手势在动词框架语言和附目框架语言中的不同表现，二语学生在言语和手势之间的脱节可以帮助教师识别学生的习得阶段（Stam，2006）。Gullberg（2006）和 Goldin-Meadow（2003）指出，如果学生运用过多的手势而且停顿过多，可能说明学生在语法、词汇、或者流利程度上需要帮助，手势的介入在一定程度上减少了他们的认知负担（杨晓琼，2011）。

另外，如果教师能对学生的 NVC"察言观色"，就可以根据学生的表现状态，有意调整自己的教学进度，来取得最佳教学效果（Andersen & Withrow，

1981)。如果学生是中文初学者,就有可能还在借助摇晃脑袋来强化自己对音调的掌握,老师就可以在四声方面多做些练习。如果学生在用"把"字句回答问题时,毫不犹豫,声音洪亮,老师就可以放心地把这个句型告一段落,继续下一个语言点的训练。从语气语调方面判断,如果某个学生还在重读本该轻读的"过",可能说明这个学生还没有完全内化经验体的用法,完成句子还有些吃力,老师就需要再耐心地帮助学生巩固对这个知识点的掌握。

2.2 NVC 在对外汉语教学中的情感功能

Mehrabian & Ferris (1967) 发现我们讲话时的手势可以改变其他人对我们的印象。可想而知,每位语言教师都可以像一名训练有素的演讲者一样,用自己放松的体态,亲近的手势,体贴的目光接触,和和蔼的面目表情,用自己的教学热情感染、调动学生的学习积极性。教师的 NVC 也可以用来创造一个友好、宽松的教学环境,鼓励学生积极参与课堂活动,积极思考,增强学习效果。同时,教师也可以通过观察学生的 NVC 来分析了解他们的学习态度和学习状况(Gregersen, 2005;梁新欣, 2004)。比如梁新欣(2004)就建议教师留意课堂是否有冷场,学生发言时是否谈得投机有趣,还是在天南海北闲聊,以此来判断该如何引导学生,鼓励学生。

以下是我在美国近 20 年的对外汉语教学实践中,对 NVC 在渲染课堂气氛方面的一些观察和总结。这些经验帮助我营造了一种让学生敢于参与、乐于参与的课堂教学气氛。[④]

从站姿和动作来看,一直坐在椅子上讲话会使课堂气氛变得枯燥乏味,不妨在教室前边讲边慢慢踱步;而在教室前稍快踱步、并不时加以夸大的手势,可以提高学生表达自己见解的兴致和勇气;在小组讨论的时候,老师在各小组间走动、观察、聆听可以让学生感受到老师也在密切关注他们的讨论;学生回答问题的时候,教师上半身稍向学生方向前倾,可以让学生感到教师在认真倾听自己的想法。

在手势和眼神方面,老师如果能手心向上,伸出前臂做出"邀请"学生回答问题的姿态,要比用食指点学生"要求"学生回答问题的效果好。整个班在回答问题的时候,如果教师能朝着刚才把这个问题回答错的同学点一下头,可以让他感受到老师已经注意到他这次回答正确了。在某个学生回答问题时,老师偶尔意味深长地点一下头,表示他在全神贯注地听,虽然没有出声的表扬,也能给学生心理暗示,用无声的认可和肯定勉励他继续发言;然而,当一场激烈的课堂辩论正在进行时,老师频频点头,可以示意他在期待大家都积极思考,不断提出新的观点和见解。

在谈吐方面,恰当的语气、声高、语速即可以表示老师对学生的关心,也可以督促学生多思考,深思考。

对 NVC 的不恰当运用可以起到适得其反的作用。比如,老师的情感 NVC 和言语内容的脱节会影响老师在学生心中的可信度(Canale,1983)。另外,站立时双臂交叉,双手插兜,皱眉,凝视天花板,避免和学生目光接触,一动不动地站着,说话语调呆板,都可能给学生一种拒人于千里之外的感觉(刘慧萍,2004)。

NVC 可以帮助我们领会讲话者没有用言语表达出来的心思(Barnett,1983),所以老师可以借此来考察学生的心理和情绪状态,有的放矢,调整自己的 NVC 和教学内容。比如若发现学生在挠头,咬手指,老师要设法让学生平静下来,增强他们的自信;全班响应不积极,学生打哈欠或者有些躁动可能是在告诉老师下课的时间已经过了,或者需要做一个语言游戏提提精神,或者可以练习下一个语法点了(刘晋婉,2004)。

2.3 NVC 在对外汉语教学中的组织功能

运用一些固定的 NVC,可以帮助稳固、强化教师在课堂上的主导地位,这也就是 NVC 的组织功能(Stam,2006)。比如在教室里,学生需要举手才能回答问题或者提问(即话论规范);老师用食指指指想要发言的学生,示意他稍候,马上就会让他发言(即注意指引功能);老师轻轻摇头示意学生回答错误并要求其再说一遍(即协议达成功能)(Kendon,2004)。

组织 NVC 除了有帮助教师控制话论和活动顺序的功能以外,我认为训练学生熟悉一些课堂常规 NVC[⑤] 也可以减少互动中的误解,节省时间,避免分散学生的注意力。比如在对外汉语教学课堂上,老师讲中文时提高声调是示意学生跟读或者重复,老师做"一起来"的手势是示意全班合唱,在空中划一条线是示意学生用完整句回答,等等。鉴于目光接触省时有效的组织功能,李如密(1995)形象地指出,在课堂管理时,第一流的教师用眼神(大约平均需要 0.4 秒),第二流的教师用语言(大约平均需要 2.8 秒),第三流的教师施以惩罚。

我的个人经验是这些 NVC 的组织功能需要一些时间养成,可能学生在开学后两三堂课以后才能习惯成自然。所以在学期开始,教师要逐渐培养学生的条件反射能力。为此,这些 NVC 要设计得清楚明了,不至于产生歧义,令学生费解。例如,若看到"一起来"的手势(比如右前臂向上挥),表示全班要合唱,一起练习,学生不需要单个举手回答问题;当看到"完整句"的手势,学生应该明白自己的答案不完整,应该再说一次,把整句话说出来。

长远来看,这些常规性 NVC 可以帮助节省很多宝贵的课堂互动时间,不用把很多精力花在来解释老师让学生做什么,或者反复纠正误解的杂事上,更能减少学生因为不明白老师的要求所带来的干扰、困惑,甚至松懈。

提到珍惜教学时间,以下是我从教学中总结出来的一些充分利用课上每一分、每一秒的心得体验,而这些经验都是基于对 NVC 的组织功能的强调和利用。

如果老师能够在问完问题后,等上一两秒再叫学生回答问题,可以敦促全班每个同学在不知道老师会叫到谁的情况下,都来思考,而非坐而视之,旁观被叫到的同学怎么回答;老师在回答一个较难的学生提问时,可以在黑板上写些东西,为自己争取些思考的时间;教师在翻书找到练习所在页码的时候,可以再叫一个学生把某个问题再回答一遍,减少学生没必要的等待;教师可以在向一个刚刚回答完问题的学生赞许点头的同时,伸出前臂邀请另外一个学生回答问题,保持课堂问答的快节奏衔接。

三 总 结

本文论述了教师有意识教授目标语中 NVC 在提高学生整体交流能力方面的益处。同时,教师调整自己的 NVC 可以吸引学生的注意力,增强学生的参与感。而观察学生的 NVC 可以帮助教师捕捉学生对自己教学效果的反馈,了解学生的进步程度。我还总结了一些根据 NVC 不同功能而设计的教学法。总之,我认为对外汉语教学教师不能低估 NVC 在课堂管理、教学方法、增进师生关系方面的作用。训练学生多观察,多总结,多应用中文 NVC,以求提高他们中文交流的整体素质。

注 释

① 在第三部分的表格中,我把 Kirch(1979)提出的着装、礼物交接、气质仪态等归纳在规矩礼节一栏中。

② 基于对失语症病人的手势和其他手动行为的研究,Roy & Arbib(2005)认为布鲁卡氏(Broca)区所支配的句法属于运动句法,要比语言句法的应用范围广的多。
③ 我主要着眼于 NVC 在美国的具体应用,并不力图泛泛地讨论所有英语国家的 NVC 使用情况。
④ 当然,这些经验要因人而异,因地区而异,因文化而异。我的目的是帮助读者大概了解一下 NVC 在课堂教学中所起的情感功能。
⑤ 我要感谢审稿人指出要区分第二节所讲的语言上的常规 NVC 和课堂上的常规 NVC。二者区别主要在于后者需要设计规定才会被理解,而前者则是约定俗成。

参考文献

邓炎昌、刘润清(2006)《语言与文化—英汉语言文化对比》,外语教学与研究出版社。

鄂玉荣(2004)跨文化非语言交际的文化意义探究,《哈尔滨工业大学学报》第 6 卷第 4 期:112—115。

贾玉新(1997)《跨文化交际学》,上海外语教育出版社。

李如密(1995)教学非语言表的特点与功能,《中国教育学刊》第 4 期:40—43。

梁新欣(2004)从师生互动谈如何上好单班课,*Journal of Chinese Language Teachers Association* 40(1):25—46。

刘海咏(2008)自制网上汉语教学影像材料,《国际汉语教学动态与研究》第 4 期:56—68。

刘慧萍(2004)非言语交际在外语教学中的应用,《伊犁师范学院学报》第 2 期:91—93。

刘兰萍(2003)试论话语中的非言语特征,《外语与外语教学》第 4 期:58—59。

刘晋婉(2004)非言语交际行为在外语教学中的课堂效应,《温州师范学院学报》(哲学社会科学版)第 25 卷:第 4 期:91—94。

曲彦斌(2000)计算机网络言语交流中的身势情态语符号探析,《语言教学与研究》第 4 期:25—31。

施家炜(2000)跨文化交际意识与第二语言习得研究,《世界汉语教学》第 3 期:64—74。

时真妹(2005)跨文化交际中的非言语行为——中美时空观差异,《大连理工大学学报》(社会科学版)第 4 期:75—77。

杨全良(1990)非言语交际简述,《外语研究》第 2 期:18—22。

杨晓琼(2011)国外手势与二语习得关系研究的进展,《外国语文》第 27 卷:第 3 期:89—93。

张园(2002)手势在语音教学中的作用,《语言教学与研究》第 6 期:51—56。

Abercrombie, D. (1965) *Studies in linguistics and phonetics*. London: Oxford University

Press.

Allen, Linda Quinn (2000) Nonverbal accommodations in foreign language teacher talk. *Applied Language Learning* 11: 155—176.

Andersen, Janis & Julie Gardner Withrow (1981) The impact of lecturer nonverbal expressiveness on improving mediated instruction. *Communication Education* 30: 342—353.

Barbieri, Filippo, & Antimo Buonocore, Ricardo Volta, and Maurizio Gentilucci (2009) How symbolic gestures and words interact with each other. *Brain and Language* 10: 11—11.

Barnett, Marva (1983) Replacing teacher talk with gestures: nonverbal communication in foreign language classroom. *Foreign Language Annals* 16:3, 173—176.

Bates, E., Bretherton, I., Snyder, L., Shore, C., & Volterra, V (1980) The emergence of symbols in language and action: similarities and differences. *Merrill-Palmer Quarterly* 4: 407—423.

Birdwhistell, R. L (1955) Background to kinesics. *Review of General Semantics* 13: 10—18.

Bogen, Hellmuth, & Otto Lippman (1931) Gang und Charakter (Character Types). *Beihefte zur Zeitschrift fur angewandte Psychologie* (Supplement to Periodical for Applied Psychology) 58: 32.

Brown, H. D. (2007) *Teaching by principles: an interactive approach to language pedagogy*. Longman.

Canale, Michael (1983) From communicative competence to communicative languagepedagogy. In Jack Richards and Richard Schmidt (eds.) *Language and communication*. London: Longman.

Canale, M. & M. Swain (1980) Theoretical bases of communicative approaches to second language teaching and testing. *Applied Linguistics* 1: 1—47.

Capirci, Olga, & Annarita Contaldo, Cristina Caselli, & Virginia Volterra (2005) From action to language through gesture: a longitudinal perspective. *Gesture* 5: 155—177.

Ehrman and Domyei (1998) *Interpersonal dynamics in second language education: the visible and invisible classroom*. Thousand Oaks, CA: Sage.

Goldin-Meadow, S. (2003) *Hearing gesture: how our hands help us think*. Cambridge, MA: Harvard University Press.

Gregersen, Tammy, & Cabriela Olivares-Cuhat, John Storm (2009) An examination of L1 and L2 gesture use: What role does proficiency play? *The Modern Language Journal* 93:2, 195—208.

Gregersen, Tammy (2005) Nonverbal cues: Clues to the detection of foreign language anxiety. *Foreign Language Annals* 36: 25—32.

Guidetti, M (2002) The emergence of pragmatics: forms and functions of conventional gestures in young French children. *First Language* 22(3): 265—285.

Gullberg, Marianne (2006) Some reasons for studying gesture and second language acquisition (Hommage à Adam Kendon). *International Review of Applied Linguistics in Language Teaching* 44.

Gullberg, Marianne (1998) *Gesture as a communication strategy in second language discourse: a study of learners of French and Swedish*. Lund: Lund University Press.

Hayes, Bruce (1995) *Metrical stress theory: principles and case studies*. Chicago: University of Chicago Press.

Hudak, Thomas John (2009) Thai. In Bernard Comrie (ed.) *The world's major languages*, 2nd edition. Routledge.

Hymes, D. (1972) On communicative competence. In J. B. Pride and J. Holmes (eds.) *Sociolinguistics*: Selected readings. Baltimore: Penguin.

Iverson, J. M., & S. Goldin-Meadow (1998) Why people gesture as they speak. *Nature* 396: 228.

Kellerman, E. & A-M van Hoof (2003) Manual accents. *International Review of Applied Linguistics in Language Teaching* 41: 251—269.

Kendon, Adam (2004) *Gesture: Visible action as utterance*. Cambridge: Cambridge University Press.

Kirch, Max (1979) Non-verbal communication across cultures. *The Modern Language Journal* 63:8, 416—423.

Kita, S. (2000) How representational gestures help speaking. In D. McNeil (ed.) *Language, culture, and cognition 2. Language and gesture*. Cambridge UP.

Kita, S., & A. Özyürek (2003) What does cross-linguistic variation in semantic coordination of speech and gesture reveal?: Evidence for an interface representation of spatial thinking and speaking. *Journal of Memory and Language* 48:1 16—32.

Knapp, M. L., & Hall, J. A. (2006). *Nonverbal communication in human interaction*. Belmont, CA: Thompson Publishers.

Krauss, Robert (2000) Lexical gestures and lexical access: a process model. In David McNeil (ed.)*Language and gesture*. Language, culture and cognition.

Lazaraton, Anne (2004) Gesture and speech in the vocabulary explanations of one ESL teacher: a micro-analytic inquiry. *Language Learning* 54: 79—117.

Leginski, Water and Izzett, Richard (1976) The selection and evaluation of interpersonal distance as a function of linguistic styles. *The Journal of Social Psychology* 99: 125—137.

Liberman, A. M., & I. G. Mattingly (1985) The motor theory of speech perception revised. *Cognition* 21:1—36.

Malandro, L., L. Barker, & D. Barker (1988) *Nonverbal communication* Mcgraw-Hill College.

Masur, E. F. (1983) Gestural development, dual-directional signaling, and the transition to words. *Journal of Psycholinguistics Research* 12: 93—109.

Mehrabian, Albert (2009)*Nonverbal communication*. Walter De Gruyter Inc.

McCafferty, Steven (2006) Gesture and the materialization of second language prosody. *International Review of Applied Linguistics in Language Teaching* 44 (2): 197—209.

McNeil, David (2005)*Gesture and thought*. Chicago: Chicago University Press.

McNeill, D., & Duncan, S. D. (2000) Growth points in thinking-for-speaking. In D. McNeill (ed.)*Language and gesture*. Cambridge, England: Cambridge UP.

Mohan, Bernard, & Sylvia Helmer (1988) Context and second language development: preschoolers' comprehension of gestures. *Applied Linguistics* 9(3):275—292.

Morris D, & P. Collett P, P. Marsh P, M. O'Shaughnessy (1999)*Gestures: their origins and distributions*. London: Jonathan Cape.

Nicoladis, E. (2004) The effect of bilingualism on the use of manual gestures. *Applied Psycholinguistics* 28: 441—454.

Pike, Kenneth (1967)*Language in relation to a unified theory of the structure of human behavior*. The Hague: Mouton.

Roy, A. C., & M. A. Arbib (2005) The syntactic motor system. *Gesture* 5: 7—37.

Savignon, S. (2001) Communicative language teaching for the twenty-first century. In M. Celce-Murcia (ed.) *Teaching English as a second or foreign language*. Boston: Heinle & Heinle.

Scarcella, R. & Oxford, R. L. (1992) *The tapestry of language learning*. Boston:

Heinle and Heinle.

Sherman, J. & E. Nicoladis (2004) *Gestures by advanced Spanish-English second-language Gesture* 4: 143—156.

Sime, Daniela (2006) What do learners make of teachers' gestures in the language classroom? *International Review of Applied Linguistics in Language Teaching* 44: 211—230.

Smith, Henry Lee (1957) Definition of language, film no. 2 in series Language and Linguistics. University of Buffalo.

Stam, Gale (2006) Thinking for speaking about motion: L1 and L2 speech and gesture. *International Review of Applied Linguistics in Language Teaching* 44: 145—171.

Xing, Janet Zhiqun (2006) *Teaching and learning Chinese as a foreign language: a pedagogical grammar.* Hong Kong University Press.

von Raffler-Engel, W. (1980) Kinesics and paralinguistics: A neglected factor in second language research and teaching. *Canadian Modern Language Review* 36: 225—237.

Yelle, Robert (2006) The rhetoric of gesture in cross-cultural perspective. In Paul Bouissac (ed.)*Gesture, ritual, and memory, Special Issue of Gesture* 6: 223—240.

Yoshioka, Keiko, & Eric Kellerman (2006) Gesture introduction of ground reference in L2 narrative discourse. *International Review of Applied Linguistics in Language Teaching* 44: 173—195.

刘海咏

Wayne State University, USA

haiyong@wayne.edu

汉语篇章习得研究综述

宋璟瑶

提　要　本文对 20 世纪 90 年代中期至今的一百余篇（部）汉语作为第二语言的篇章习得研究作了梳理，归纳了篇章衔接手段、篇章语义连贯、篇章结构、篇章中的语用与文化因素等若干方面的习得研究成果，并从研究对象、语料性质、理论与方法等角度对现有研究的特点进行了总结和评价，对今后研究的发展提出了若干建议。

关键词　对外汉语　篇章　习得研究　综述

汉语作为第二语言的篇章习得研究始于 20 世纪 90 年代中期，近十年来受到了学界的广泛关注，研究数量大幅增加。据我们初步统计，迄今为止关于汉语篇章习得的研究共计 118 项，分布于 1996 年～2013 年的 18 年间（其中 1998 年未发现），具体情况见图 1：

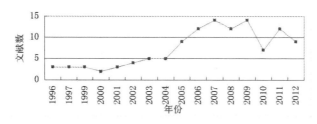

图一　文献数量按年份的分布情况

可见，汉语篇章习得研究的数量自 2005 年明显提高——此前年均在 5 篇以下，2005 年之后以每年 10 篇左右的速度增长。不仅如此，近年来的研究在对象范围、材料选取、所用方法以及内容与成果等方面都比初期有了明显的进步，详见后文。

上述文献包括 116 篇论文和两部专著。论文中包括期刊文章 55 篇，学位论文 52 篇，另有 9 篇出自论文集。两部论著分别为《日本学生汉语习得偏误研究》(吴丽君等 2002)中的相关章节,与《面向对外汉语教学的汉语语篇研究》(马明艳 2009)。目前的研究成果主要集中于对汉语篇章若干衔接手段如照应、连接、词汇衔接、省略与替代等的习得情况的考察,对学习者的运用表现特别是偏误进行了详细的描写与分析,对语义连贯、篇章结构、篇章中的语用与文化等因素的习得亦有所关注,并对篇章偏误成因、篇章教学的问题进行了一定的探讨。下面对主要的研究成果进行梳理和介绍。

一 主要研究成果

1.1 综述性文献

我们所收集到的综述性文献共有 4 篇,都是针对学习者的汉语篇章偏误研究。所涉及的研究成果在时间上分布在 20 世纪 90 年代至 2010 年之间。所总结的成果数一为"30 余篇",12 篇论文和 1 本专著,另外两篇未交代具体数量。

从对已有成果的分类角度来看,高鲜菊(2010)以研究对象的母语背景为线索分为 7 个类别,其他 3 篇综述都是从文献的研究角度来分类。陈晨(2003)将已有研究分为"整体性研究"和"局部性研究"两类,杨春(2007)分为衔接、连贯偏误研究和语境、语用偏误研究两类,孙晓华(2008)分为衔接、连贯偏误研究,目的语导致的偏误研究和具体类型偏误的研究三类。所评述的内容除前人研究所发现的偏误现象外,还包括偏误原因、汉语篇章偏误研究的发展、汉语篇章教学等方面的研究成果,并指出了所涉研究的不足之处。

1.2 衔接与连贯的习得研究

现有研究所基于的篇章语言学本体研究成果主要为"衔接与连贯"理论。篇章的"衔接"(cohesion)与"连贯"(coherence)概念由 Halliday & Hasan(1976)提出,被视为"篇章性"(textuality)的必要因素(de Beaugrande & Dressler,1981)。一般认为,"衔接"指篇章在词汇、句法等方面的显性特征,"连贯"则是隐性语义关系,是"衔接"的效果。下面具体介绍汉语篇章衔接与连贯的习得研究情况。

1.2.1 汉语篇章衔接手段习得研究

目前广为接受的衔接手段分类是 Halliday & Hasan(1976)提出的照应、

省略、替代、连接、词汇衔接 5 种,现有的汉语篇章衔接手段习得研究也多集中于这几类。此外在具体研究中还发现了对其他衔接手段习得情况的关注。

1.2.1.1　照应

"照应"是篇章中不同位置的词语有同样的指称内容,以此来实现内容上的前后连贯。照应是最常见和重要的篇章衔接手段之一,也是汉语篇章习得研究关注的重点。在我们所收集到的文献中,有 71 项涉及汉语篇章照应手段的习得,其中 16 项为针对照应习得情况的专门研究。以上文献可根据研究角度分为两类。

一类是从照应的内容出发。胡壮麟(1994)将"指称"(即照应)按内容分为 5 种类型:人称指称、社会指称、地点指称、时间指称、语篇指称。曹秀玲(2000)对韩国中高级留学生书面篇章指称现象的考察基本沿用了这一分类,去掉了语料中没有出现的"社会指称",并且加入了"事物指称"。文章发现"语篇指称"仅出现在高级阶段,指称的对象包括前文中的一句、多句乃至语段,所使用的形式主要为"这/那"类词语,可以充当多种句法角色;"时间指称""地点指称""事物指称"都主要使用"这/那"类词语,常见偏误为"这/那"的混淆;"人物指称"包括第三人称指称、第一人称指称和人物交替指称三类,各类在不同指称形式的"延续性值"、使用数量、偏误情况上各有特点,但名词或代词使用过度,使得零形式相对使用不足是共同的问题;总体来看,留学生写作的篇章在指称类型和方式上呈简化态势,中级学生的作文仍有缺少指称衔接、将句子作简单线性排列的痕迹,高级学生的指称运用则更加自如,篇章更加连贯、流畅,同时也要看到,无论中级还是高级,学生的汉语篇章中仍然存在各种问题和偏误,同母语者相比有一定的差异。王瑶(2004)、杨丽赟(2007)、罗丁(2012)等对照应的研究也采用了相似的分类方式。

另一类研究着眼于照应的形式。陈平(1987)将照应(原文称为"回指")从形式上分为三类:名词、代词、零形式。其中名词照应与"词汇衔接"有所重合,这里暂不详述。代词照应是最为常见的形式,特别是人称代词的照应问题引起了多方关注。其中人称代词照应与名词照应、零形式照应之间的分工问题是习得的难点和研究的重点之一。高宁慧(1996)将研究焦点集中于留学生篇章中的代词偏误,对小句、话题链、段落三级单位中的代词照应衔接习得情况进行考察,总结出三类偏误:Ⅰ型:代词多余,主要是主语、定语多余;Ⅱ型:代词缺失,主要是主语、定语缺失;Ⅲ型:代词错用,包括代词位置不当与违背代词使用的"平行性原则"两种情况。肖奚强(2001)首先列举了理论上3种照应形式两两混淆的6种可能性,然后通过语料分析,发现各偏误类型在实际语料中出现频率有很大差距。作者通过"可及性"的概念作出了解释,认为"名词—代词—零形式"在照应对象的可及性上逐渐升高。初级学生常将高可及标记替换为低可及标记,即将零形式照应误为名词、代词照应,使篇章结构松散不连贯性;高年级学生因追求经济、避免重复,易将低可及标记替换为高可及标记,即将名词照应误为代词或零形式照应,使表义不明确;名词照应误为零形式照应的偏误极少,因二者可及性相差较大,误用会严重影响表义;代词的可及性介于名词与零形式之间,与二者的联系均较密切,所以代词照应误为名词照应或零形式照应的用例都较多。

指示代词"这/那"及相关词组也是照应衔接的常见形式。前文所举的语篇、时间、地点、事物照应的主要形式都是指示代词照应。徐开妍(2007)考察了初、中、高三个习得阶段各10万字的学习者语料中的"指示代词回指"使用情况,得出如下结论:所指对象主要包括名词性、动词性、小句性和语段性成分;初级学生的指示代词回指使用不足,而中高级则使用过量,特别是对一些名词性成分的回指;偏误类型主要是指示代词与名词、零形式的混淆,缺少先行词,"这/那"的混淆,"指别"与"称代"两种功能的混淆,以及与疑问代词"哪"的混淆。张晓丽(2008)同样对三种水平的学习者语料进行了分析,主要发现有:"指称衔接"的使用率和正确率都随学习者水平上升而提高,其中时间、事物、地点指称的使用率和正确率均高于语篇指称;"这"的使用多于"那",且二者在所指内容的倾向性上有所不同,"这"最多是用于地点指称,"那"则最多用于事物指称;偏误类型包括指称代词的缺少、多余、错用,以及指称对象的缺失等。

关于代词照应的偏误,李楠(2012)还分析了留学生作文中的反身代词指称偏误,包括反身代词多余和误用为非反身代词两种情况。陈晨(2005a)从英语国家中高级学生的作文中还发现了代词指称对象不清晰、与所指对象单复数不一致、人称代词与所指对象人际关系角色不一致等类型。

零形式照应与"省略"多有重合,除与名词照应、代词照应相比较外,较少有单独研究。彭彩红(2006)从"理解"和"使用"两个方面考察了中高级留学生汉语叙事语篇"零形回指"的习得情况。从"理解"来看,制约留学生正确理解零形回指对象的因素主要有:先行语的位置、数量与零形式的距离,留学生运用语义辨析的能力、利用语境判断的能力以及所接触过零形式的数量。从"使用"来看,总数基本上与接触数量和理解程度成正比,其中使用最多的类型是先行语位于主语位置的零形回指,而当先行语与零形回指之间出现新信息,或句法位置不相同时,学生会回避使用。零形回指的偏误类型主要是与名词、代词的混淆,习得过程包括:"力求完整期—规则不明期—渐入佳境期"三个阶段。与之类似,王红斌、李悲神(2009)也将"零形回指"的习得阶段分为三个时期,称为:"尝试期—尝试二期—成熟期"。

1.2.1.2 连接

"连接"指用特定的"连接性词语"实现语义上的连贯,也是重要的篇章衔接手段。文献中共有82项涉及汉语篇章连接手段的习得,其中17项为专门研究。受关注较多的是逻辑连接语的习得,此外也有对时空连接成分、时体连接的习得研究。

对于逻辑连接语,本体研究有不同的分类方式,相应地习得研究也有不同的视角选择。袁丽(2009)采用Halliday(1985)的观点,发现留学生作文中出现了延伸、增强、详述三类连接成分,且三者偏误率递减;孔艳(2009)沿用邢福义(2001)的分类,考察了英语国家学习者在篇章中使用因果、并列、转折三类逻辑连接语的情况;王媛媛(2012)在廖秋忠(1986)以功能与位置为依据所作分类的基础上,进行适当调整,考察了泰国中高级学生使用10类逻辑连接语的偏误。

多数研究发现,在各大类、次类及具体的逻辑连接词语的使用频率上,学习者的表现都呈现出"不平衡性"。例如黄理兵(2006)对中级留学生作文中句首连接成分的分析发现,学生所使用的篇章连接成分过分集中在少数类型上,导致有限的连接成分被频繁使用,且不会使用某一类连接成分的"变体"。学者们普遍认为,排除篇章主题内容以及汉语逻辑连接成分本身使用频率差别的影响,这种不平衡的现象反映了学习者对汉语逻辑连接成分尚未完全掌握,在使用中采取了回避策略,并且受到教材等因素的影响。

学习者使用逻辑连接成分时也会出现各种偏误,主要类型有:多余、漏用、错用、错位以及杂糅等。其中每类又可能包含具体的次类,例如成对关联词语的漏用有"完全漏用"和"部分漏用"两种情况,"错用"可能是同类型或不同类型连接成分间的混淆。(肖艳,2010)此外,王振来(2005)认为一些"错位"实际上体现了学习者将副词性与连词性的连接成分混淆的问题。偏误分布也有"不平衡"的特点,体现为不同的连接成分出现各类偏误的频率序列并不相同。郭丽娟(2011)依据中高级韩国学生语料中的"正误使用相对频率",为不同类型的以及具体的连词排列了习得顺序和难度等级。

除逻辑连接成分外,一些学者认为表示时间、空间的成分也有篇章衔接的作用。吴丽君等(2002)发现日本学习者的汉语篇章中会出现时间、空间参考点缺失、多余、不清晰的偏误,而当时间连接成分与篇章的叙述、描写顺序结合时,"先时性"连接成分常被回避使用,"同时性"连接成分使用较少且有错用情况,"后时性"连接成分则限于重复使用简单的几种,亦出现错用。周清艳(2007)针对多国中高级留学生篇章中后时连接成分的使用进行了偏误分析,总结出"以后""后来"与"然后"的相互混淆、回避使用、语义不顺、连接功能错误、重复单调等主要问题。

西方篇章语言学界认为,时与体也具有篇章衔接功能(黄国文,1988)。汉语并不具有典型的时、体语法范畴,但有类似体标记的动态助词,也能够在篇章中起一定的衔接作用。孔艳(2009)发现英语国家中高级学习者在篇章中使用完成体"了"、经验体"过"、持续体"着"时存在多用、漏用等偏误;叶芳(2011)针对越南留学生篇章的研究发现"了""着"的主要偏误是缺用或滥用,"过"则多为与"了"混用。

1.2.1.3 词汇衔接

涉及汉语篇章词汇衔接手段习得情况的研究共有 33 项,其中专门研究 4 项。所考察的词汇衔接类型可以概括为两类:原词复现,语义上有关联的词语衔接。

原词复现在学习者的汉语篇章中整体来看习得情况较好,使用频率和正确频率基本都居于各类词汇衔接手段之首。原词复现与前文所论述的照应有重合之处,因此偏误也多为与代词照应、零形式之间的混淆。另外,孙西瑾(2005)认为使用中心词、缩略式也是汉语中词语复现的常见形式,中高级越南留学生习得中心词复现情况较好,能够灵活使用,对于缩略式则多当作整体来使用,原式并不出现。

语义上有关联的词语衔接包括同义词、近义词、反义词、上/下义词、共下义词、概括/具体词、序列关系词、整体/部分词、集合/成员词、物质材料关系词,等(参见胡壮麟,1994)。林帅(2012)的统计发现除原词复现外,同/近义词、概括词、反义关系词是学习者使用较多的词汇衔接手段,汪菲(2009)的考察结果还包括了同序列词、概括词、上/下义词和部分/整体词。在偏误方面，主要有多余、漏用、语义偏误和语用偏误等类型。其中语义偏误包括选词不当（如使用了错误的"同义/近义/反义词"），逻辑前后矛盾，以及语义层次混乱（如将上义词与下义词、概括词与具体词并列）。语用偏误包括词语的色彩、语体的不一致，以及不符合语篇设定的特定环境。此外，林帅（2012）还发现了几种特殊的偏误类型，如混淆动作的施事与受事，混淆形式或意义相似的词语，等。

1.2.1.4 替代与省略

"替代"与"省略"两种衔接手段都是为了避免篇章中某些成分的重复出现，因此"省略"又称"零式替代"（Halliday & Hasan, 1976）。由于二者的篇章功能和使用规律等较为相似，且在学习者的汉语篇章中出现频率都不高，因此不少研究者将它们并为一类来考察。高宁（2006）通过横向语料、个案跟踪、问卷调查三种方式考察了留学生三类衔接手段的习得顺序，发现"替代与省略"的习得晚于"指称""连接"，位于最后，并且欧美学生习得替代与省略要早于韩国学生。包括此项研究在内，涉及篇章中替代与省略习得情况的研究共有51项，其中3项为关于省略的专门研究。

由于替代在语料中使用频率不高，因此现有文献主要针对其偏误情况进行研究。一类沿用本体研究对替代的分类，按名词性替代、动词性替代和小句性替代（胡壮麟，1994）来考察，如陈晨（2005b）、肖艳（2010）、白婧（2012）。另一类直接对偏误类型进行归纳，如彭恒利（2003）、赵成新（2007）、张洁（2007）。所得出的主要偏误类型包括替代的缺用、滥用，替代形式错误，替代对象不明，以及替代成分的位置错误等。马明艳（2009）在书中第五章介绍了针对韩国学生汉语篇章"小句替代"习得情况进行的专门研究，考察了替代词在小句中充当的不同句子成分的种类与分布，以及各种替代词语的使用频率。研究还发现，初级学生使用小句替代词的句法分布丰富性低于中、高级，而不同替代词的使用频率在不同等级的学生中亦有差异。

周圣芳（2011）考查了中高级韩国留学生汉语叙事篇章中使用的省略衔接手段，其中名词性省略占绝大多数，而动词性和小句性省略较少。作者具体分析了每类省略的使用情况及偏误，总体来看，省略不足的偏误要多于省略过量。刘建霞（2005）与田然（2005）的研究都是针对名词性省略的习得，前者发现韩国中高级学习者使用的名词性省略集中在主、宾、定语位置，省略不足与省略过度两种偏误交替出现,其中省略不足占绝大部分,尤其是主语和表人物关系定语的省略不足。后者依据留学生语料中的使用数量与偏误率得出名词性省略的习得顺序同时也是难度级差为:句法位置相同的省略→顶针省略(后句首位成分承前句末位成分而省略)→句法位置不同的省略。

1.2.1.5 其他衔接手段

在文献中,研究者们还发现了其他也能够在篇章中起衔接作用的形式手段,学习者对这些衔接手段的习得情况也值得探讨,主要有如下几种。

句式的选择也具有篇章衔接的作用,共有 16 项研究涉及句式衔接的习得情况,包括一些特殊句式在篇章中的使用,例如"把"字句、"被"字句(如:鲁健骥,1999;陈晨,2005a、2005b;白婧,2012),以及句子间句式的协调,例如单句与复句的选择(吴丽君等,2002)、排比句式(陈萍,2007)等。主要的偏误在于某些句式的回避使用或滥用,以及不会利用句式的相互配合形成衔接。

语序的安排也与篇章的衔接有关,相关的习得研究共有 9 项,包括句序和词序两个方面。前者如陈晨(2002)考察了英语国家中高级学习者在汉语篇章中对句子逻辑顺序、时间顺序的安排,后者如张永昱(2002)发现留学生的汉语篇章中会出现句内的词序偏误,如将已知信息放在宾语位置上。

涉及篇章中的修辞习得情况的研究共有 3 项。冯新宏(2008)着眼于狭义的修辞,考察了高年级留学生在汉语篇章中使用 9 种辞格的情况,并将偏误类型总结为:使用不当、该用而未用。林欢(1999)的研究针对广义的修辞,分析了留学生作文在叙述角度和语言简练方面的问题。吴丽君等(2002)对中高级日本学生作文的考察则包含了以上两个方面。

汉语口语篇章的习得研究大部分沿袭了书面语篇章的分析方法,对衔接手段的习得情况进行了考察。包括对多种衔接手段的研究,如陈萍(2007)、王瑛(2008)、杨力铮(2009)、陈小娇(2011)、殷维真(2012),以及对某一种衔接手段的研究,如石雨(2008)对学习者口语叙述体篇章中人称回指的研究、徐海玉(2009)对韩国留学生口语篇章中时间连接的研究,等。另有若干研究考察了口语表达所独有的一些篇章特征。毛悦(1997)考察了多国留学生一次口语能力测试的材料,发现学生对于"对话体"比较熟悉,回答问题能力较强,但提出问题、使谈话进入下一话步的能力较弱,而"独白体"是学生习得的难点,陈述主题、构划全篇、组合语言的能力还有待提高。姜迪(2007)针对韩国学习者对"话语标记"习得情况进行了研究,发现学习者与母语者相比,话语标记的使用量明显不足,依赖不同的话语标记,并且对某些标记语存在使用过度的现象,而标记语使用的位置则与母语者没有明显差异,同时随着水平上升,学习者使用的话语标记数量和类型都有所增加,话语中的重复和连续更少,使话语更为自然流畅。朱世芳(2009)分析了不同级别的韩国学习者口语篇章的流利性,发现:随着水平上升,学习者的平均语流长度逐增,平均停顿长度与每分钟停顿次数逐减,特别是长时停顿减少,用于补白的无意义停顿语出现频次逐减;以上变化在初、中级之间差别不大,到高级则变化显著。此外,郭茜(2001)对高级学习者话语中"简约"与"繁复"现象的考察也是较有新意的角度。

研究中涉及的其他汉语篇章衔接手段还有:数量名词组与新/旧信息的配合(鲁健骥,1999;吴丽君等,2002)、定语与间接引语的使用(王莉,2003)、韵律节奏的安排(胡明亮,2007)、程度副词的序列性(冯新宏,2008)等。

1.2.2 汉语篇章语义连贯习得研究

有21项研究除关注形式上的衔接手段外,也涉及了汉语篇章中语义连贯的习得情况。语义连贯问题既体现在句子间,也包括段落间的语义关联(陈弈竹,2011),乃至整个篇章的语义串联,如首尾呼应(马燕华,2002)。总体来看,学习者篇章中的语义连贯问题主要有:语义松散、跳跃、不连续,语义逻辑混乱、前后矛盾等。一些语义连贯问题是与衔接偏误伴随产生的,也有的可能来自学习者与汉语母语者不同的思维方式。

1.3 其他汉语篇章现象习得研究

1.3.1 汉语篇章结构习得研究

现有的涉及篇章结构的习得研究为数不多,且多以"自然段"这一较为明确的结构单位作为"抓手"。吴丽君等(2002)在"篇章结构层次与语段教学"一节中列举了日本学习者的篇章结构偏误,主要是把握不好语段与篇章整体的关系,包括没有划分自然段、语段的顺序安排不合理,以及某些语段与篇章主体无关等。此外,作者还将语段中句际关系的偏误,以及文章题目与内容的关系等问题也归入此节中,马燕华(2002)将"不分段落"作为"失败"的篇章现象的一种,陈弈竹(2011)专文探讨了韩国留学生的"段际偏误"问题。

另有若干篇章结构习得研究在理论视角上具有一定的特色。韩瑞芳(2009)考察了留学生作文中4种"篇章微观语义结构"与三级"篇章微观功能结构"的使用,将主要偏误类型总结为:结构形式的缺失、羡余、误代。廉爱宁

(2011)分析了学习者所写议论文的"宏观功能结构",得出不同文化背景、不同水平的学习者对 21 种"修辞结构关系"的使用情况,及其与母语者的异同、与作文分数的相关性。"主位—述位"理论也为若干研究所使用,霍静宇(2004)、林雪凤(2006)分别考察了日本和泰国学习者的书面语叙述体篇章,孙新爱(2004)分析了留学生的口语篇章,发现的问题主要有:集中使用某一种主位推进模式,主位推进跳跃造成不连贯,主位—述位的安排违背信息结构规律,以及主位成分本身的偏误等。

1.3.2 汉语篇章的语用与文化习得研究

现有研究从语用和文化层面对篇章习得问题进行讨论的尚不多见,仅有 11 项涉及。较早注意到此类问题的是王绍新(1996),她认为学习者的"超单句偏误"有些是由于缺乏交际目的与信息差,有些则是来自民族文化背景与语言交际策略的差异。辛平(2011)考察了留学生作文中的"语言语用失误",主要是所选择的表达方式不符合作者的意图或汉语的表达习惯。马明艳(2009)分析了留学生书面语写作材料中的"社交语用偏误",包括违反语用原则,如:赞誉准则、谦虚准则、宽宏准则、一致准则等,以及忽略交际双方的社会距离、权力和义务。王瑛(2008)的研究表明学习者的口头表达中也会出现不符合中国人口语表达习惯、对话规则及场合的言语。

1.3.3 汉语篇章中的标点符号习得研究

在书面篇章中,标点符号也是必不可少的组成因素,有 5 项研究也对学习者汉语标点符号的使用给予了关注。其中吴丽君等(2002)和马明艳(2009)都设有专门的章节,分别对日本和韩国学习者书面篇章中的标点符号使用和偏误情况进行了考察分析。从以上研究的结论来看,标点符号不仅具有简单的表义和分隔作用,也具有一定的篇章功能甚至修辞功能。学习者对汉语标点符号的误用,一定程度上反映了对汉语篇章意识的缺失,例如滥用句号,忽视句间的连贯性,或者"一逗到底",缺少层次性。

1.4 汉语篇章偏误原因及教学研究

赵成新(2005、2006)专门探讨了篇章偏误的成因,通过对留学生作文语料的分析,分别总结了造成中介语篇章偏误的各种目的语因素和母语因素。鲁健骥(1999)、孙西瑾(2005)采用了让被试分别用母语和汉语写作同一篇章的方式收集语料,不失为探讨母语影响的有效方法,但二者的对比分析还需更加系统和深入。其余研究虽多数列举了可能的偏误成因,如:母语负迁移、目的语规则泛化、学习与交际策略、教学因素影响等,但大都缺乏有说服力的证据及深度的探讨。

关于汉语篇章教学的研究亦有类似情况,虽然多数研究都包括对教学的"启示""建议"一类内容,涉及研究成果与教学的结合、教材与大纲的编写、教师的篇章意识与课堂教学方法等各个方面,但基本上都是泛泛而谈的"设想",其效果还有待于实际教学活动的检验。

二 现有研究的特点

2.1 研究对象的选择

在除综述性文章外的114篇(部)文献中,有32项研究并未明确交代研究对象的国籍与母语背景。针对单一母语背景的学习者进行的研究有59项,共计12种国别/母语,其中韩语21项,英语18项,在数量上占有绝对优势,其他包括越南、日本、泰国、法国、印尼、喀麦隆、丹麦、挪威等,文献数都在5项或以下。另有23项研究针对多种母语的学习者进行,所涉及的国别或语种在2～10种不等,但其中仅3项进行了不同母语背景学习者习得情况的比较。

目前所见文献中研究对象的汉语水平分布情况见表1:

表1 研究对象汉语水平的分布情况

单一水平			多个水平			不明	综述	总数
初级	中级	高级	初中级	中高级	初中高级			
11	15	15	1	44	9	19	4	118

上表反映出以中级、高级水平汉语学习者为对象的研究数量远多于对初级学习者的研究,特别是以中、高两个水平的学习者共同作为对象的研究最多。

2.2 语料的性质与数量

在全部文献中,除4篇综述外,有100项是关于书面语篇章的习得研究,13项将口语篇章作为研究内容,1项研究的语料兼有两种语体。

书面篇章的研究中,有60项没有明确区分体裁,20项使用了记叙文体的语料,4项针对议论文体,针对"自我介绍文"、博客和"书信体"篇章的研究各1篇,另有14项研究使用了包括记叙、议论、说明、应用等多种体裁的语料。口语篇章的研究中，未区分体裁的有 4 项，针对叙述体的有 3 项，针对独白体、对话体的各 1 项，另有 5 项研究使用了多种体裁的语料。在多种体裁语料并用的研究中，马燕华(2001)、马明艳(2009)、马艳荣(2012)的句子排序测验研究探讨了叙述文、写景文、说明文与议论文等文体在习得中的不同难点，王魁京、张秀婷(2001)对"句群表达能力"的研究区分了"叙述句群"与"说明句群""议论句群"中出现偏误的不同，毛悦(1997)对口头"话语能力"的研究区分了对话体与独白体，并对二者各自的表现和偏误情况进行了细致的描写和讨论，其余则都没有对不同体裁的篇章进行区别或比较。

以上研究几乎都是针对或侧重于篇章的"输出"能力，对于在"输入"活动如阅读、听力中所表现出的篇章习得情况，目前还没有发现专门的研究。

在针对书面语篇章的研究中，有 66 项交代了所使用语料的篇数，其中 36 项使用的语料少于 100 篇，27 项的语料数在 100 篇以上但少于 1000 篇，语料数在 1000 篇以上的仅有 3 项。在口语篇章的研究中，有 4 项明确交代了所使用的语料数目，在 1—114 篇之间，另有 4 项以录音时长来衡量语料长度，从 24 分钟到 50 小时不等。在所有研究中，有 45 项交代了所使用语料的字数，其中少于 1 万字的有 5 项，字数在 1 万字以上并且小于 10 万字的有 29 项，10 万字以上的有 11 项。

在语料的获取方面，除综述外的 114 项研究中，有 13 项没有明确交代语料的来源。有 81 项研究"就地取材"，使用了本院校留学生的课堂练习、课后作业、考场作文等等。语料的另一个重要来源是现有的学习者语料库及一些汉语标准化测试材料，共有 23 项研究使用，大部分取自"北京语言大学 HSK 动态作文语料库"，其他来源包括"南京师范大学国际文化教育学院中介语偏误信息语料库""广西师范大学中文系越南留学生语料库"、MHK 作文材料、HSK 高等口试材料、C. TEST 口试材料等。另有 15 项研究专门进行了语料收集活动，主要手段为测验(包括句子排序组段、填空、造句、翻译等方式)与问卷调查，也有个别研究使用了看图与命题作文及访谈的方式。以上研究中，有 18 项同时使用了两种以上的语料收集方法。有 13 项研究还同时收集了母语语料进行对比，包括中国大中小学生的作文、课本以及对外汉语教材。

2.3 理论与研究方法

从篇章语言学的角度来看，大多数研究是基于传统的"衔接与连贯"理论，同时亦有部分研究采用了其他的思路，例如霍静宇(2004)、王瑶(2004)、杨春(2004)、林雪凤(2006)、杨丽赟(2007)、周晓芳(2008)在考察留学生对照应衔接手段的使用情况时采用了Givón(1983)提出的"回数法"(look back),即通过测量某一照应成分两次出现间的"指称距离",计算每种照应形式的延续性平均值(average value),从而得出不同照应形式的延续性、话题性的强弱。孙西瑾(2005)、马明艳(2009)对词汇衔接的研究采用了Hoey(1991)提出"词汇复现矩阵"方法,考察了学习者与母语者,及不同水平的学习者篇章中词汇复现的使用情况异同。以及前文提到的霍静宇(2004)、孙新爱(2004)、林雪凤(2006)利用了"主位—述位"理论,韩瑞芳(2009)以郑贵友(2002)提出的"篇章微观语义结构"与"篇章微观功能结构"为理论基础,廉爱宁(2011)的研究基于Mann & Thompson(1987)提出的"修辞结构理论"(Rhetorical Structure Theory,RST)。

此外,高宁(2006)的研究建立在Chomsky的"语言习得机制与普遍语法假说""创生假说""再生假说"和Pienemann的"可教性假说"的理论基础之上,高玮(2006)将认知语言学的"图式""认知视角"等观点用于对英语国家中级水平学生作文的偏误分析,对于篇章及篇章习得研究都具有一定的启发意义。

从习得研究的角度来看,绝大多数研究使用了"偏误分析"的方法来考察学习者产出的篇章语料,没有进行偏误分析的仅有4项。而既关注学习者中介语中"错误"的部分、也关注使用正确部分的"表现分析"则仅有不到半数的研究使用(50项)。

由于研究条件的限制,几乎所有文献都使用了静态、横向的研究方法,即对某一时间断面上搜集到的材料进行分析。对同一学习者的语言发展过程进行动态、纵向追踪的研究较少,仅见杨翼(1997)对70名中级学习者进行了为期一学年的群体追踪,收集到了中介语篇章发展过程中的1500条偏误;高宁(2006)对6名学习者进行了连续24周的定期作文收集;王红斌、李悲神(2009)的研究包括对一名韩国学生习得过程的个案考察。

有半数左右的研究将定性与定量的研究方法相结合,以数据的统计分析来揭示现象或佐证观点。但大部分的"定量"研究仅是对使用频次、频率、百分比等的简单描写和计算。仅有为数不多的研究使用了更为复杂的统计学方法,主要是为了检验不同群体(如母语者与学习者、不同水平的学习者等)所生成的篇章中存在的差异性,以及篇章现象与各种内外因素间的相关性。

例如范媛媛(2008)、石雨(2008)、骆健飞(2009)、徐海玉(2009)等。

我们发现,部分研究者对"研究方法"的概念不清楚,在介绍研究方法时将"列表格""求百分比""举例"等都纳入其中,反映出"方法"意识的模糊。

此外亦有若干研究借助了其他技术手段,例如一些口语篇章的研究要经过录音转写的过程,个别研究在语料分析过程中使用了特定计算机软件的辅助。

三 总结与思考

汉语作为第二语言的篇章习得研究至今已有近二十年的历史,成果数量逐年上升,特别是 2005 年以来增速明显加快。总的来说,现有研究呈现出如下优势:

(1) 所涉及研究对象的国别和母语背景多样,特别是对以英语、韩语为母语的学习者的研究较为丰富;

(2) 对各个水平的学习者的汉语篇章习得情况都有所探察,尤其是对中、高级学习者的研究较为深入;

(3) 语料来源丰富,体裁多样,数量充足,多数研究考察的语料在 100 篇以上,字数多于 1 万字,因此所得结论有一定的代表性,能反映具有普遍意义的习得情况;

(4) 研究理论有多样化的趋势,除"衔接与连贯"理论外,还借鉴了本体研究、习得研究中的多种理论成果;

(5) 在定性描述的基础上使用了定量的研究方法,并结合了一定的技术手段,使结果更加客观、严谨。

现有研究的主要结论有:

在篇章衔接手段的习得方面,照应、连接、词汇衔接、替代、省略等是关注的重点。其中照应的习得研究多从形式手段着眼,尤其关注人称代词照应与名词照应、零形式照应的分工选择,其次是指示代词照应的习得。研究者们发现,学习者对照应手段的使用与母语者多有差异,不同水平的学习者照应的使用与偏误情况也有所不同,呈现出一定的规律性。这与母语和目的语的差别、学习者的认知特点及教学条件等因素都有一定的关联。

连接的习得研究主要着眼于逻辑连接成分。现有研究采用不同的分类方法，发现了各类别以及具体的逻辑连接语在使用频率和偏误类型分布上的"不平衡性"，并描写了主要的偏误类型及其次类。对时间与空间连接成分、时体连接的习得情况亦有若干研究，揭示了一些规律性的现象，但这方面的研究数量还较少。

词汇衔接的研究发现学习者对原词复现的习得情况较好，而语义关联的词语衔接使用多集中在同/近义词、概括词、反义关系词等几种语义关系上，主要的偏误包括多余、漏用、语义偏误和语用偏误等类型。

替代与省略的习得大致晚于上述几种衔接手段。所替代或省略成分的句法性质不同，在学习者篇章中的使用频率也有所不同，体现出习得难度上的差异。替代的主要偏误类型包括缺用、滥用、形式错误、位置错误等，省略的偏误则体现在省略不足和省略过度两方面。

汉语口语篇章衔接的习得研究除了关注上述手段外，还有"话语标记""流利性"、对话与独白的组织方式等研究内容。此外，篇章中起衔接作用的还有句式、语序、修辞等手段。这些方面的研究也都揭示出了学习者的习得情况、偏误类型、习得规律等。

汉语篇章其他方面的习得研究结论主要包括：学习者在句子和段落间的语义连贯上会出现语义松散、跳跃、不连续，语义逻辑混乱、前后矛盾等问题；篇章结构习得的问题主要出现在段落的安排上，在"主位—述位"组织上也呈现出一定的中介语特点；对语用和文化的不了解也会导致篇章层面的偏误；标点符号的篇章作用也是学习者需要掌握的能力之一。此外，篇章偏误成因、汉语篇章教学等问题也得到了一定的探讨。

我们认为，现有研究仍有一定的不足之处，因此汉语篇章习得研究未来的进展可着力于如下几个方面：

(1) 对汉语作为第二语言的篇章教学所涉及的各类问题进行全面而系统的研究，形成专著。

(2) 在研究对象方面，可加强对英语、韩语以及其他母语背景的学习者的篇章习得情况的研究，并增加不同母语背景学习者的比较研究；另外已有不少研究者认为，在汉语习得的初级阶段就已经存在篇章的问题，对此也应当在研究和教学中予以更多关注。

(3) 在材料的选择方面，加强对口语篇章习得的研究，对不同体裁的篇章进行针对性和比较性的研究，并关注输入活动中可能涉及的汉语篇章能力。

（4）在理论和方法上有待于改进和更新：本体研究方面可以尝试采用较新的理论与思路，如功能主义、认知语言学等；习得研究方面除偏误分析外，还应进行全面的"表现分析"，对学习者正确的表现也予以关注；也可适当地借鉴实验心理学、社会学、统计学等的研究手段和方法。

（5）在研究内容上，可增加对衔接手段之外的篇章因素的习得研究，特别是篇章习得与语言运用能力、跨文化交际能力的培养之间关系的探索；对篇章偏误的成因与篇章教学的探讨应在系统而充分的语际对比基础上开展一定的实证性研究，使结论更加深入与可靠。

参考文献

白　婧（2012）中高级留学生篇章偏误分析，黑龙江大学硕士学位论文。

白雅清（2009）留学生汉语书信写作偏误分析及思考，《语文学刊》第 8 期。

曹秀玲（2000）韩国留学生汉语语篇指称现象考察，《世界汉语教学》第 4 期。

陈　晨（2002）英语国家中高级汉语水平学生篇章偏误考察，《中国对外汉语教学学会第七次学术讨论会论文选》，北京大学出版社。

陈　晨（2003）篇章偏误及篇章教学研究综述，载《汉语研究与应用》（中国人民大学对外语言文化学院编），中国社会科学出版社。

陈　晨（2005a）英语国家学生中高级汉语篇章衔接考察，《汉语学习》第 1 期。

陈　晨（2005b）英语国家学生学习汉语在篇章连贯方面的常见偏误，《四川大学学报》第 3 期。

陈　平（1987）汉语零形回指的话语分析，《中国语文》第 5 期。

陈　萍（2007）越南留学生口语句群偏误分析及 HSK（高等）口试的教学策略，《红河学院学报》第 5 卷第 3 期。

陈小娇（2011）外国学生高级阶段汉语口语语篇使用研究，山东大学硕士论文。

陈弈竹（2011）外国留学生段际偏误问题研究，东北师范大学硕士论文。

董　宇（2006）对新疆学生汉语作文中偏误的统计分析及对比思考，《现代语文》第 4 期。

樊青杰、白欣艳（2007）中高级阶段留学生汉语写作偏误分析，《现代语文》第 9 期 。

范媛媛（2008）外国留学生三种常用篇章衔接手段考察，陕西师范大学硕士论文。

冯晓玲（2010）基于语篇衔接理论的留学生汉语写作偏误分析，山东大学硕士论文。

冯新宏（2008）高年级留学生汉语语篇显性衔接偏误分析，陕西师范大学硕士论文。

付漪川（2011）基于语料库的韩国留学生语篇衔接偏误分析及语篇写作教学建议，河北师范大学硕士论文。

高　宁（2006）外国留学生习得汉语常用篇章衔接手段考察，北京语言大学硕士论文。

高宁慧（1996）留学生的代词偏误与代词在篇章中的使用原则，《世界汉语教学》第2期。

高　玮（2006）留学生作文的认知分析，《语言文字应用》S2期。

高鲜菊（2008）泰国学生汉语叙述体语篇人称指称偏误研究，《邵阳学院学报（社会科学版）》第8卷第6期。

高鲜菊（2010）留学生汉语语篇偏误研究综述，《邵阳学院学报（社会科学版）》第2期。

郭丽娟（2011）中高级水平韩国留学生汉语连词使用情况研究，南京师范大学硕士论文。

郭　茜（2001）高级汉语学习者话语中的简约与繁复现象，《世界汉语教学》第4期。

韩瑞芳（2009）留学生汉语篇章微观结构偏误研究，东北师范大学硕士论文。

何立荣（1999）浅析留学生汉语写作中的篇章失误，《汉语学习》第1期。

胡明亮（2007）美国汉语中级班留学生的语篇衔接错误，载《对美汉语教学论集》（程爱民、何文潮、牟岭主编），外语教学与研究出版社。

胡晓慧（2008）试析留学生汉语写作中的口语体倾向，《华侨大学学报（社会科学版）》第3期。

胡壮麟（1994）《语篇的衔接与连贯》，上海外语教育出版社。

黄国文（1988）《语篇分析概要》，湖南教育出版社。

黄理兵（2006）中级留学生作文中句首的篇章连接成分，《汉语教学学刊·第2辑》。

黄玉花（2005）韩国留学生的篇章偏误分析，《中央民族大学学报（哲学社会科学版）》第5期。

黄玉花（2007）韩国学生关联词语习得情况考察，《云南师范大学学报（对外汉语教学与研究版）》第5卷第5期。

霍静宇（2004）日本学生初级汉语叙述体语篇衔接手段问题研究，中央民族大学硕士论文。

姜　迪（2007）韩国留学生话语标记使用调查及偏误分析，厦门大学硕士论文。

孔　艳（2009）英语国家留学生汉语语篇衔接手段使用研究，中央民族大学博士论文。

李　楠（2012）留学生作文中的指称偏误研究　吉林大学硕士论文。

李虹飞（2007）对外汉语中语篇衔接与连贯问题的探讨，《天津职业院校联合学报》第9卷第6期。

李炜东、胡秀梅（2006）中级汉语学生的语篇衔接偏误分析，《语言文字应用》第S2期。

廉爱宁（2011）基于修辞结构理论的留学生汉语议论文篇章结构研究，东北师范大学硕士论文。

廖秋忠（1986）现代汉语篇章中的连接成分，《中国语文》第6期。

林　欢（1999）外国留学生的汉语篇章偏误分析，载《汉外语言对比与偏误分析论文集》，北京大学出版社。

林　加(2011)基于中介语语料库的英语国家留学生汉语篇章衔接偏误研究,浙江大学硕士论文。

林　帅(2012)留学生汉语语篇词汇衔接偏误分析及教学对策,福建师范大学硕士论文。

林雪凤(2006)泰国初级汉语学习者叙述体语篇衔接之研究,厦门大学硕士论文。

刘建霞(2005)韩国留学生叙事语篇中名词性词语省略的偏误分析,北京语言大学硕士论文。

刘俊玲(2005)留学生作文中的篇章偏误类型,《语言文字应用》第9期。

刘丽丽(2012)丹麦留学生语篇衔接偏误研究,浙江大学硕士论文。

刘怡冰(2007)中级印尼留学生篇章衔接偏误分析及写作课篇章教学,暨南大学硕士论文。

鲁健骥(1999)外国人学汉语的篇章偏误分析,载《第六届国际汉语教学讨论会论文选》,北京大学出版社。

陆跃伟(2010)初级阶段留学生汉语写作偏误分析及教学建议,《语文学刊》第2期。

栾育青(2004)留学生作文中篇章衔接上的失误,载《北京地区第三届对外汉语教学学术研讨会论文选》,北京大学出版社。

罗　丁(2012)中高级韩国留学生指称偏误分析,吉林大学硕士论文。

骆健飞(2009)美国中高级汉语第二语言学习者汉语篇章指称的习得研究,北京语言大学硕士论文。

马明艳(2009)面向对外汉语教学的汉语语篇研究,中国社会科学出版社。

马燕华(2001)中级汉语水平日本留学生汉语语段衔接调查分析,《语言文字应用》第4期。

马燕华(2002)初级汉语水平日本留学生汉语语篇衔接手段分析,载《第七届国际汉语教学讨论会论文选》,北京大学出版社。

马艳荣(2012)关于中高级阶段韩国留学生语篇衔接的研究,陕西师范大学硕士论文。

毛　悦(1997)对一次留学生话语能力测试的分析,《世界汉语教学》第3期。

聂　晨(2009)韩国留学生句群偏误研究,东北师范大学硕士论文。

聂羽菲(2013)初级韩国留学生汉语语篇偏误分析与教学对策,《时代教育》第3期。

潘叶英(2011)喀麦隆学生汉语作文偏误分析及教学思考,《哈尔滨职业技术学院学报》第1期。

彭彩红(2006)留学生汉语叙事语篇零形回指的习得研究,暨南大学硕士论文。

彭利贞(1996)论中介语的语篇层次,《第五届国际汉语教学讨论会论文选》。

彭恒利(2003)几种篇章衔接方式在民族汉考作文中的使用情况考察,北京语言大学硕士论文。

亓　　华（2006）韩国留学生自我介绍文的"中介语篇"分析，《语言文字应用》第 S2 期。

石　　雨（2008）基于口语语料库的留学生叙述体语篇人称回指研究，北京语言大学硕士论文。

孙西瑾（2005）越南留学生词汇衔接中复现手段的考察分析，广西师范大学硕士论文。

孙晓华（2008）近年来留学生篇章衔接偏误研究综述，《现代语文》第 2 期。

孙新爱（2004）主位—述位理论和留学生汉语语篇教学，暨南大学硕士论文。

田　　然（1997）外国学生在中高级阶段口语语段表达现象分析，《汉语学习》第 6 期。

田　　然（2005）留学生语篇中 NP 省略习得顺序与偏误，《云南师范大学学报（对外汉语教学与研究版）》第 3 卷第 1 期。

田　　然（2006）留学生限定话题语篇中词汇衔接状况考察，《云南师范大学学报（对外汉语教学与研究版）》第 4 卷第 1 期。

陶　　岩（2010）基于语料库的留学生写作衔接偏误分析及对写作教学的启示，东北师范大学硕士论文。

汪　　菲（2009）留学生汉语书面表达词汇衔接偏误考察及教学建议，上海师范大学硕士论文。

王红斌、李悲神（2009）汉语篇章零形回指习得过程的分析，《烟台师范学院学报（哲社版）》第 2 期。

王健昆、喻　波（2006）初级汉语水平韩国留学生汉语语篇逻辑连接偏误分析，《语言文字应用》第 S2 期。

王魁京、张秀婷（2001）浅论对汉语学习者的"句群表达能力"的培养，《语言文字应用》第 4 期。

王　　莉（2003）试析中级阶段留学生话语不连贯的主要原因，《暨南大学华文学院学报》第 2 期。

王绍新（1996）超单句偏误引发的几点思考，《语言教学与研究》第 4 期。

王　　玮（2006）留学生若干篇章关联词语使用偏误的考察及有关的语义语用分析，北京语言大学硕士论文。

王　　瑶（2004）从指称类型考察中高级阶段越南留学生的语篇连贯性问题，广西师范大学硕士论文。

王　　瑛（2008）汉语口语连贯表达的难点和对策，《廊坊师范学院学报（社会科学版）》第 25 卷第 4 期。

王媛媛（2012）泰国学生写作中汉语连接成分使用偏误探析，吉林大学硕士论文。

王振来（2005）韩国留学生学习关联词语的偏误分析，《云南师范大学学报（对外汉语教学研究版)》第 3 卷第 3 期。

吴丽君等(2002)日本学生汉语习得偏误研究,北京:中国社会科学出版社。

吴　茗(2008)汉语作为第二语言博客篇章偏误分析,《现代语文》第 2 期。

吴若愚(2009)维吾尔、哈萨克族学生汉语连接成分偏误分析,《民族教育研究》第 2 期。

肖奚强(2001)外国学生照应偏误分析,《汉语学习》第 1 期。

肖　艳(2010)中高级阶段越南学生汉语常用篇章衔接手段偏误分析,广西民族大学硕士论文。

辛　平(2011)对 11 篇留学生汉语作文中偏误的统计分析及对汉语写作课教学的思考,《汉语学习》第 4 期。

邢福义(2001)《汉语复句研究》,商务印书馆。

徐海玉(2009)基于语料库的韩国留学生口语语篇时间连接问题研究,北京语言大学硕士论文。

徐开妍(2007)外国学生代词回指偏误分析与习得研究,南京师范大学硕士论文。

徐开妍、肖奚强(2008)外国学生汉语代词照应习得研究,《语言文字应用》第 4 期。

杨　春(2004)英语国家学生初级汉语语篇照应偏误考察,《汉语学习》第 3 期。

杨　春(2007)中介语篇层面的偏误研究概况述评,《玉溪师范学院学报》第 9 期。

杨　帆(2011)泰国学生汉语语篇衔接手段偏误分析及教学研究,西南大学硕士论文。

杨丽赟(2007)中级阶段以英语为母语的留学生叙事文体篇章照应使用情况分析,华东师范大学硕士论文。

杨力铮(2009)高级阶段来华留学生汉语口语的话语分析——以商务汉语口试语料为例,北京语言大学硕士论文。

杨　翼(1997)汉语学习者的语篇偏误分析,北京语言文化大学教务处编,《北京语言文化大学第七届科学报告会论文选》,北京:北京语言文化大学出版社。

杨　翼(2000)从排序看汉语学习者的局部连贯障碍,《世界汉语教学》第 1 期。

叶　芳(2011)越南留学生汉语篇章语法衔接手段偏误分析,华中师范大学硕士论文。

殷维真(2012)中高级阶段韩国留学生口语语篇衔接研究,南京师范大学硕士论文。

袁　丽(2009)以英语为母语的留学生汉语语篇中连接成分使用偏误分析,《暨南大学华文学院学报》第 4 期。

曾丽娟(2007)中级水平韩国留学生语篇回指表现分析,北京语言大学硕士论文。

张姜知(2008)挪威学生汉语作文偏误分析,《云南师范大学学报(对外汉语教学与研究版)》第 6 卷第 5 期。

张　洁(2007)从衔接理论探讨对外汉语教学的语篇教学,《云南师范大学学报(对外汉语教学与研究版)》第 3 卷第 1 期。

张述娟（2003）外国留学生汉语语篇中逻辑衔接的偏误分析,《海外华文教育》第 2 期。

张述娟（2003）汉语篇章中主要的衔接方式及留学生偏误考察,暨南大学硕士论文。

张晓丽（2008）外国学生汉语记叙文语篇衔接研究,南京师范大学硕士论文。

张　颖（2010）以英语为母语的高水平汉语学习者语篇衔接使用情况研究,浙江大学硕士论文。

张　颖（2012）以英语为母语的高等水平汉语学习者语篇连接成分使用情况研究,《兰州工业高等专科学校学报》第 19 卷第 2 期。

张永昱（2002）留学生篇章表达能力常见错误分析及对策,《修辞学习》第 2 期。

赵成新（2005）留学生汉语语篇衔接偏误目的语因素考察,《周口师范学院学报》第 22 卷第 4 期。

赵成新（2006）从中介语语篇偏误看母语对二语习得的影响,《内蒙古大学学报》第 38 卷第 5 期。

赵成新（2007）外国留学生汉语语篇衔接方式偏误分析,《台州学院学报》第 27 卷第 2 期。

郑贵友（2002）《汉语篇章语言学》,外文出版社。

周清艳（2007）留学生篇章中后时连接成分的使用偏误分析,《云南师范大学学报》第 5 卷第 6 期。

周圣芳（2011）中高级韩国留学生叙事语篇省略偏误研究,山东大学硕士论文。

周晓芳（2008）欧美学生叙述语篇中的"回指"习得过程研究,北京语言大学硕士论文。

朱　蕊（2010）韩国留学生关联词语使用现状调查,《文学教育》第 12 期。

朱世芳（2009）韩国汉语第二语言学习者口语语篇发展研究,北京语言大学硕士论文。

de Beaugrande, R & Dressler, W. (1981) *Introduction to Text Linguistics*. London: Longman Press.

Givón. (1983) *Topic Continuity in Discourse Analysis: A quantitative cross-linguistic study*. Amsterdam: John Benjamins Publishing Company.

Halliday & Hasan. (1976) *Cohesion in English*. London: Longman Press.

Halliday, M. A. K. (1985) *An Introduction to Functional Grammar*. London: Edward Arnold.

Hoey, M. (1991) *Patterns of Lexis in Text*. Oxford: Oxford University Press.

Mann. W & S. Thompson. (1987). *Rhetorical structure theory: A theory of text organization*. USC Information Science Institute. Technical Report.

宋璟瑶

北京大学对外汉语教育学院

js727@sina.com

三十年来对外汉语文化教学研究考察

王 帅

提 要 本文通过对1980—2012年文化教学研究论文数量和研究侧重点的统计,得出近三十年来对外汉语文化教学研究的阶段划分,以及学界主要关注的问题。1980—1989年可以看做文化教学研究的肇始期,1990—1997年为高潮期,1998之后为平稳期。在关注问题方面,理论探索比较薄弱,文化教学的定性和定位受到一定程度的冷落。最后,文章提出了对外汉语教学面临的一系列挑战。

关键词 文化教学 阶段划分 关注问题 挑战

"文化教学"自上世纪80年代中期开始受到对外汉语研究界的关注,迄今已有30多年的历史。在这段历史中,文化教学研究有过高潮和低谷,也不乏争议和热点。我们想搞清楚的是,在这30多年的历史上,对外汉语文化教学研究经历了怎样的发展阶段,划分依据是什么?此外,这些研究关注了哪些问题?研究这些问题,一方面可以梳理对外汉语文化教学研究的历史和现状,成就与不足,另一方面也为我们找到未来文化教学研究的着力点提供参考。

对于对外汉语文化教学研究的阶段划分以及关注问题的总结,前人在综述性文章中多有总结,因此本文首先选取不同时期具有代表性的综述文章进行回顾;而后,通过对四本核心期刊以及历届《国际汉语教学研讨会论文选》的论文进行统计,得出结论。

一 相关研究回顾

经检索,不同时期对对外汉语文化教学研究进行综述的文章有如下几篇:《对外汉语教学中语言文化研究的问题》(毕继万、张德鑫,1994)、《对外汉语教学中的文化因素研究述评》(卢伟,1996)、《八十年代以来对外汉语教学中的文化问题研究述评》(张书杰,1997)、《中国对外汉语教学界文化研究 20 年述评》(亓华,2003)、《对外汉语文化教学研究·综述》(李晓琪,2006)、《对外汉语文化教学及研究综述》(张英,2007)。这些综述都对某个时期内对外汉语文化教学所关注的问题进行了总结,有的还对研究阶段进行了划分。为了直观展示和比较,我们列表如下:

表 1　对外汉语文化教学研究进行综述

文章	综述周期	阶段划分	关注问题总结
毕继万、张德鑫(1994)	1980—1993	① 1986 年以前:初始阶段　② 1987—1989 年:转折阶段　③ 1990—1993 年:主动、自觉科学研究阶段	①关于对外汉语教学中文化因素的范围的划分;②三种有代表性的理论:交际文化、语言国情学和文化导入论;③关于对外汉语教学目的的讨论;④文化教学内容的讨论;⑤对比原则的讨论;⑥语言教学中文化导入的具体设想。
卢伟(1996)	1992—1995	无	①文化教学法研究;②文化因素研究(文化教学的内容);③文化课的具体教学实践(大纲、教材等)。
张书杰(1997)	1980—1997	无	①文化观念的探讨(文化教学的定性);②文化因素研究(文化教学的内容和方法);③文化教学实践。
亓华(2003)	1980—2003	① 1980—1989 年:肇始期　② 1990—2003 年:发展期	①文化的定义、分类及文化观研究;②文化因素与文化大纲研究;③语言与文化结合的原则和方法研究;④对外汉语教学的文化定位研究;⑤跨文化交际研究;⑥对外汉语教学中的文化研究。

续表

文章	综述周期	阶段划分	关注问题总结
李晓琪(2006)	1980—2006	①1980—1995年：起步及活跃期	交际文化理论；文化教学的定位；文化因素探讨及其导入；跨文化交际研究初步成果
		② 1995—2006 年：平稳期	文化教学的定性、定量研究；文化因素研究；跨文化交际研究；语言教学与文化教学相结合
张英(2007)	1984—2007	①1984—1989年	文化教学的性质、地位和作用
		②1990—1994年	对外汉语文化教学的内容和文化教学的方式问题
		③1995—2007年	文化教学的范围、文化存在的形态、文化教学的方式以及与培养跨文化交际能力的关系

从表1的对比可以看出，学者们基本认同对外汉语文化教学研究发端于80年代初期。关于发展阶段，学者们有的按研究的活跃程度进行划分，有的按研究问题的变化进行划分，但除了张英对1995—2003年所发文章进行了统计之外，多数划分还是基于自己的经验。此外，关于因何会有这样的阶段性特点，前人的探讨不多。我们认为，只有揭示阶段性变化的深层次原因，才能真正把握对外汉语文化教学研究的轨迹，并发现其中的问题。在关注问题的总结方面，学者们的意见分歧较大，究其原因，一方面在于学者们对于术语的理解并不相同，比如张书杰文章中"文化因素"指的是文化教学的内容和方法，而在卢伟的文章中"文化因素"单指文化教学的内容，文化教学方法归入"文化教学法研究"；另一方面在于，一些不同层面的问题被列于同一层面，如李晓琪文章中总结的问题，"文化教学的定性"和"文化因素研究"并列在一起，前者是文化教学的基本问题，而后者是这个基础问题上的一种具体理论探索，二者显然不在同一层面。

二 研究设计

本文考察四部期刊(《语言教学与研究》《世界汉语教学》《汉语学习》《语

言文字应用》）和《国际汉语教学研讨会论文选》（第 1 届至第 10 届）①中有关文化教学研究的文章，对文章数量进行统计，对关注问题进行分类，最终得出 30 年来我国对外汉语文化教学研究阶段划分和关注问题的侧重点。

以上四部期刊，都是对外汉语教学研究领域重要的核心期刊，收录了许多重要的、有影响力的文化教学研究的文章，通过对文章的统计和分析可以大致看出学界关注问题的变化趋势。而国际汉语教学研讨会由世界汉语教学学会和国家汉办主办，从 1985 年起成功举办了十一届，是对外汉语教学界知名品牌会议。每一届会后的论文选也体现出一段时间之内学界关注的主要问题。

2.1 文章选择标准

我们选择的文章，遵循三条标准：(1)以文化为研究主题；(2)与对外汉语教学相关；(3)严格意义上的学术研究。因此，有些文章虽然也是宽泛意义上的文化研究，但是我们没有收录。例如：

(1) 非严格意义学术研究的文章。如王德春(1991)在《汉语学习》发表的《对外汉语教学漫议》系列，不能算作严格意义的学术研究，我们没有收录。

(2) 和教学无关的纯文化探讨。如张书岩(1995)在《汉语学习》发表的《我国古代的改姓问题》，虽然介绍了我国古代和姓名有关的文化，但是没有和教学相联系，我们没有收录。而温锁林(1994)在《语言文字应用》发表的《吃与中国文化漫谈》，也是介绍中国古代的文化，但与教学相联系，因此我们将其收录。

2.2 关注问题分类标准

我们在前文指出，前人对关注问题的总结缺乏清晰的层次。我们试将其梳理为"基本问题""理论探索"和"教学实践"三个层次。"基本问题"指的是对外汉语文化教学的定性和定位研究，具体可以表现为语言和文化关系的探讨，文化定性探讨，文化对比和差异等等；"理论探索"指的是学者们为了解决基本问题提出的各种理论，如交际文化论、文化因素论、跨文化交际论等等；"教学实践"指的是依据理论来指导教学实践的具体方法，以及与教学密切相关教材、大纲、测试等问题。

依据这三层划分，我们对文章进行考察，并在这三个大层次之下总结出文章所关注的具体问题。当然，还有一些文章不能归入这三个层次，这些文章并不是研究某一问题的，如书评、综述等等，我们把这些文章划入"其他文章"中。

三 从数量统计看阶段划分

通过对四部期刊的考察,我们共搜索出了 114 篇有关对外汉语文化教学的文章,发表情况见图 1。从图中可以看出,1980—1989 年 10 年间共有 10 篇,有的年份没有,最多的年份有 4 篇。1990—1997 年 8 年间,每年都有至少 7 篇文章发表,8 年间总共有 69 篇文章。而从 1998—2012 年 15 年间,总共发表了 35 篇,有的年份没有,最多的年份有 7 篇。

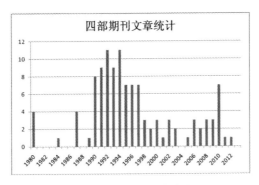

图 1　四部期刊文章统计

通过对第 1 届至第 10 届《国际汉语教学研讨会论文选》论文的考察,我们共搜索出了 42 篇对外汉语文化教学研究的文章,发表情况见图 2。从图 2 可以看出,第三届至第五届的文章最多,分别有 6 篇、7 篇、6 篇,而其他年份的文章最多没有超过 5 篇。

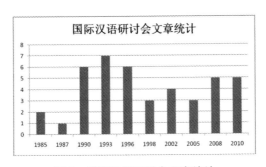

图 2　国际汉语研讨会文章统计

因此,综合四部期刊和国际汉语研讨会的情况,单从论文数量上考察,我们可以总结:1980—1989 年文章发表还比较零散,数量也不多,可以看做对外汉语文化教学研究的肇始期;1990—1997 年,文章最多,可以看做研究的高潮期;1998—2012年虽然几乎每年都有相关研究,但是数量较少,可以看做是研究的平稳期或低谷期。

四 文章关注问题总结

探讨文章关注的问题,我们将期刊和论文选的文章放在一些进行考察,合并二者重复的文章,并将非研究具体问题的"其他文章"(共9篇)除去,共得到143篇。前文我们将关注问题划分为"基本问题""理论探索"和"教学实践"三个层次,依据这个标准,我们对收录的全部论文进行了分类。结合前文我们对研究阶段的划分,数量统计结果如图3。

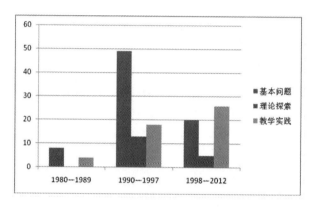

图3 三类关注问题发表情况

从图3可以看到,1980—1989年间,关注问题主要在基本问题和教学实践研究,分别有8篇和4篇;在此阶段还没有理论探索性的文章。到了1990—1997年的高潮期,关注的问题集中于基本问题探讨,数量达到49篇,远超其他时期;教学实践研究也有所增加,有18篇;此阶段也涌现了13篇理论探索的文章,填补了前一阶段的空白。1998—2012年,教学实践研究开始占据主要地位,达到26篇;基本问题的探讨急剧下降,仅20篇;理论探索的文章数量也下降到5篇。

但是,以上的分类只能让我们了解对外汉语文化教学研究的大致情况,通过对文章研究侧重点的进一步划分,我们又将以上三大层次分解成了更小的关注问题。总结如下:

表 2 具体关注问题分解

基本问题	文化的定性；文化对比和文化差异；整体探讨语言和文化的关系；具体探讨语言和文化的关系：①文化背景和语言教学的关系；②词语和文化的关系；③语法和文化的关系；④汉字和文化的关系；⑤交际语用和文化的关系
理论探索	交际文化理论、跨文化交际理论、文化因素理论、文化依附理论、国俗语义学
教学实践	教学目标、教学内容、教学方法、文化教材、文化大纲、文化测试、文化词教学

这些问题中哪些是研究的热点，哪些又是比较被忽视的？我们根据上表的分类对文章进行了统计，结果如图4。从图4可以看到，在基本问题的探讨中，"整体探讨语言和文化关系"的研究最多，达到23篇。但这些研究主要出现在起步期和高潮期，到了1998年以后，学界似乎失去了从整体探讨语言和文化关系的兴趣，而转向了"交际语用和文化关系的探讨"上，在1998年以后，共有9篇探讨此问题的文章。在理论探索中，高潮期阶段的"交际文化理论"和"跨文化交际理论"研究并驾齐驱，都有4篇文章。而在1998年之后，学界明显偏向"跨文化交际理论"研究，数量有4篇，"交际文化理论"研究只有1篇。在教学实践研究中，"教学方法"研究最多，达到了23篇。此外，"文化教材"研究在1998年之后日益成为热点，相关研究达到9篇。

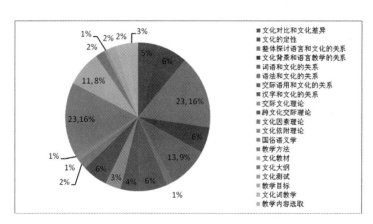

图 4 具体关注问题发表情况

综合图3和图4，我们可以大致勾勒出对外汉语文化教学的研究历程。在起步期，研究主要集中于教学实践中遇到的和文化相关的问题，如对文化背景知识、文化对比和文化差异的处理，此时的研究还处于初步探索阶段，比较零散。到了研究的高潮期,学界掀起探索文化定性、定位等一系列基本问题的热潮,语言和文化的关系问题成为最大的热点,而"交际文化"概念的提出是此阶段的巨大理论成果。与此同时,学者们也开始尝试将理论付诸教学实践。1998年之后,文化教学研究整体从高潮走向平静。在此阶段,理论和基本问题的探讨受到了一定冷落,学界更加关注教学实践中对文化的处理,如文化教材编写、文化教学方法等。

五 分析与总结

5.1 阶段划分探源

对外汉语文化教学研究为什么会有前文所展示的阶段性特征呢?我们认为,有两个标志性事件起到了关键作用,一是"交际文化"概念的提出,二是"对外汉语教学的定性、定位、定量问题座谈会"召开。

"交际文化"概念最早由张占一先生于1984年提出。1990年,张占一先生发表《试议交际文化和知识文化》,对"交际文化"的概念进行了完善,使之逐步成为一种颇具影响力的理论。围绕"交际文化",吕必松、赵贤州、周思源等诸位先生或支持或反对展开了热烈讨论,文化教学研究也由此进入了高潮期和理论化阶段。

文化教学研究从高潮走向低谷,与1994年底召开的"对外汉语教学的定性、定位、定量问题座谈会"息息相关。这次会议由中国对外汉语教学学会、《世界汉语教学》编辑部、《语言教学与研究》编辑部联合举办,来自全国十几所院校和单位的三十几位专家学者出席了座谈会。根据《对外汉语教学的定性、定位、定量问题座谈会纪要》报道,"与会代表在一些原则问题上取得了基本一致的认识:(1)学者们认为,对外汉语教学的学科性质属于语言学,应用语言学,第二语言教学,外语教学。(2)学者们认为向外国留学生介绍中国文化有三条途径。第一条途径是汉语课中的文化因素教学。这是培养学生跨文化交际技能不可或缺的必要内容。第二条途径是汉语言专业中的文化知识教学。这些文化知识课在教学目的、教学内容、教学原则、教学方法等方面跟汉语课有不同的规律,因此,文化知识课跟汉语课不能并存于同一个学科之中。第三条途径是汉语言专业之外的其他专业的教学。"

本次会议的巨大影响在于:确定了文化教学的从属地位,即文化教学从属于语言教学,为语言教学服务。对外汉语教学学科的研究应该限制于"文化因素",超越此范围的文化研究即超越了对外汉语文化学科的范畴。我们可以把 1995—1997 年看做会议效应的缓冲期,到了 1998 年,会议的效应开始充分显现,文化教学研究的论文急剧减少,从高潮走向低谷。

需要指出的是,如果第二语言教学以培养语言能力为核心的话,这样的结论自然没有问题;但如果把第二语言教学的目标定位于培养跨文化交际能力,这样的定性和定位就值得商榷了。

5.2 关注问题分析及文化教学面临的挑战

根据文章关注问题的总结可以看出,对外汉语文化教学研究的薄弱点在理论建设。一方面,一些基本概念没有梳理清楚,如"文化""文化因素""跨文化交际能力"等等概念。另一方面,除了"交际文化"理论,学界没有提出更多理论创见。而对于和对外汉语文化教学密切相关的跨文化交际理论,学界多停留在理论引入、介绍层面,运用跨文化交际的研究方法对学习者进行实际研究的还不多见。

此外,在高潮期广泛被探讨的文化教学的定性、定位问题因为各种原因逐渐被大家冷落,而事实上这些问题并没有真正搞清楚。张英先生在 1994 的一篇文章《论对外汉语文化教学》中提出一系列对外汉语文化教学亟待研究的问题:"对外汉语文化教学的定位;语言教学与文化教学的关系以及在对外汉语教学中所处位置;在不同教学阶段,文化教学的内容及比重;对外汉语文化教学'质'的要求"。近二十年过去了,这些"遗留问题"依然困扰着我们。这种情况产生与前文所提到的"对外汉语教学的定性、定位、定量问题座谈会"不无关系,对外汉语文化教学研究骤然从高潮转向低谷,而文化教学的定性、定位问题远没有解决。而在汉语国际教育的今天,我们面对的不单是来华的留学生,更有越来越多的海外汉语学习者。当我们要面对更多的文化接触与文化碰撞,文化教学研究的薄弱会使我们的学科发展面临严峻的挑战。总结来看,这些挑战包括:

(1) 文化教学如何定性和定位?

1994 年的"对外汉语教学的定性、定位、定量问题座谈会"将"文化教学"牢牢地定位于第二位,为"语言教学"服务;在性质上将二者对立起来,认为"语言教学和文化教学在教学目的、教学内容、教学原则和教学方法等方面都有根本的区别,是两种不同性质的教学。"(见《对外汉语教学的定性、定量问题座谈会纪要》)这样的"定性"和"定位"客观上造成了"文化教学"的衰落。此外,我们从中也可以看出学界将"对外汉语教学"学科"纯洁化"的趋势,即努力将其限定在语言学的研究领域之内。即使是在国家积极推动汉语国际推广,支持汉语国际教育,试图通过汉语的"走出去"提高中国文化的大背景下,我们依然听到强烈的坚持学科"纯洁化"的呼声,如李泉先生(2010)提出"事业和学科的出发点、基本目标及建设途径等不尽相同,不能把事业的发展当成学科的发展"。

在语言教学和文化问题日益交织的今天,将语言教学与文化教学割裂开来,是否适应全球化背景下二语教学的发展趋势?将文化教学定位于"为语言教学服务",是否能够满足当下学习者的需求?对学科"纯洁化"的坚持,是否有利于学科的发展?这些都值得我们反思。

(2) 如何界定文化教学的内容?

文化教学研究要解决的一个重要问题是文化教学的内容,"交际文化"和"文化因素"是三十年文化教学研究给出的答案。而教学内容是由教学的定性和定位决定的,"交际文化"和"文化因素"是在"文化教学为语言教学服务"的理念下归纳出的,内容限定在语言教学之内。那么,"交际文化"和"文化因素"是否等同于文化教学的内容呢?如果文化教学的定性和定位发生变化,教学内容势必随之改变。我们建议,在汉语国际教育的视角下,应当以培养学生跨文化交际能力为核心任务来确定文化教学的内容。

(3) 如何确定文化教学的教学模式?

文化教学的模式几乎是文化教学研究的盲点。文化教学应当寓于语言教学当中,还是应当另辟蹊径,建立自己的教学模式?什么样的教学模式可以有效地满足学习者文化学习的需求?这些都需要研究者深入开拓。当然,教学模式的研究应当建立在文化教学定性、定位及内容确定的基础之上。

注 释

① 数据来自世界汉语教学学会网站,网址 http://www.shihan.org.cn/article_categories/100003?page=1

参考文献

毕继万、张德鑫（1994）对外汉语教学中语言文化研究的问题.《语言文字应用》第 2 期。

李晓琪（2006）对外汉语文化教学研究综述,《对外汉语文化教学研究》,北京:商务印书馆。

卢　伟（1996）对外汉语教学中的文化因素研究述评,《世界汉语教学》第 2 期。

亓　华（2003）中国对外汉语教学界文化研究 20 年述评,《北京师范大学学报(社会科学版)》第 6 期。

张书杰（1997）八十年代以来对外汉语教学中的文化问题研究述评,《对外汉语教学与文化》,北京:北京语言大学出版社。

张　英（1994）论对外汉语文化教学,《汉语学习》第 5 期。

张　英（2007）对外汉语文化教学及研究综述,《汉语研究与应用》,北京:中国社会科学出版社。

张占一（1990）试议交际文化和知识文化,《语言教学与研究》第 3 期。

王　帅

北京大学对外汉语教育学院

callmeshuai1983@163.com

再议海外中小学汉语教师培训需求
——以澳大利亚为例

韩 曦

提 要 新的教学大纲、教学理念以及教学手段使得海外在岗中小学汉语教师所需要的培训内容也相应发生了变化,而教师自身相对复杂的教育背景又使得海外中小学汉语教师的培训内容也呈现出多样化的特点。教师的工作性质又使得他们很难有时间集中培训。本文将对这些问题进行探讨,以期探索出一条海外中小学汉语教师在岗培训的综合道路。

关键词 海外中小学 在岗汉语教师培训 内容与方式

随着现代科技的快速发展、教学大纲的不断更新,以及汉语学习者越来越低龄化,海外在岗汉语教师的培训需求也相应发生了一些变化。培训需求从汉语本体知识和传统意义上的教学法等扩大到了信息交流技术的运用及跨文化交际能力的培养。海外在岗汉语教师的培训内容也应该与时俱进,因地制宜,应该结合各国教学大纲,与当地丰富的教育资源相结合,采取多途径、多样式的方式,对国外在岗中小学汉语教师有计划地进行全方位、持续性的职业培训,以使他们能更好地适应不断变化的新大纲、日新月异的电子设备、以及因教学对象的变化而带来的新的挑战。

一 澳大利亚中小学汉语教学概况

澳大利亚中小学外语教学有着悠久的历史,特别是维多利亚州,无论是其州教育厅对汉语教学在财政和政策上的支持力度,还是中小学在岗教师的数量,在澳大利亚均处于领先地位。随着澳大利亚政府对其国民不断强化亚洲意识,亚洲语言、特别是汉语,在其他外语学习人数下降的情况下,逆势而上,成为唯一一门学习者人数增加的外语。根据维州教育厅2011年对公立学校的统计数字,维州目前有126所学校开设了汉语课,在校学习汉语的人数达到25,732人,较2005年增加了73.3%,共有汉语教师132名。

　　澳大利亚教育部非常重视中小学外语教育,认为当今社会中,外语是开启世界之窗的一把钥匙。孩子们在中小学阶段掌握一门外语和与之相关的跨文化交际能力,能增强他们今后在学习和工作中的自信心。为此,维州教育厅于2013年5月23日颁布了中小学2013—2015外语教育战略规划——《外语——为你开启世界之窗》。该战略规划为维州中小学的外语教育提出了具体的目标,其中包括到2025年,60%公立学校的小学毕业生要有一门外语达到一定水平,40%公立学校的初中毕业生外语要达到一定水平。为了实现这一目标,维州教育厅不仅在经费投入上给予保障,而且从扩大需求、教师培养和整合资源等方面,制定了具体措施,以确保维州外语教育无论在质量上和数量上都有一个飞跃。

　　澳大利亚教育部的外语政策中很重要的一点就是要提高外语教学的质量,特别是要保持学生学习外语的兴趣,让他们能够持续不断地在初中到高中阶段也能学习外语。而实现这一目标的关键就是教师的教学质量。目前澳大利亚在岗汉语教师有90%的母语是汉语,他们中大部分来自中国内地,有一小部分来自台湾、香港等华语地区。随着新一代移民陆续从大学毕业,已经有越来越多的新生力量补充到了现在的教师队伍中去了。但是,要想很好地应对汉语学习者人数快速上升的局面,在满足因学生人数增加而扩大的教师需求外,还要对在岗教师的不同需求,进行全方位的职业培训,更新其自身的知识结构,以适应因教学环境和教学对象的变化而带来的新的挑战。

　　在维州教育厅颁布的外语教育战略规划中,一个重要的内容就是要提高学生外语学习的持续性和学生的外语水平。目前维州中小学汉语教学普遍存在的问题是学生每周学习汉语的课时少,学生学习效果不明显,几年学下来,汉语水平还只能停留在简单的问候、数数阶段;另外,由于各种原因,汉语为非母语的学习者多不能进行持久连续的汉语学习,多数在初中阶段就放弃了汉语学习(Jane Orton, 2008),而在高中阶段坚持学习汉语的非母语学生更是屈指可数。

　　为了改变这一状况,维州教育厅采取了多种政策和途径鼓励学校、教师为提高教学质量而努力。这其中包括加大对外语教师的支持力度,鼓励有外语优势的在校大学生毕业后从事外语教师职业,为在岗教师提供奖学金,鼓励他们去目的语国提高外语水平并接受教学法方面的培训,为1500名学习汉语的初中生提供短期去中国感受体验的机会,等等。所有这一切的目的是希望学生能够学好外语,应对未来,在竞争激烈的环境中立于不败之地。

二 澳大利亚教学大纲与教师培训需求

要想对在岗汉语教师进行职业培训,首先就要对当地的教师、学生以及教师所要教授的内容有一个十分清楚全面的了解,这样才能知道教师需要哪一方面的培训,才能知道怎样的培训内容才是教师欢迎的。众所周知,一个国家颁布的教学大纲在其课堂教学中是起着主导作用的。澳大利亚维州目前正在进行外语教学大纲的修订。汉语和意大利语是两门先行修订的外语。该试行的大纲除了对各个年龄层次学生的汉语本体知识有一定要求外,更加强调了对中国文化的理解和跨文化交际能力,而实现这些目标的手段或方法之一是通过现代信息交流技术。

由于澳大利亚特殊的文化环境和移民历史,目前在高中阶段学习汉语的非母语背景的学生屈指可数。主要原因是让不同家庭背景和成长背景的学生在一个教室里学习汉语,并且用同一张试卷进行考试,这对那些没有汉语背景的纯澳洲学生来说本身就是一种不公平。因此,很多澳洲本土学生在高中快要进入VCE课程学习阶段干脆就放弃了汉语学习。为了改变这一状况,澳洲新的教学大纲将根据学生的家庭文化背景,把学生分为三类,即,第一语言学习者(F1)、有汉语背景学习者(BL)和第二语言学习者(L2)。不同背景的学生参加不同的VCE汉语考试。这样一来,无论你是属于哪一组,都不会影响VCE高考计分,学得好的学生还可以加分。这样区别对待的目的是为了最大限度地体现公平,当然在实际操作中也会遇到一些意想不到的情况,这时就会需要学生提供各种文件来证明。不过,具体如何操作还在进一步讨论当中。

在实际教学中,这三类学生在一个学校里通常是由同一个汉语老师在同一个班级里教授的,如何让不同汉语水平的学生在同一间教室里都能有效运用时间,并根据自身的需要,学到知识,掌握语言技能,提高跨文化交际能力,这对教师来说是一个极大的挑战。随着澳大利亚政府鼓励第二语言学习者持续学习汉语的各项政策的出台,在不久的将来也会有更多的非汉语背景的学生在高年级阶段继续学习汉语了。高中阶段的汉语教师在给这些第二语言学习者授课的时候,就需要能更加清晰明了地讲授汉语本体知识,将第二语言习得知识和教学法运用到课堂教学中去。因此,教师无论是汉语语言要素的教学、还是澳洲流行的信息交流技术(Information and Communication Technology,简称 ICT)教学或内容与语言综合学习(Content and Language Integrated Learning,简称 CLIL)教学方法和技能都需要十分熟悉。

澳大利亚的教育无论是在教育理念上,还是在教学方法和手段上,在世界上均属于领先地位,而维州目前正致力于打造世界一流的教育体制,这其中很重要的一个内容就是要提高中小学外语教学水平。为达到这一目的,维州教育厅将投入上千万澳币用于今后几年的教师培训、奖学金设立、9年级学生去中国短期体验学习,等等,鼓励并支持学校通过各种手段与所学目的语国家建立直接的联系,其中包括建立姐妹学校、通过网络学习和了解目的语国家的文化及充分利用社区资源来提供学习效果,等等。

维州教育厅所有的这些措施就是为了要实现其到 2025 年,60％的 6 年级学生和 40％的 10 年级学生的外语达到一定水平,25％的高中学生要学习一门外语的目标。而实现这一目标的一个关键因素就是教师。教师需要通过各种教学方法来实现学生对目的语国家文化的理解和跨文化交际能力的提高,这其中包括 ICT 教学手段。现代信息交流技术在汉语课堂中的运用对很多汉语教师,特别是年龄相对大一些的汉语教师是一种较新的教学形式,而它在汉语课堂中所占的比重却越来越大。这主要是因为,当下的中小学生是网络和电子设备培养下成长起来的一代人,电脑或现在流行的 ipad 平板电脑是他们熟悉和习惯的书写和阅读方式,而网络电脑游戏是能够吸引他们坐在书桌前的重要手段之一。另外一个与传统教学方式不同的是,内容与语言整合学习(CLIL)是目前西方较为提倡的一种教学模式,即用目的语教授其他学科的双语教学,这样学生在学习其他学科的同时,也强化了目的语的学习。这种教学模式对教师的要求就高了许多,它要求教师不仅有较高的外语水平,还要有很强的专业知识。

澳大利亚在岗汉语教师要想适应因科技进步和教学大纲的改变而带来的课堂教学内容和手段的变化的话,就要不断地学习新的知识和技能,熟悉和了解学生的兴趣所在,尽可能地把语言学习融入诸多的内容和活动中去。

用学生熟悉和感兴趣的方式来进行汉语教学,寓教于乐。尤其是当新的教学大纲更加强调了学生学习效果时,对教师各方面的要求也就相应提高了。

由于澳洲在岗汉语教师的教育背景相对复杂,各种不同教育背景的教师的培训需求也相对不同。但无论如何,他们不外乎属于这四种类型中的一种,即:(1)在中国或新加坡等华语国家和地区接受过正规高等教育,所学专业为中文或英文、(2)在上述国家或地区接受过教育,但非文科科班出身,很早就移民到澳洲,长期在中小学担任汉语教师、(3)汉语为非母语的本土教师,他们曾在中国大陆或台湾等地学习过汉语,长期在澳洲中小学担任汉语教师、(4)新一代移民,在澳洲教育学院接受过正规的教师培训,年轻有为,英语和网络电脑技术好。但是无论属于哪一类,他们中有相当一部分人没有接受对外汉语教学的培训,所掌握的汉语语言本体知识也相对有限,因此在实际教学中可能就会出现一些偏误。当你听到一个自称教了十几年汉语的老师对学生说"汉语没有复数,我们只用具体数字来表示复数",或"我们没有过去式或现在式,我们只用昨天或现在来表示过去或现在"时,你不能不强烈地感到教师培训的重要和紧迫。而且,一些教了十几年甚至几十年汉语的老师,其教学方法也多是中国传统的课堂讲授为主,更不用说在课堂教学中灵活使用电子设备来活跃和丰富汉语课堂教学了。因此,他们实际上是需要从汉语本体知识到信息交流技术的运用的全方位的培训。但是,有一点需要引起重视的是,作为一个合格的汉语教师,汉语本体知识,包括普通话和汉语拼音等基本技能是他们应该具备的,遗憾的是,很少有汉语教师承认自己这方面欠缺,也很少有人认为自己需要这些方面的培训;同样,作为一个在英语国家教授汉语的教师,英语的表达十分重要,特别是当你面对的是一群青少年的时候,教师是否能够用英语和他们自如地交流就尤其显得重要了。

当然,由于教学对象的不同,汉语教师的培训内容也需要更有针对性。比如,教小学的汉语老师除了要强化汉语本体知识,以便他们能在孩子初次接触汉语的时候就向他们传授正确的汉语知识外,还需要加强文化技能方面的培训,以吸引孩子们对中国文化的兴趣。而对于那些刚刚加入教师队伍的汉语老师来说,由于他们中多数都在澳洲接受过至少是本科大学教育,加上年轻,是网络环境下成长起来的一代人,他们也许并不需要太多信息交流技术运用方面的培训。但是,由于他们多是在国外接受高等教育或在中国内地大学毕业后来此继续深造,拿到了教育学硕士学位,却很少有人接受过系统的汉语本体知识方面的培训,即便是这儿的教育学院毕业,所学的课程也都是教育学方面的通论,并没有接受过汉语作为第二外语教学的系统培训,因此,这方面的知识也是相对欠缺。而且,由于他们相对年轻,教学经验不足,遇到课堂上有调皮捣蛋的学生时,便无法掌控学生,有效地进行课堂管理,完成教学任务。因此,除了对外汉语教学的专业培训外,课堂管理技巧也是年轻教师需要培训的一个重要内容之一。

澳大利亚中小学汉语教师中有一小部分是母语为英语的本土教师,维州大约有二十名左右这样的汉语教师。他们熟悉澳洲本土文化,能说相对标准的普通话,是一群难得的教师力量。遗憾的是,他们中有不少已经步入中老年。对于相对年轻的本土汉语教师来说,强化汉语本体知识以及传播中国文化的技能依然应该是他们的主要培训内容。

三 培训方式应该因地制宜、灵活多样

国外中小学教师的工作一般分为全职和兼职两种,无论是全职,还是兼职,教师的工作时间都非常紧张,需要整天在学校里。如果是兼职教师,他可能需要同时奔波于几所学校,其工作量之大,时间之紧张就可想而知了。因此,很难把教师集中起来,进行统一的职业培训。但是,由于澳洲的教师是实行注册制度,只有拿到教师资格证的人才可以合法地在讲台上上课,因此,这又为教师的在岗培训提供了很大的发展空间和余地。

由于澳大利亚是联邦制,每一个州都有自己的教师资格证。维多利亚州要求注册教师要在英语国家,如澳大利亚、新西兰、英国、美国接受过完整的高等以上教育,并且雅思平均成绩要达到 7.5 分。教师资格证不是终身制,在 2011 年之前,教师每五年需要重新注册登记,2011 年 1 月 1 日开始,所有教师需要每年重新登记注册,包括现在是 5 年登记一次的教师,到期后也要按年登记注册。在岗教师的重新登记有一个很重要的条件,那就是除了每年要上满规定数量的课时外,还要有 20 小时正规的职业培训,以便教师能够及时更新知识,适应新形势。

学校和教师需要协商安排这 20 小时的培训,因为教师离开学校后,原本由他们担任的课程就会出现空缺,学校需要找代课教师,而这笔费用是应该由学校来支付的。因此,如何为教师提供在岗职业培训,除了要在培训内容

方面下功夫，为教师提供他们真正需要的知识和技能外，还需要采取多样的形式——集中培训和分散培训、面授与远程等相结合的方式，对教师进行有计划、有针对性、有系统的培训。

目前在维州提供教师培训的机构主要有国家汉办与维州教育厅共同出资组建的墨尔本大学汉语教师培训中心、国家汉办组织的赴华培训、地区语言顾问与教师合作组织的培训以及地区汉语教师协会在各种会议期间的培训等。但是，应该说目前培训对象的覆盖面、培训内容的全面性及适用性还有待进一步商榷。

国家汉办曾经较大规模组织过教师赴华进行教材培训，并为此花费了大量的人力物力，但是，实际效果如何，笔者不敢恭维。其主要原因是，国家汉办推荐的在内地出版的这些教材，因与澳洲教学大纲和实际课堂教学有距离，教师接受的这个教材培训对他在教学中的指导意义不大，因为他们回来后几乎不使用这些教材。即使有些教师使用，那也是挑选其中的某些练习片段。

国家汉办目前还接受教师自行申请赴华培训项目，本项目理论上说是需要教师所在地区使领馆等机构的推荐。但是，由于国家汉办的这些培训项目安排的时间多在7、8月间，与澳洲中小学放假的时间有冲突，而澳洲假期最长的暑假由于在12月至次年的1月，与中国的春节又相冲突，此间不容易找到愿意在寒假期间给教师授课的培训专家，因此，申请去参加这些培训项目的老师并不多。

澳大利亚汉语教师培训中心是国家汉办与维州教育厅共同出资建立的专门负责教师培训的机构。该培训中心为维州汉语教师的培训作出了应有的贡献。但是，由于种种原因，该中心所承担的教师培训量似乎也并没有达到应有的数量。

因此，理想的状态是整合现有教育资源有效地进行分工合作，对在岗教师进行有计划、有步骤、长期的、完整的、能满足不同需求的培训。以墨尔本来说，这个城市的几所主要大学都有教育学院，也都有中文项目，师资培训力量还是相当强的，而且，这个城市有三所孔子学院，如果我们能有效地对目前在岗汉语教师的培训进行规划，根据教师的不同需求对教师进行面对面的、网络的、短期集中或长期分散的培训，再与国家汉办的海外教师赴华培训项目相结合，一定能让每一个教师找到适合自己需要和方式的培训的，也最终能把澳洲中小学汉语教学水平推上一个新水平。

参考文献

Jane Orton（2008）*The Current State of Chinese Language Education in Australian Schools*，Melbourne School of Education，The University of Melbourne.

韩　曦

北京大学对外汉语教育学院

hanxi@pku.edu.cn

书 评

评《汉语语法指南(英文版)》(朱春耕、高燕著)

莫大伟

汉语语法每增添一部新作,都是一件值得高兴的事,因为每部语法侧重语言的不同方面,针对的读者也有所差异。赵元任(Chao,1968)具有开创意义的经典之作《中国话的文法》(*A Grammar of Spoken Chinese*)基本上是一些语法问题论述的汇编,而不是一部有系统的语法书,书中大量饶有趣味、说明问题的口语例证只有凭借赵元任的敏锐语感才能汇集在一起。罗云、马盛静恒(Ross & Ma,2006)的《现代汉语实用语法》(*Modern Mandarin Chinese Grammar*)有助于汉语学习者理解"言语行为"的不同功能,教会他们"如何以言行事"。其他语法书,如李讷、汤姗迪(Li & Thompson,1981)的那本不可多得的《汉语语法》(*Mandarin Chinese: a Functional Reference Grammar*)则提供细致的语法解释和词表,将汉语与其他语言加以对比,更适合语言学家阅读。

现在汉语语法的书单上又喜添了朱春耕和高燕2013年合著的新书《汉语语法指南(英文版)》,该书的优点在于是专门为母语是英语的汉语学习者量身定制的,既参照英语的语法概念解释汉语,又力图展示汉语的独特之处。在这方面,本书并不是首创,之前已有屈承熹(Chu,1983)为英语母语者编的《汉语参考语法》(*A Reference Grammar of Mandarin Chinese for English Speakers*),但本书贵在深入浅出,读者只需具备一定的语言学基础就可读懂。

评价一本新的汉语语法书的好坏,关键要看书的针对性是否强。作者在引言中指出"本书读者无需事先了解汉语",而我认为本书对于汉语达到至少中等水平的读者最为适用。英语母语者一般通过选修汉语课来学习汉语,或干脆置身于汉语环境中,潜移默化地习得语法,但这两种方式都很难使他们清楚地了解汉语不同于英语的关键之处。有朝一日他们如果要教汉语,或者想更好地掌握汉语语法,就需要这样一本书来厘清头脑里的那些片面或模糊的语法概念。这样的学习者并不必关注语言类型学研究,也不必熟记那些语言学专业术语。他们只需参照他们的英语语法知识来理解汉语的语法体系。

本书的一大亮点是例句。许多语法书惯于造一些 *John loves Mary* 之类言之无物的例句,而本书的例句生动自然,有文化内涵,既有口语体,也有书面语体,而且每个例句都配有汉字、拼音和地道的英语译文,并以不同的颜色和字体呈现出来。(我想补充一句,全书的篇章结构和排版印刷都很出彩,北京大学出版社出版了这样一部优秀的著作,值得称赞。)本书例句的另一个优点是,作者经常提醒读者注意那些语法上说得通但听起来生硬或不地道的句子,点出这类句子对英语母语者来说尤为重要,因为他们会套用英语的语法习惯,而说出一些貌似合乎语法实则汉语里不说的句子。这一做法也有助于学习者培养汉语语感。

如果说本书的整体思路有什么欠缺的话,那就是作者在参照英语母语者所熟悉的英语语法概念描写汉语时,对汉语的独特之处强调不够,这些独特之处很难与英语语法框架直接对比。例如长期以来汉语都被认为是"话题—说明"型语言,而不是"主语—谓语"型语言。很多其他语法书(如 Li & Thompson 1981; Cheung et al. 1994; Yip & Rimmington 2004)都对汉语的话题优先这一特点做了详细介绍,赵元任甚至说,汉语的大部分句子属于这种句式:

主语和谓语的关系可以是动作者和动作的关系。但在汉语里,这种句子(即使把被动的动作也算进去,把"是"也算进去)的比例是不大的,也许比50%大不了多少。因此,在汉语里,把主语、谓语当作话题和说明来看待,比较合适。(赵元任,1979)

关于汉语的话题优先性有多重要,学界仍无定论,但毋庸置疑的一点是,从英语的角度看,汉语中不带逻辑主语的句子(例如"这件事还得商量")占很大比例,所以任何一部汉语语法书都应该对这一点加以充分的描写和解释。然而本书的索引里竟然没有列"话题—说明"这一项;"话题—说明"只在"特殊句式"的分类下面简略地提了一下。像"这家饭店,服务态度很差"之类的句子被分析成"主谓谓语句","这家饭店"被称为"大主语","服务态度"被称为"小主语",其他情况全被说成是各种倒装句,例如"那个女孩儿我好像在哪儿见过"被视为"宾语前置"。不对汉语话题优先的倾向加以比较详细的讨论,有可能使读者以为这种句式只不过是汉语的特例而不是汉语口语最典型、最地道的结构之一。也就是说,在借鉴读者所熟悉的英语语法框架解释汉语语法的同时,汉语的话题优先性这一重要特征在一定程度上被忽略了。不过,这一点并无大碍,对外汉语语法应该涉足多少抽象的语言学问题显然是有限度的。

值得一提的是,这本相当不错的书里包含两部分特别的内容。一个是有关汉语标点符号用法的部分,这些内容相当有用,让人大开眼界。很少有汉语语法书介绍书面语的标点符号,然而了解标点符号的使用规则对完全掌握汉语的句法结构很有帮助。

本书的另一个值得称道的特点是关于"字"和"词"的区分。这两个概念常被误解,汉语母语者也不一定都清楚,所以这一区分对英语母语者充分了解汉语语法具有重要意义。

我是一个外国留学生项目的主任,该项目教美国大学生不同级别的汉语。对我们项目的初级学员来说,此书的起点可能高了一点,但我向中级和高级学员,尤其是汉语教师,强烈推荐此书。事实上,本书的一个优点就是,它对汉语母语者和英语母语者都很有启迪,对教英语母语者汉语的中国教师来说,帮助可能更大。毫无疑问,这本书的作者认识到用这种新思路编写汉语语法的必要性并取得了出色的成就。

参考文献

赵元任(1979/2005)《汉语口语语法》,北京:商务印书馆。

Cheung, Hung-nin Samuel et al (1994) *A Practical Chinese Grammar*. Hong Kong: Chinese University Press.

Chu, Chauncey Cheng-hsi (1983) *A Reference Grammar of Mandarin Chinese for English Speakers*. New York: Peter Lang.

Li, Charles N. & Sandra A. Thompson (1981) *Mandarin Chinese: a Functional Reference Grammar*. Berkeley: University of California Press.

Ross, Claudia & Jing-heng Sheng Ma (2006) *Modern Mandarin Chinese Grammar: a Practical Guide*. London: Routledge.

Yip Po-Ching & Don Rimmington (2004) *Chinese: a Comprehensive Grammar*. London: Routledge.

Chao Yuanren (1968) *A Grammar of Spoken Chinese*. Berkeley: University of California Press.

Zhu Chungeng & Gao Yan (2013) *A Chinese Grammar for English Speakers*. Beijing: Peking University Press

莫大伟（David Moser）
美国密歇根大学博士/北京首都师范大学 CET 项目学术主任
cetcsmoser@gmail.com

会议信息

"2014年汉语语言学日中学者学术研讨会——纪念方经民教授罹难十周年"在日本大阪大学成功举办

为纪念方经民教授(已故)在汉语语言学、第二语言教学等领域作出的杰出贡献,由他曾经学习、工作过的三个单位:上海师范大学、华东师范大学和大阪大学联合发起、主办的"2014年汉语语言学日中学者学术研讨会——纪念方经民教授罹难十周年",于2014年11月23日在日本大阪大学中之岛教研中心成功举办。

这次会议共有来自中国和日本各地的大学及研究机构的23位专家和学者发表了相关论文,另有不少年轻的教师和研究生也都参加了会议。会议论文的范围包括方所、方言、语体、教学、词汇、句法以及虚词、语用,涵盖并超过了方经民教授生前研究的主要领域和范围,既有纪念,也有新的开拓。

会议由日本大阪大学的古川裕教授主持,华东师范大学的吴勇毅教授、大阪大学的金昌吉副教授以及香港中文大学的冯胜利教授分别作为日本和中方的代表做了总结发言。本次会议的论文于2015年年初由日本东京的好文出版社结集出版。

(古川裕、金昌吉供稿)

ABSTRACTS

Deng, Dan: An Analysis of Japanese Speakers' Pronunciation Errors on Chinese Compound Vowels

Based on a phonetic experiment, this paper compares Japanese speakers' pronunciation of Chinese compound vowels with that of native Chinese speakers. The result shows that the former mainly lies in sound error and proportion error, significantly on ai [ai]. Pronunciation error can be attributed to negative transfer of Japanese, markedness of the target language, lack of knowledge of the target language structure, and effect of the Chinese Phonetic Alphabet. Proportion error can be attributed to negative transfer of the native language.

Key words: Chinese compound vowel, Japanese learner, acquisition

Kong, Lingyue: Chinese Formulaic Sequence Teaching for L2 Learners: Reference and Breakthrough

The present paper reviewed the main findings on the acquisition and teaching of formulaic sequences in alphabetic language like English, and then reported a corpus-based analysis on the formulaic sequence acquisition of advanced Chinese L2 learners. Based on the findings and analysis, the four aspects of breakthrough in Chinese formulaic sequence teaching for L2 learners were discussed further, respectively, the more studies on Chinese formulaic sequence acquisition, formulaic sequence in *Syllabus of Graded Words and Characters for Chinese Proficiency*, teaching intervention on formulaic sequences and the approach or model of Chinese formulaic language teaching.

Key words: teaching of Chinese formulaic sequences, reference, breakthrough

Ma, Naiqiang: A Study on the Processing Strategies of Chinese Idioms by Native English Speakers of L2 Chinese

The processing of Chinese idioms is an important link in L2 Chinese, and especially for the advanced learners, the acquisition of idioms is a key to the mastery of authentic Chinese. In the field of L2 Chinese, there are few empirical studies on the processing of Chinese idioms, lacking in the studies about the processing strategies of Chinese idioms by L2 Chinese learners. Based on the previous research about the processing of English idioms, this study takes advantage of the think-aloud approach, and investigates the processing of 20 Chinese idioms in context by the advanced native English speakers of L2 Chinese. With the detailed analysis of the processing strategies of Chinese idioms, this article further presents some revelation for the teaching of Chinese idioms to L2 learners.

Kew words: Chinese idioms, native English speakers of L2 Chinese, think-aloud approach, processing strategies

Lieu, Linh Chuyen: A Study on Bisyllabic Han-Vietnam Words and Its Influence on Vietnam Students' Acquisition of Chinese Vocabulary

The native language of second language learners may help them understand the lexicon in the L2. It may be facilitative if it is similar to the target language, or cause confusion if there are subtle differences between them and therefore lead to learning difficulties. The Chinese-origin words in Vietnamese bear both similarities to and subtle differences from Chinese. Therefore, learning Chinese has both advantages and disadvantages to native Vietamese speakers. Investigation into the effect of words of different part of speech on L2 Chinese will help find effective teaching methods and promote teaching efficiency.

Keywords: Chinese-Vietnam words, completely corresponding words in Chinese and Vietnam, partly corresponding words in Chinese and Vietnam, positive influence, negative influence

Liu, Haiyong: The Application of Non-Verbal Communication in the Classroom of Teaching Chinese as a Foreign Language

Non-Verbal communication (NVC) forms an important part of human language. In the research and practice of foreign language teaching, however, NVC has been neglected by researchers and teachers. This article aims to bring the attention of Teaching Chinese as a Foreign Language (TCFL) teachers' to the uses of NVC in a language classroom. I discuss how purposeful introduction to NVC helps improve students' overall communicative competence, how adjusting TCFL teachers' NVC engages students better, and how studying and understanding students' NVC assesses learning and teaching. I also provide some pedagogical suggestions that make use of the various functions of NVC.

Keywords: non-verbal communication, Teaching Chinese as a Foreign Language, gesture, second language acquisition

Song, Jingyao: A Review of Researches on Text Acquisition of Chinese as a Second Language

This review focused on more than one hundred researches until relatively recently on text acquisition of Chinese as a second language. We introduced the major achievements concerning the acquisition of cohesion, coherence, text structure, pragmatic and cultural elements in text, etc. We summarized and tried to comment on the characteristics of the existing researches on terms of their researching objects, material features, theories, methods and so on. And we also offered some suggestions toward the future studies.

Keywords: Chinese as a Second Language, text linguistics, second language acquisition, research review

Wang, Shuai: An Investigation of Thirty Years Culture Teaching and Research In TCSL

Based on statistics of Chinese culture teaching study papers (1980—2012) and relevant issues, this article divides Chinese culture teaching studies into 3 phases: 1980—1989 is considered to be initiate period, 1990—1997 the climax period, post-1998 the stable period. Theoretical exploration on issues concerned is relative weak, and thus the nature and orientation of Chinese culture teaching study are neglected to some extent. In the last part, we pointed out a series of challenges that TCSL is facing.

Key words: culture teaching, phase division, concerned problems, challenges

Han, Xi: On Demands for Professional Development of Chinese Teachers of Overseas Schools: Australia as an Example

The content for professional development has changed because of the updated new curriculum, philosophy and methodology of teaching; teachers of Chinese coming from different education backgrounds lead to diversified demands for professional development (PD). Moreover, it is difficult for teachers to leave students and attend the PD during school terms. This paper is trying to focus on these problems and develop a comprehensive solution to give school teachers a proper PD.

Key words: overseas schools, teacher of Chinese, professional development, content and method

《汉语教学学刊》稿件体例

1. 稿件请用微软简体中文版 WORD 编辑。一般情况下,正文用五号字,注释和参考文献用小五号字排印。
2. 第一级小标题用小四号黑体字,上下各空一行。第二级小标题用五号黑体字,第三级用五号宋体字。节次可按如下格式编号:1.1,1.1.1,1.1.2……,1.2,1.2.1,1.2.2……余类推。
3. 例句独立列出者,用楷体,行首空两格;序号加圆括号,如:(1)(2)……;全文例句连续编号。
4. 文中若有图表,请在图表右上方注明序号及名称,如:图一……,表1……。若有复杂图表,不便在正文中排印者,请附在文末,并注明序号及名称,如:附图一……,附表一……。全文图表连续编号。
5. 文中采用国际音标,请加方括号,声调用五度标调法,标于音标右上角,如:好[xau^{214}]。采用汉语拼音,声调则用调号,如:nǐ hǎo。
6. 行文中引用原文者,请加" ";引文独立成段者,请用楷体,第一行空四格,第二行以下空两格。
7. 注释采用篇尾注。注释号码用带圈阿拉伯数字右上标,如:完形①。请勿用自动标注。
8. 注明引文或观点出处,可采以下方式:
若所引之文或观点发表在期刊上,则为:陆俭明(1980)……;若所引之文或观点出自著作之中,则为:陆俭明(1993:84—85)……,冒号后的数字为页码,下同;若在所引之文后面用括号注明出自期刊或著作中的观点,则为:……(陆俭明 1980),或 ……(陆俭明 1992:84);若所转述的观点为不同的人持有,则为:……(Corder 1981;Krashen 1981);或 ……(Ellis 1986:18—41;James 1980)。
9. 参考文献请按以下方式处理:
中文、日文文献排在西文文献之前;外文译著按中文文献处理;相同语种的文献按作者姓名的汉语拼音顺序或英文字母顺序排列;西文作者姓在前,名在后,姓名之间用逗号隔开。具体格式如下:

中文期刊：李晓琪（1995）中介语和汉语虚词教学，《世界汉语教学》第4期，63—69页。

中文著作：陆俭明（1993）《现代汉语句法论》，商务印书馆。

中文文集：彭聃龄（2003）汉字识别与连接主义模型，载《对外汉语研究的跨学科探索》（赵金铭主编），191—206页，北京语言大学出版社。

会议论文：赵金铭（2004）"十五"期间对外汉语学科建设研究，"新世纪对外汉语教学——海内外的互动与互补学术演讲讨论会"会议论文，2004.12.23—26，北京语言大学。

英文期刊：Martin, M. (1984) Advanced vocabulary teaching: The problem of synonyms. *Modern Language Journal*, 68, pp. 130—137.

英文著作：Kramsch, C. (1993) *Context and Culture in Language Teaching*, Oxford: Oxford University Press.

英文文集：Searle, John (1975) Indirect Speech Acts, In P. Cole & J. L. Morgan (eds.), *Speech Acts*, pp. 59—82, New York: Academic Press.

学位论文：李红印（2001）《现代汉语颜色词词汇——语义系统研究》，北京大学博士学位论文。

网上文献：Hee, Wee Lian (1997) Semantics of Verbs: A Cue from *Le Mandarin*, http://courses.nus.edu.sg/course/chswlh/le1997/Le-1.PDF. 查阅日期：2004-11-15。